U0693132

民国大师文库

（第十辑）

中古欧洲史

何炳松◎著

北京联合出版公司
Beijing United Publishing Co.,Ltd.

目录

目录

目录

第三卷　皇帝与教皇之争雄及十字军

目录

目录

第五卷　学问复兴

第六卷　宗教改革及宗教战争

目录

目　录

目 录

中古欧洲史 序

我国人研究西洋历史的道路，凡有两条，一是读西洋历史名著的原本，一是读中国人自己的编著或译本。

自十九世纪以来，西洋的历史学，靠了新材料的发现，及新史观的兴起，他的发达真可以说是一日千里；而历史名家的著作，也是日新月异，美不胜收。所以我们若能直接读他们的著作，实是研究西史的一条最简捷，最有效果的道路。但不幸因为文字的困难，因为书籍的昂贵和难致，这一条路便成为少数学者的私径了。于是大多数的学子，便不得不向第二条路走去。

但第二条路也不是平坦大道。现在我国人自己所编的西洋史，在性质及数量上，均尚免不掉贫乏的讥评。国中为历史而研究西洋历史的人，已经不多；加之这一类少数的学者，又大都执教鞭于国内各大学，甚少闭门著书的机会。而西洋历史的材料，在国内更不易得，此尤足增加著书的困难和失望。

至于译书的一件事呢，在表面上看来，他似乎是极易的，但实际上亦有许多困难。第一，历史的著作，大抵是偏于学术的，所以他定不能得到群众的狂热欢迎，因此，人们或因得不到相当的报酬而气馁。第二，凡是文笔清通的人，都能译几篇文艺小品，而不致有大舛误；但假使你不曾研究过历史，你译出来的史学名著，怕就要免不了"贻笑大方""贻害后学"的一类考语了。第三，历史是最富于人性的一个学术，所以他的取材及范围，亦当以人为根据。欧美人所著的历史，在我们东方人用世界的眼光看来，有许多是累赘可删的，有许多是应当增加材料的。但这一件事更不易做，更非素无历史研究，或乏世界眼光者，所能下笔了。因此三个原因，历史名著的好译本，在今日的学术界中，遂等于凤毛麟角。

本书的译者，是我在北大时的同事。他的史学和史识，是我素来敬佩的。他的学识，本可以使他自编一书而绰有余裕。但他因感到自己编书的不易完满，又因深佩美国前辈鲁滨逊氏的史学，所以便很谦虚的，把鲁滨逊的这本书译成中文，以饷国内的学子。何先生的历史学识和研究，既足以消灭上说的第二个困难；而这个译本中卷数的分配，章节的排列，以及材料的剪裁，亦均足以显出译者的眼光及目的，上说的第三个困难，到此也就无形的消解了。不但如此，上面我们所说的研究西洋史的两条大路，第一条岂不是我们所认为更满意的吗？现在大多数的学子，虽仍不能自己去走那一条路；但靠了翻译的幻术，他们竟可以去"卧游"那个走不通的仙境了。岂不快哉！

鲁滨逊是美国的一位很有名的教授和学者，他的这本教科书的风行，是没有能和他竞争的。我希望他现在靠了何先生给他的这一套优美的华服，在我国能受到更大的欢迎。

陈衡哲　十三年九月一日序于南京

弁　言

　　此书系著者于民国九年至十一年在北京大学史学系讲授中古欧洲史之讲义，大部分以美国名史家 James Harvey Robinson 所著之《西部欧洲史》(An Introduction to the History of Western Europe) 一书中之前二十九章为蓝本。关于文明史方面，则取材于 Robinson 与 Beard 合著之《欧洲史大纲》(Outline of European History) 第一卷以补充之。

　　至于本书之主旨为何，则原著《西部欧洲史》序文中有数语，极其简要，兹引之为本书之弁言：

　　"窃以为学者研究欧洲文明发达史时，史材分配问题，最为重要。故余之编著历史，不但竭力以明确为主，而且使之合于现代对于过去事实及制度之轻重观念。本书篇幅有限，故人名及不甚重要之冲突，在普通历史课本中，虽占有地位，余亦略去不提，余并敢删去许多习惯相传之遗闻及轶事。盖此种文字得在课本上占有地位，殆出诸偶然，或仅系习俗相传之故，对于研究历史者，并无深远意义之可言也。"

　　因删略所省得之空间，则用之以达三种重要之目的。第一，欧洲数百年来所生息之制度，就中尤特重基督教之教会，加以讨论，远较普通同样之书本中为详。第二，人类活动中各方面第一等重要人物之一生及其事业——如 Gregory the great, Charlemagne, Abelard, St.Francis

Petrarch，Luther，Erasmus……辈——亦视其与世界关系之轻重，予以相当之研究。最后，本书之范围为之加广，故不仅政治上之事业，即过去经济上，思想上，及美术上之成功，亦复成本书叙事文中不可分离之一部分云。

何炳松　十二年十二月二十五日杭州第一中学校

第一卷
蛮族之入侵及基督教会之事业

第一章　绪　论

第一节　本书之目的

泛言之，凡过去人类所为，所思，所望者，皆历史也。
历史为研究过去人类事业之科学，广大无边，然模糊异常，
不易究诘，埃及象形文字之解释，中古寺院制度之叙述，
印度蒙古皇帝之缕举，Napoleon 战争之记载皆研究历史者
所有事也。即如罗马帝国之如何瓦解，一八九八年美国与
西班牙之何以战争，Calvin 对于 Luther 之思想如何，十八
世纪时代法国乡农所食者为何物，亦无一非研究历史之材
料，历史范围之广，于此可见。

历史之范围

兹所述者为中古欧洲史，为期虽短，然极为重要。本
书之目的，在于叙述自蛮族南下以后至近世诸国兴起时止
之各种重要变化，以明近世欧洲文明之渊源。然千余年间，
民族国家蔚然兴起；伟人英杰，代有其人；加以文物典章，
时有变化；研究者不一其人，著作之书，汗牛充栋。兹书
所述，仅得数十章之文字，其不能包罗一切，可想而知。
则抉择材料，约取成书，编者之责，固甚大也。

本书之目的

编史而仅述时与事，读史而仅记时与事，两无裨益。研
究历史者，应知过去人类生活之状况如何？其制度如何？

注重一般状况

职业如何？事业如何？中古时代，既无币制，经商之方法如何？基督教社会上之势力如何？僧侣之生活如何？有功于人类者何在？凡此诸端，皆吾人应详述者也。故本书之目的，一言以蔽之，在于说明上古之欧洲，如何一变而为近世之欧洲。

选择材料之审慎　吾人既欲撮千余年来人事变化之大纲以便读者，故偶然之事及奇异之迹，不得不略去不提。吾人所注意者，在于过去人类之习惯及制度，凡偶然之事之可以说明此种习惯及制度者，则取以为材料焉。

研究过去应有同情　吾人研究过去之人事，断不可心存藐视，以荒谬目之。须平心静气，具有同情。盖史家之目的，不在批评过去制度之当否，而在说明过去制度之由来及其变化。例如中古时代，凡不信基督教者，则以火焚之。此种习惯，在今日视之，宁非无理？然研究历史者断不可肆口漫骂此种习惯之非是。其责任乃在于研究十三世纪时，何以无论何人，皆赞成此种习惯之存在。故本书所述之中古欧洲史，始终以同情贯彻其间，不作诛心之论，盖过去制度之得以存在，必皆有优点者也。

第二节　历史之起讫

历史分期之不当　将人类之过去，分为数期，谓某期终于四七六年，而某期即自此始；某期终于一四五三年，而某期即自此始；此种时代之划分，实不可能。人类之习惯，非一朝一夕所可造成，亦非一朝一夕所可变更。虽有时一战之后，国祚因之而绝，政体因之而变。工商业或因之而盛，或因之而衰，人民之精神及语言或因之而变。然此种变化，其来必

渐。战争或革命以后，农民之耕耘也必如故，工人之作业
也必如故，商人之贸易也亦必如故。即文人学士之著书，　　一般变化进行
国民家庭之生活，亦皆必如故。故政体变迁之影响于人民　　甚慢
习惯上者，进行甚慢，有时且并无影响之可言。

　　十八世纪末年之法国革命，为历史上变化之最骤者；　　例如法国革命
然稍加研究，则知法国之革命其来甚渐。而且当日革命者，　亦非骤然之变
并不能骤改法国之政体，因法国虽于一七九二年建设共和，　化
然为日甚短，不久即有 Napoleon 之称帝，其专制且较前王
为甚。即在今日，法国之政制中，尚留有王政时代之遗迹焉。

　　人类有保存旧习之倾向，其结果即为历史上所谓"历
史之继续"（Unity 或 Continuity of History）。故人类习惯　历史之继续
无骤变之迹，亦无骤变之理，此语殆成史学上最重要之原理。

　　编历史者，若谓其书始于何年终于何日，吾人即可断
其忘却史学上之原理。现在编欧洲史者，每有一定之起讫。　一般变化无一
抑若某名王即位，或某大事发现，而欧洲之状况即为之丕　定之时日
变者然。实则普通之变化，断无一定之时日。故研究历史
者，应就事实之实在情形而研究之，不可强限以时代。须
知各民族之风俗习惯，新陈代谢，犬牙交错，初无全体一
致之迹也。

第三节　中古时代之意义

　　故吾人对于欧洲史上之所谓中古时代，不能断其以何
事或何年为起点。罗马帝国之西北境外，有所谓蛮族者，　中古时代之起
未与罗马人接触以前，其事已不可考。他日西部罗马帝国　点不著
之倾覆，即出诸若辈之手。北方蛮族之为患罗马者，约始
于纪元前百年顷，其时曾为罗马名将 Marius 所败。五十年

后，JuliusCaesar 曾著书述其战败蛮族之陈迹。此后再过五百年，北方蛮族乃有建设王国于罗马帝国境内之举。西部之罗马政府，至是瓦解。而中古时代，于是乎始。

然谓罗马文明至是扫地以尽，亦殊不然。盖罗马之文明，自 Augustus 在位之黄金时代而后，即日有变迁。日耳曼民族未入侵以前，罗马之文学与美术，早已衰微不振，与中古时代相同。而中古时代之思想及状况，则在罗马帝国时代，已见端倪矣。

罗马文化之衰替不始于中古

故所谓中古时代，其意义极不明了。本书所指者，约自纪元后五世纪初年起至十四世纪止，前后凡千年之久。

中古时代之意义甚晦

昔日研究中古欧洲史者，以为自罗马帝国西部瓦解以后，数百年间，文化荡然无存，遂名此期为"黑暗时代"（Dark Ages）。以为当时之欧洲，民智闭塞，秩序大紊，与古代希腊罗马之文明既异，与近世之开明亦大不相同。然近来研究中古史者，渐知所谓黑暗时代者，亦未尝无文明之进步及产生。实则当时之活动及发达，与其他各时代等；而近世之文明，亦多渊源于中古。本书之目的，先述蛮族南下之影响，元气之恢复，及当时之制度。自第二十章以后所述者，系中古时代之制度，习惯，及思想如何衰败，近世欧洲之文化如何发生。

黑暗时代四字之不妥

第二章　蛮族入侵以前之欧洲

第一节　罗马帝国统一之原因

　　吾人如欲明了中古欧洲史，不能不先略知罗马帝国史。当五世纪初年，西部欧洲一带，并无独立之国家。今日之英国，法国，西班牙，意大利诸国，在当日均系罗马帝国之领土。至于今日之德国，在当日则草莱未辟，蛮族居之。罗马人曾欲力征之而不得，乃沿莱茵及 Danube 两河筑垒驻兵以御之。　　*罗马帝国之领土*

　　罗马帝国之领土，包有欧洲之西南部，亚洲之西部，及非洲之北部。国内人种甚杂。埃及人，亚拉伯人，犹太人，希腊人，日耳曼种人，Gaul 种人，Briton 种人，Iberian 人，无不俯首帖耳，臣服于罗马。　　*帝国境内之人种*

　　领土既广，人种又杂，各人种之文明程度，又复各不相同，而罗马帝国竟能统一而维持之，达五百年之久，殊非吾人意料所及。然稍加研究，即可知罗马帝国之能维持如此之久者，其故厥有数端：（一）罗马帝国之政治组织，完备异常。中央之于地方，如臂使指。（二）罗马人民之尊崇皇帝，几同神圣。（三）罗马法律，通行全国而无阻。（四）罗马国道，四通八达；币制划一，商旅均便。（五）罗马政府常遣教师并建设驻防地于国之四境，故罗马之思想及文化，得以弥漫国中，无远弗届。　　*帝国统一之原因*

中央政府势力
之普及

　　兹先述罗马之政府及皇帝。皇帝命令，颁行全国而无阻；所谓"君意即法律"，为罗马法中精理之一。国内城市，虽有自由，然帝国官吏，监视甚密。罗马政府除维持秩序，管理司法，防守边疆外，尚有管理民食之责任。有时且迫国民之子继其父之业，不得见异而思迁。贫民之饮食，由政府供给之，故无蠢动之患。此外并费巨款举行赛车格斗诸戏以娱国民。总之，罗马政府之组织，固然完备异常，即其保育人民之周至，亦复世间罕有。

崇拜皇帝

　　凡罗马人均有崇拜皇帝之义，人民虽有信教之自由，而崇拜帝像之事，则全国一致。故罗马政府之虐杀基督教徒，不但因信仰不同而已，亦且因基督教徒每有不愿崇拜皇帝之举，并公言罗马帝国之将亡也。

罗马法律

　　罗马帝国既有统一之政府，故有全国一致之法律。各地习俗，纵有不同，而公平原理，不分畛域。罗马帝国之法律，欧洲至今受其赐。人道精神，始终贯彻其间，为古代各种法典所不及。凡为妻为母为子者，无不受法律之保护，不若昔日受家长之压制，并主张与其加罪于无罪之人，不若罪人脱逃之为愈。又以为所谓人类者，非此界彼疆，各族分居之谓，乃属于一国及一法之人民之谓。

国道及建筑

　　罗马国内之大道，四通八达，邮传军队，朝发夕至。商民行旅，来往无虞。全国之币制及量衡，又复一致。驻防之地遍布国中，至今 Treves，Cologne，Bath，Salzburg 诸地，犹有罗马桥梁建筑之遗迹，当日文化之弥漫，可想而知。

文化之普遍

　　罗马政府之提倡教育，尤为尽力，凡巨城中，至少必有政府所派之教师三人，负教授修辞学，及闳辩术等学科之责。罗马人天性不喜文学及美术，故其文化多仿自希腊。由政府教师播之于国中，使全国之文化，现相同之象。故罗马人仅知其为帝国之公民，初无地域之观念也。

自 Augustus 以来至蛮族入侵时，先后凡四百年，吾人 **帝国永存之观**
绝未闻罗马人有叛乱之举，或独立之心。时人以为罗马帝 **念**
国，必能维持永久而不蔽。

第二节　罗马帝国衰替之原因

罗马帝国之组织完备及统一精神。既如上述，何以一 **帝国衰替之原**
日蛮族入侵，骤形瓦解？欲求其故，殊不易易，大抵罗马 **因**
帝国时代之人民，已渐失其有为之志与自信之心。所以如
是，殆有四端：（一）税制不良，民力日疲。（二）奴制
风行。工人无业。（三）人口减少，国力遂微。（四）蛮
族入居境内，伏他日西部帝国瓦解之基。

罗马之皇室及官吏，人数甚多，费用浩大，而贫民 **重税**
"面包与马戏"（Bread and Circuses）之供给，所费尤为
不资。不得已唯有重征于民之一法。地税为国家最巨之收
入，其率本高；再加以官吏之中饱，人民之负担因之益重。
国内各地之地税，由各地少数富民征收之，只求收足应征
之数，不问其来源之如何。地主因之而倾家荡产者，不一
其人，故政府至有地主不得离其土地以逃避重税之令。此
种重税，唯少数之富民能担负之。至于中流社会，境遇日恶，
贫困不堪，帝国社会之中坚，为之丧亡殆尽矣。

至于工人之地位，尤为恶劣，而奴制之存在，实为主 **奴隶制度**
因。盖罗马自征服各国以来，国内之奴隶，有增无减。
五百年间，城乡各种工作，无一不入于奴隶之手。奴隶之
数以百万计。一地主每有奴隶数百人，多或数千人，唯极
贫苦者，家中方无奴隶。

贫富不均　　　　　地税虽重，而罗马帝国时代之人民，仍以土地之多寡为贫富之标准。无广大田地者，即无充当缙绅或官吏之望。故国内土地，渐入于少数富民之手，而中人之家，日渐消灭。富民之田产曰 Villas 者，遍布于意大利，Gaul 及 Britain 诸地。为奴隶者，不但负管理及耕耘之责，即地主家庭中之一切日用，亦由若辈供给之。凡制造器具及衣服，烹饪食物，侍候主人及记室之役，均由奴隶任之。另命奴隶一人负管理全地之责。田产既广，有同村落，而直辖于地主之一人。

工作之堕落　　　　各种工作，既皆任奴隶为之，自由民遂多不愿工作者，以为此乃奴隶之责任。哲学家 Seneca 常谓工艺之为物，绝非哲学家所发明，实系"下流奴隶所想出者"。

自由民之失业　　　奴隶制度，即使工作有堕落之虞，而国内市场，亦复为奴制所垄断。盖巨族大家之日用品，皆由本家奴隶供给之，而且蓄奴之主，往往使奴隶出为人佣，自由民工作之机会，因之剥削殆尽。

奴隶状况之改良　　当蛮族入侵以前数百年间，奴隶景况，亦颇有改良之处。昔日奴主每有深夜监禁奴隶于地牢之习，至是革除。政府亦有种种保护奴隶之法律，其最要者，莫如禁止奴主之不得擅杀奴隶。蛮族将入侵之际，奴隶之数，日形减少，一因罗马已无远征他国扩充领土之事，二因奴主每有释放奴隶之举也。

"被放之人"　　　　被释放而自由之奴隶曰"被放之人"（Freedmen），其地位不若自由民之高尚。虽不致再为奴主之牛马，然每年仍有为主人服役之义。并须纳其收入之一部分于主人。婚姻之事，亦须得主人之允许，方得实行。

"自由佃奴"　　　　奴隶虽被释放，而自由民之状况，益趋恶劣。城市之中，自由民工作之时，每与奴隶或被放之人同流合污。至于乡间之自由农民，亦一变而为介于奴隶与自由民间之"自由佃奴"（Coloni）。其身体始终附于某地，随土地而易其主人。唯年能纳其收入之一部分于地主，且为地主服役若干日者，地主不得任意剥夺其种地，此则与中古时代之"佃奴"（Serf）同。因此为乡民者永无自立之望，生生世世为佃奴矣。此种自由佃奴渐与奴隶合而为一。因法律规定某种乡间奴隶永不得离其种地，须随土地而易其主人也。

而且罗马大地主，每有许多之贫弱地主附属之。盖地主之贫弱者，为逃避重税及获得保护计，每愿将其田产让诸强有力之地主；唯大地主须保护之，并允其终身仍得耕种其土地。贫弱之地主既死，其子孙即流为自由之佃奴。此即他日封建制度之起源也。

封建制度之起源

凡国家隆盛者，其人口必日有增加。至于罗马帝国，则自 Augustus 以来，人口即渐形减少，国家精力，随之日疲。战争也，疫疠也，奴制也，重税也，凡此种种，皆足以促人口之日减者也。盖人民生活，既甚困难，则婚姻之事，每因之而被阻。大家巨族，遂不可多见云。

人口之减少

政府为增加人口计，每允日耳曼蛮族入居国中为自由之佃奴。相传皇帝 Constantine 曾召蛮族三十万人人境。其时并募蛮族人入罗马军队中为抵御蛮族之用，开其端者为 Julius Caesar。此种政策渐成习惯，至帝国末年，甚至全军兵士，纯属蛮人。日耳曼种人有为军官者，亦有高据政府中之要津者。故蛮族未入侵以前，帝国中之蛮人，已遍地皆是。罗马人与蛮族之畛域，渐不分明。他日帝国西部之瓦解，如此之速，盖非无因。蛮人对于罗马帝国，虽甚尊重。然其个人自由之精神，则可断其必不放弃也。

日耳曼种人之入境

第三节　罗马文化之衰替及基督教之传入

文学美术之衰替　　　罗马帝国之国力既衰，蛮族之人民又遍布全国，文学美术亦随之而衰替，远不若黄金时代之盛极一时。Constantine 时代之雕刻，远不若 Trajan 时代之宏壮。Cicero 之文体，美丽可观，至四五两世纪时，已不可再得，而绮靡之闳辩，遂起而代之矣。Tacitus 殆为罗马著作家中最后之一人。自彼于一二〇年死后，文学家无继起者。二世纪初年以后之著作，无一顾之价值矣。

学者端赖大纲　　　蛮族入侵以前三百年间，凡文人学士之攻习古人名著者，每不读其原本，而惟"名著选要"或"菁华录"一类之书是赖。至于科学，亦端恃"大纲"而已。此种肤浅求学之方法，传至中古，至十四世纪时 Petrarch 出世，方有精究古籍之精神发现也。

基督教传入之先驱　　　罗马帝国之文化，日就衰微，已如上述。其进步者，厥有一端。当一二两世纪时，罗马人之宗教热诚忽现中兴之象，为他日基督教传人之先驱。其时哲学家，已不信多神之说，而渐有崇奉一神之趋向。一世纪末年罗马哲学家 Epictetus 曾言曰："吾人之义务，在于追随一神……与彼同其心，尽力实行其命令。"皇帝 Marcus Aurelius 于所著《沉思录》（Meditations）中，亦有此意。盖其时巨城中人民之生活，荒淫无度，见者无不触目而伤心，思有以挽狂澜于既倒。其时人民心目之中，尚以为死者灵魂，居于黄泉（Hades）之下，至于来生则绝无乐趣之可言也。

基督教之新希望　　　自基督教传入以后，人民有自新之望，罪过有忏悔之机。而且基督教主张凡为善之人，死者必居乐土。罗马人无论男女，闻之莫不色喜。以为此生虽苦，来生或有快乐之一日。

基督教自小亚细亚传人欧洲以后，渐受异端思想之影响。基督教会之神父，极言基督教之教义与异端之精理，初无不合。基督教之仪式，亦多适用昔日异端之习惯。教会之组织，初本简单，不久则教士阶级，复杂异常。基督教与异端，因此渐形混合。故基督教与异端，虽有类于两军之对垒，而同时亦有类予两河之合流。立于两河交叉之处者，有 Boethius 其人（死于五二四年），为罗马末造之名著作者。著有《哲学之慰藉》（*The Consolation of Philosophy*）一书，风行于中古时代，盖时人以为彼固基督教徒也。实则书中所述者，类皆异端之精义，至今尚有人疑其非信基督教之人。

（右栏批注）基督教与异端之混合

（右栏批注）Boethius

第四节　纪元初年之基督教会

据 st.Paul 书札中之言论，谓当日之基督教徒，颇感有组织之必要。故选出主教（Bishop）及牧师（Priest）等以管理教务，唯彼绝未提及此种官吏之职务如何。此外并有所谓动祭者（Deacons）负抚恤贫民之责。最初之基督教徒，以为耶稣不久即出而救世，故教徒之组织无复杂之必要。然日久教徒之数大增，良莠混杂，故组织宗教政府以管理而监督之。

（右栏批注）古初之教会

主教 Cyprian（死于二五八年）所著之书名《教会之统一者》（*The Unity of Church*）者，吾人读之，颇得以窥见基督教未定为罗马国教以前之教会情形。其时教徒中颇主张建设"大一统"之教会（Universal 或 Catholic）以统驭各地之信徒。

（右栏批注）大一统之主张

其时教会中之官吏与普通人民，已显分畛域，前者曰

（右栏批注）皇帝 Constantine 以前之教会组织

"教士"（Clergy），后者曰"俗人"（Laity）。凡管理教务，及教训教徒之责，均由教士负之。罗马帝国之内，每城必有主教一人，每乡必有牧师一人，再下有助祭，有副助祭（Subdeacon），再下有侍僧（Acolyte），驱魔者（Exorcist），读经者（Reader），及守门者（Doorkeeper）。凡牧师皆受主教之节制，故巨城中之主教，势力尤大，渐改称为大主教（Archbishop），有召集省中各城主教开"宗教大会"（Council）议决要事之权。

第一次宗教大会及罗马城主教之地位

当三一一年罗马皇帝 Galerius 下令使基督教在法律上与异端同等。皇帝 Constantine 为罗马皇帝之最先信基督教者，颇能实行前令。三二五年，彼并召集第一次基督教大会于 Nicaea 地方。据召集大会命令中之言，则知当日教会之组织，已与今日无异，不过罗马城之主教尚未为教皇耳。至于罗马城之主教何以雄长欧洲之故，后再详述，兹不先赘。罗马城主教之第一有势者，当推 Leo the Great 其人，其就任之期，则在四四〇年也。

Theodosius 法典中之教会

皇帝 Constantine 以后诸帝，多禁异端而崇奉基督教。Theodosius 法典最后一册中，凡历代皇帝所颁关于基督教会及教士之命令，搜罗甚富。据其所述，则教士已享有免除徭役及纳税之特权，并得受收遗产。皇帝之以财产赐予教会者，颇不乏人。中古时代之君主及富民，亦莫不仿而踵行之，故教会财产之富，收入之巨，远驾欧洲诸国政府之上。教士并有开庭审案之权，而教士之犯法者，亦归教会法庭审理之。

教会继帝国之后

此种法典之最后册，先说明"三立一体"原理（Trinity）之意义，再详述不信教者之种类及其刑罚。观于 Theodosius 法典中之条文，即可知中古教会之起源，已端倪于此。罗马帝国西部之政府，虽为蛮族所倾覆，而蛮族卒为基督教会所征服。当罗马官吏逃亡之日，正基督教士折服蛮族之时。昔日之文明及秩序，全赖教士之维持。拉丁文之不绝，教会之力也；教育之不尽亡，亦教士之力也。

第五节　东部罗马帝国

蛮族未入侵以前，罗马帝国之政府，法律，及文化，虽全国具一统之观，然帝国东西两部，亦早现分离之象。皇帝 Constantine 以武力入承大统，思再建第二帝都于东部以统制东方一带之地以固国基。故于三三〇年建都于欧亚两洲之交点，名之曰 Constantinople。然彼初无分裂帝国之心，即皇帝 Theodosius 于三九五年有命其二子分治东西两部之举，亦未尝心存分裂。嗣后罗马帝国之中，虽有两帝并治之迹，然帝国之一统，一如昔日，而两帝亦绝无畛域之见存。凡国中法律，仍必得二帝之同意而后颁发。当时之著作家，凡提罗马必曰帝国。一若国中仅有一君者然。实则统一思想，直贯彻于中古时代人民之心目中也。

蛮族之入居罗马帝国中者，虽始于东部；然西部瓦解之后，东部诸帝尚能守护其领土至千年之久。他日帝国东部，不亡于日耳曼种人，实亡于土耳其人。

罗马帝国东部之历史，虽不可不知，然此书不能尽情详述。其言语，文字及文明，多仍希腊之旧，且颇受东方诸国之影响，故与西部欧洲之文明绝异。而文学与美术，在东部颇能继续罔替，在西部则荡然无存。

自罗马帝国西部瓦解以后，东部遂为欧洲最巨最富之城。典章文物，灿然可观。建筑之宏丽，街市之清洁，西部欧洲人见之，莫不惊异。他日十字军兴时代，西部欧洲

罗马帝国未尝分裂

帝国东部之国祚

帝国东部之历史不能详述

东部文化之隆盛

兵士之道经其地者，颇受其激动云。

第三章　日耳曼种人之入侵及罗马帝国之瓦解

第一节　西 Goth 王国与 Vandal 王国之建设及匈奴之入侵

三七五年以前，日耳曼种人亦曾屡有侵入罗马帝国之举。求其原因，殆出于冒险精神，羡慕文化，或人口增加不得不求新地于外国。同时罗马人亦练精兵，筑长城以御之，使不得逞。不意忽有匈奴人迫日耳曼蛮族迁入衰微之罗马帝国中。匈奴本黄种，世居亚洲之中部。西向入欧洲，横扫居于 Danube 河流域之日耳曼种曰 Goth 者。Goth 种人一部分遂渡河而南，入居罗马帝国中。不久与帝国官吏冲突，于三七八年大战于 Adrianople，罗马军大败，皇帝 Valens 阵亡。至是日耳曼种人方知罗马兵力之不足惧。故 Adrianople 之役，实为罗马帝国西部瓦解之先声。自是而后，西 Goth 种人允罗马官吏之要求，相安无事，亦有愿为罗马兵士者。

不久蛮族酋长名 Alaric 者，颇不满于罗马人之待遇，遂募集军队，以西 Goth 种人为中坚，向意大利而进，四一〇年攻陷罗马城，大肆劫掠。Alaric 目睹罗马之文明，殆颇惊奇钦羡，故不毁其城。城中损失亦甚少。并下令不

匈奴人之入逼及 Goth 种之入境

Adrianople 之役（三七八年）

Alaric 陷落罗马城（四一〇年）

得损害教会及其财产。

唯 Alaric 虽不损坏罗马城，而罗马城陷落之一事，在当时当然视为大祸。当时罗马之异端，均以为此事之所以发生，殆因罗马人改信基督教触怒旧日鬼神之故。唯有名之教会神父 St.Augustine 曾著《上帝之城》（*The City of God*）一书，力言罗马昔日之鬼神未尝有阻止灾患之能力，而当日之种种困难，亦非基督教之责任云。

上帝之城

不久 Alaric 死，西 Goth 种人遂散入 Gaul，再入西班牙，逐其地之蛮族——Vandal 种人及 Suevi 种人——而出之。此二种蛮族于 Alaric 攻陷罗马城前四年渡 Rhine 河而南入 Gaul，大肆蹂躏者前后凡三年，乃越 Pyrenees 山而入居西班牙。西 Goth 种人既抵其地，遂与罗马政府言和。一面与 Vandal 种人战，所向成功，罗马皇帝遂于四一九年给以 Gaul 南部之地，即他日之西 Goth 王国也。十年之后，Vandal 种人南下渡海而迁入非洲，建设王国，其势力殆及地中海之西部。西 Goth 种人既占西班牙，当其王 Euric（四六六年至四八四年）在位时，征服半岛之大部，其王国之境，北达 Loire 河，南抵 Gibraltar 海峡。

西 Goth 种人之侵入 Gaul 及西班牙

五世纪中蛮族往来迁徙之情形，可不多述。总之西部欧洲一带，无不被其蹂躏殆遍。即 Britain 岛亦为日耳曼族 Angle 种及 Saxon 种所征服。

罗马帝国之瓦解

蛮族迁徙无定，欧洲本已大乱，同时忽又有匈奴人之侵入，欧洲人益惶惧。匈奴王 Attila，罗马人称之为"上帝之鞭"（The Scourage of God），率其族西向而进。罗马人与日耳曼种人合力御之，于四五一年败之于 Châlons。匈奴人乃转而南入意大利，拟进攻罗马城。罗马教皇 Leo the Great 驰往劝阻之。不期年 Attila 死，匈

Attila 与匈奴人

Chalons 之战（四五一年）

奴势遂不复振，自后不再为欧洲患。匈奴人入侵意大利之结果，仅有一端：即北部意大利诸城之难民，多逃入 Adriatic 海滨之小岛中，他日美丽富庶之 Venice 城，实肇基于此。

Venice 城之肇基

第二节　东 Goth 王国之建设

四七六年之一年，普通以为西部罗马帝国"亡国"（fall）之日，亦即中古时代开端之时。此年所有事迹，约略如下：自三九五年皇帝 Theodosius the Great 令其二子分治帝国东西二部后，西部皇帝每系庸懦无能之辈。蛮族在国内来往自如，皇帝不敢禁止也。不久蛮族军官，渐有随意废立皇帝之事。当四七六年日耳曼种人之在罗马军中者，要求皇帝予以意大利土地三分之一，皇帝不允。其领袖军官名 Odoacer 者，遂逐皇帝 Romulus Augustulus，使之入居于 Naples。一面将帝国之徽帜送往东罗马皇帝，请允其代东帝统治意大利。罗马帝国西部之帝祚，至是乃绝。

罗马帝国西部之瓦解（四七六年）

然不久东 Goth 王 Theodoric 逐 Odoacer 而代之。Theodoric 幼时，曾居于 Constantinople 者十年，故对于罗马人之生活，知之甚审，既而返居蛮族中。东帝殊惶恐。彼率东 Goth 种人蹂躏帝国之东部，甚至东都几有不守之势。东帝屡赏以爵，给以地以羁縻之。嗣闻彼有西人意大利以驱逐 Odoacer 之意，东帝窃喜。Theodoric 曾向东帝言曰："如吾而失败也，则汝以后不再有浪费及骚扰之友矣；如天许吾之成功，则吾愿以汝之名，为汝之荣，统治吾力救出之上议院及帝国之西部。"

Odoacer

Theodoric 与 Odoacer 争持至数年之久，Odoacer 卒被困于 Ravenna，至四九三年而降，不数日仍为 Theodoric 所手刃而死。Theodoric 建设东 Goth 王国于意大利

东 Goth 种人既占有意大利，其对于罗马文化之态度，殊可注意。Theodoric 铸造钱币，仍刻东帝之名于其上，凡事必尽力以得东帝之允许。唯同时甚欲东帝承认其势力，盖彼固非愿居人下之人也。

东 Goth 种人并割意大利土地三分之一据为己有，唯处置审慎，绝无扰乱之迹，Theodoric 并能维持罗马之法律及制度。官制及称号，概仍昔日之旧。蛮族与罗马人，概受一种法律之制裁，维持秩序，提倡学问，迁都于 Ravenna，建筑宏丽，其遗迹至今犹有存者。意大利之东 Goth 种人

五二六年 Theodoric 死，遗一极有组织之国家于身后，然有一弱点焉。Goth 种人虽系基督教徒，然自意大利基督教徒之目中观之，则以为非基督教之正宗。盖若辈之入教也，缘由东部欧洲教士传授之，系 Arius 派。Arius（三三六年卒）本 Alexandria 之长老，其主张为三二五年 Nicaea 宗教大会所反对。盖其对于基督之观念，及三位之关系，与罗马方面之主张绝异也。故在意大利人之心目中，彼东 Goth 种人不特为异种之蛮族，亦且属异端之信徒。虽 Theodoric 在当时为主张信教自由者，其言曰："宗教之事吾人不能强人之所不愿。"然此种精神，实与当日罗马帝国及教会之习惯不合。东 G0d1 种人信奉 A1i 惜派

第三节　罗马文学之衰替

其他日耳曼诸王国

当 Theodoric 统治意大利之日，正 Frank 种人占据今日法国之时，其有功于造成近世之欧洲，实为蛮族之冠。此外西 Goth 种人建王国于西班牙，Burgundian 种人建王国于 Rhone 河流域，Vandal 种人建王国于北部非洲。各王国间，尝有联盟之举，欧洲列国分疆而治之局，此为初次。抑若罗马人与日耳曼种人之融化，可以进行无阻。

拉丁文学之绝迹

然时运尚未至此也，实则欧洲之扰乱，方以此为始。在政局纠纷之中，科学，美术，及文学等，断无存在或发达之余地。Boethius 者于五二四年（或云年五二五年）因泄露机密为 Theodoric 所杀，实罗马最后之著作家。彼系学者，长于吟诗，著有论理学及音乐，为后人所传诵。

Cassiodorus 及其著作

罗马人 Cassiodorus（五七五年卒）为 Theodoric 之顾问，所遗书札，为吾人研究当时历史之资料。暮年专心于著述艺术及科学之大纲——如文法，算学，论理学，几何学，修辞学，音乐及天文学。其著作原所以备未受教育之教士诵习之用，为他日研究《圣经》及教会原理之备。其学问之肤浅，与其著作之简陋，足见六世纪时意大利方面文化程度之低下。然在中古之欧洲，则智识之源，实不外此类书籍也。

六、七、八三世纪时西部欧洲无著作家

自此以后，西部欧洲之文化，黯淡异常。自 Theodofic 在位时代至 Charlemagne 在位时代，前后凡三百年间，竟无一人能用拉丁文将当时事实为文以述之者。盖其时事实均足以摧残教育而有余。所有巨城——罗马，Carthage，

Alexandria，Milan——或为蛮族所蹂躏，或为阿拉伯人所占据。古代图书之藏于神庙中者，基督教徒每设法毁灭之以为快。Theodoric 死后不久，东罗马皇帝不再供给各城之教师，并废 Athens 之学校。六世纪之历史家，唯有 Tours 主教名 Gregory 者其人，文辞鄙俚，足征当日文化之衰替。彼尝曰：“吾人之时代，诚为不幸，盖文学之研究，已无其人也。”

第四节　东帝 Justinian 之武功及 Lombard 种人之入侵

Theodoric 死后之一年，为东部罗马有名之皇帝 Justinian（五二七年至五六九年）即位之日，颇尽力于恢北部非洲及意大利诸地之旧壤。其名将 Belisarius 于五三四年灭北部非洲之 Vandal 王国。至于意大利之 Goth 种人，虽善于自守，然有五五三年之战，力不支而遁。究竟何往，已不可考。盖其人数甚少，本不易统驭多数之意大利人，而意大利人又恶其为异端，故极愿东帝军队之入境也。

Justinian 灭 Vandal 及 东 Goth 两王国

Goth 王国之覆亡，实为意大利之不幸。盖东帝 Justinian 既死，即又有日耳曼种人曰 Lombard 者侵入意大利而占据之。此辈本极野之蛮族，大部分非基督教徒，其信基督教者，亦均系 Arius 派，其痛恶罗马教会也，与不信基督教者等。先占 Po 河以北之地，故此地至今名 Lombardy。再南向而扩充其领土，横行于意大利半岛之中，蹂躏掳掠，无所不至，与 Goth 种人之治国有方者大异。意大利人多逃人海岛中。然 Lombard 种人终不能征服半岛之全部。罗马城，Ravenna，及南部意大利诸地，仍为东

Lombard 种 人 入侵意大利

部罗马皇帝所领有。日久 Lombard 种人渐失其野蛮之性质，信奉基督教之正宗，遂与意大利人同化。其王国国祚，先后凡二百余年，为 Charlemagne 所灭。

第五节　Frank 王国之建设

Frank 种人之重要及其略地之方法

上述之蛮族，无一能建设永久之王国者，有之自 Frank 种人始。昔日蛮族之王国，或亡于蛮族，或亡于东帝，或亡于教徒。至于 Frank 种人不特征服大部分之蛮族，其领土并东向而入于 Slav 种人之境。Frank 种人，始居于 Rhine 河下流，自 Cologne 以至于北海。其得地方法，与昔日之 Goth 种人，Lombard 种人及 Vandal 种人绝不相同。其他诸蛮族，多深入罗马国境，远离故土，有如岛在海中。至于 Frank 种人，则以其故土为根据，先征服其附近之地。领土虽广，终不远其故居，故方新之气，源源而来，绝不受罗马衰颓气象之影响。

Clovis 之武功

当五世纪初年，若辈已占有今日之比利时及其东部附近之地。至四八六年，Frank 种人有名王曰 Clovis 者（他日渐变形而为 Louis），大败罗马人。其领土南入 Gaul 至 Loire 河为止，而与西 Goth 王国接壤。Clovis 再东向而征服居于黑林（Black Forest）之 Alemanni 族。

Clovis 之改信罗马正宗基督教及其影响

Clovis 武功甚盛，而以四九六年与 Alemanni 族之战为最有关系。彼虽异端，而其后已改信罗马正宗之基督教。当战事方酣之际，彼忽见前敌之兵士，势不能支，乃求祐于基督，并谓如能克敌，定受浸礼而为基督教徒。战后乃与其兵士三千人同受浸礼。彼之改信基督教，在欧洲史上，有绝大之关系。盖罗马帝国中之蛮族王国，虽皆信奉基督教，然均属 Arius 派；在正宗教徒视之，其邪僻有甚于异端。因之日耳曼种人及罗马人不能有通婚之举，而两族之同化，遂生障碍。独 Clovis 所信奉者，为罗马之正宗，罗马主教，颇与之周旋而不以异族视之。吾人研究 Clovis 及其继起者之史料，大都得诸 Tours 主教 Gregory 之著作。据其所著《Frank 人史》之所述，隐然以 Clovis 为上帝所命之人，为扩张基督教之武器。Clovis 亦渐与罗马教会相结纳，他日影响于欧洲史上者甚巨。

　　Clovis 之领土，屡有扩充。南与信奉 Arius 派之西 Goth 种人接壤，东南与异端之 Burgundian 种人接壤。据 Tours 之 Gregory 所述，谓 Clovis 尝言曰："吾不愿信 Arius 派者之占有 Gaul 之一部分。吾人应以上帝之力征服之；征服之后，乃将其国土入于吾人势力之下。"不久 Clovis 果征服西 Goth 种人之领土以达于 Pyrences 山。Burgundian 种人亦一变而为附庸，终为 Clovis 所征服。未几 Clovis 并用阴谋将国内 Frank 民族之一部分臣服于一己。

Clovis 之扩充领土

第六节　Frank 王国之政情

　　五一一年 Clovis 卒于巴黎，其子四人遂分据其领土。此后百余年间，萧墙之祸，无日无之。然国君虽昏暴，而民族之发达，未尝中止。一因四邻无强国，无强邻入侵之虞，一因 Frank 种人领土中，颇能维持一统之局。

Frank 王国历史之性质

　　当日 Frank 王势力之所及，包有今日之法国，比利时，荷兰及德国之西部。至五五五年 Bavaria 入附，Frank 王之领土，遂西达 Biscay 湾，东抵 Salzburg 以外。昔日罗马人所屡征而不得者，至是竟为 Frank 种人所克服。

Frank 王国之领土

Frank 王国之
分裂

　　Clovis 死后五十年，Frank 种人之领土，遂分为三。在西部者曰 Neustria，以巴黎或 Soissons 为中心，其居民多受昔日罗马文明之陶铸。在东部者曰 Autrasia，以 Metz 与 Aix-la-Chapelle 为中心，其居民纯属日耳曼种。此二国即他日法国与德国之雏形。在其中者，即昔日之 Burgundian 王国也。Merovingian 朝最后之君主名 Dagobert（六三八年卒），再起而统一诸地焉。

王国中之贵族

　　然至是 Frank 王国之统一，有一新生之危险，即国内贵族之跋扈是也。盖日耳曼民族中，在昔已有世家望族，势驾平民之上。日后军事倥偬，战绩较著者，每握军国之大权，跋扈之象，遂在所不免。

王宫执政

Carolingian 朝
之基础

　　国中要津，以近王者为最重。近王之要职，则又以王宫执政（Major Domus）为最有势力，其地位与今日之国务总理相似。Dagobert 死后，Frank 王多高拱无为，故国人称之为"无事王"（Rois Faincants），政治大权，皆操诸王宫执政之手。Austrasia 之王宫执政，名 Pippin of Heristal 者，即他日 Charlemagne 之曾祖父，其实权并及于 Neustria 及 Burgundy 两地，声望益著。七一四年卒，其子 Charles Martel 继起，武功尤著。

第七节　蛮族与罗马文化之融合

蛮族与罗马人
融合之程度

　　当吾人研究蛮族入侵罗马帝国史时，颇欲了然于蛮族与罗马人之关系如何？蛮族醉心于罗马文明之程度如何？蛮族之旧习，保存者有几？然此种问题不易解答。盖关于两族融合之迹，已无可考也。

吾人能可考而知者，厥有数端：第一，读史者断不可误以蛮族之为数甚多。据当时人之所述，则西 Goth 种人初入罗马帝国时，男女老幼，共约四五十万人。此为蛮族南下各支中之最大者，然日后流离数十年方迁入西班牙及 Gaul 之南部，则人数之有减无增，可想而知。Burgundian 种人初渡 Rhine 河时，人数不过八千众。当 Clovis 与其军队受浸礼时，相传亦不过三千余人。

上述人数，当然模糊不甚可信。然观于日耳曼蛮族之急于模仿罗马之语言文字及习惯，颇足以证明其人数之不多。蛮族之入居罗马帝国中者，先后已近五百年，故五世纪之变化，在罗马人民性质上，必无甚影响。

蛮族之人数

日耳曼民族入罗马境后，不久多操拉丁语。唯当日之拉丁语，较拉丁文为简单而易习。各地方言，渐趋渐异，卒发达而成近世法国，西班牙，意大利，葡萄牙诸国之语文。然此种变化，并非原于蛮族之入侵。而日耳曼语言文字之影响于拉丁文字上者，亦甚微也。

拉丁文与拉丁语之分歧

北部之 Frank 种人及居于德国与 Scandinavia 以日耳曼民族当然保存其原有之语言，在 Britain 岛中之 Angle 及 Saxon 种人亦然。此种日耳曼语言，日后渐成为荷兰，英国，德国，丹麦，瑞典诸国之语言文字。关于此点，后再详述。

日耳曼语言 ——

日耳曼种人与罗马人之感情，亦无不甚融洽之迹。除信奉 Arius 派基督教之蛮族外，其余蛮族自始即与罗马人自由通婚。Frank 种人之君主，尝命罗马人任文武要职，正与昔日罗马政府之重用蛮族无异。两人种间仅有不同之点一，即各有法律是也。

蛮族与罗马人感情之融洽

蛮族中之有成文法，殆始于 Euric 在位时代之西 Goth 种人，其文则适用拉丁。踵而仿行者，有 Frank 种人，

日耳曼法与罗马法

Burgundian 种人及 Lombard 种人等蛮族。各种法典合成所谓《蛮族之法律》（*The Laws of the Barbarians*）。吾人研究五世纪时日耳曼民族之习惯及思想，实唯此种法律之是赖。自五世纪以后，日耳曼民族之各支，殆皆受各支法律之制裁。至于罗马人则仍适用罗马法。南部欧洲一带蛮族人数较少之地，终中古之世，多沿用罗马法。至于其他各处，则沿用日耳曼法至十三十四两世纪时止。其例之最著者，莫过于中古时代之神诉（Ordeal）。

蛮族之审判方法　日耳曼法律上，无审判之规定，无所谓证据，更无所谓判决。盖蛮族思想简单，此种方法，非所知也。故两方欲证明其控诉之正确与否，唯有应用下述之方法：（一）诉讼者先宣誓其言之真确，并请同阶级中人宣誓以证明诉讼者之言之真确，其人数多寡，由法庭定之，此之谓宣誓保证法（Compurgation）。其意以为誓不由衷者，神必罚之也。（二）诉讼者两方面，或情人代表，可举行格斗，视其胜负而定其曲直。其意以为直者必蒙天祐，可操必胜之券也。此之谓赌力法（Wager of Battle）。（三）第三法谓之神诉法：诉讼者或手浸于沸水之中，或手提或足蹈赤热之铁块以走。如三日之后，手足无伤痕者则为直，否则曲。此种审判方法，颇足以证明当日蛮族文明程度之低下。

第八节　中古时代之事业

古代文明之衰微　观于上文所述罗马帝国之状况，及蛮族入侵之情形，即可知中古时代问题之困难及其责任之重大。日耳曼民族各支之精神与习惯，虽不相同，而其不识罗马文学，美术，及科学之为何物，则殊一致。盖蛮族之性质，愚朴而强悍，除战争及饮食外，别无嗜好。欧洲之秩序，因之大乱，而罗马帝国之文化，几乎荡然无余。美术建筑诸品，有破坏而无建设。西部欧洲状况，一返罗马未兴以前之旧。

　　所幸古代文明之损失，暂而不久。蛮族对于古代之文化，亦并不使之扫地而无余。而且就文明故土之中，经营新社会之建设。罗马人之农业方法，蛮族仿而行之。凡蛮族所不知者，无不以罗马之方法为模范。总之，自古代东方诸国传来之文化，并未因蛮族南下而衰亡殆尽也。

　　蛮族之受教育，先后凡需千年之久。而欧洲卒有古化复兴之一日。当十四、十五两世纪时代，先有意大利，继之以西部欧洲诸国，对于古代文学及美术之真与美，幡然觉悟，如醉之初醒。蛮族之教育，至是告终。然中古时代，并非毫无进步之时代。其有功于欧洲文明上者，亦正不少。盖近世欧洲之文明，乃二质混合而成。所谓二质者，即上古之文明，及中古日耳曼民族之精神及思想是也。

古代文明并不绝绪

中古时代之进步

第四章　罗马教皇之兴起

第一节　基督教会得势之原因

中古教会势力
之宏大

　　当 Frank 王国势力扩充之日，正基督教会组织发达之秋，基督教徒团体之如何发达，传道教士人数之如何日增，三世纪后基督教之著作家如 Cyprian 辈之大一统主义等，吾人已略述于上。罗马皇帝 Constantine 之定基督教为国教，以后诸帝之援助教徒，Theodosius 法典之保护教会及教士，及非正宗之基督教之排斥，吾人亦已略述于上。

　　兹再述罗马帝国末造及中古时代之教会。自罗马帝国西部瓦解以后，西部欧洲制度之最永久而且最有势力者，莫过于基督教之教会。吾人欲知基督教会之内容，不能不先探其得势之源，及东西两派分裂之故。再研究修道士之发达，及其与教士之关系。再进而研究修道士与教士对待蛮族，感化蛮族，及统治蛮族之陈迹。

教会得势之原
因

　　中古时代教会之所以得势，其最大原因，即在于当日之教会实能适合当日之环境而应付当日之需要。盖无论何种组织，如不能应付需要，即永无发达之望也。

异端与基督教
观念之不同

　　其次，则因基督教本主灵魂不灭，死后赏罚之说，当时人民，莫不闻而生畏。古代希腊人与罗马人之观念，对于死后，不甚注意，即有念及之者，亦每以死后干燥无味，远不若生时之快乐。若辈虽亦有主张恶人死后必入地狱者，然大都以为死后景况，不乐不苦。古代异端，视宗教为今生之业，与来生无关。崇奉神明，无非求今生之快乐。

当时人既深信来生之无望，故均怀行乐及时之想。Horace 尝谓人皆有死之一日，而快乐则与死以俱去。唯吾人不宜有逾分之举，恐有害于快乐也。然吾人对于将来，切不可无事而忧，盖此乃天命，非人力所能为者也云云。此种思想，颇足以代表古代异端之心理。

至于基督教之主义，则与此绝异，特重人生之死后。**基督教人之观**此种人生观念渐代异端之主张而传人于蛮族。因之当时人**念**多舍此生之职业及快乐，专心于来生之预备。闭户自修之不足，并自饿自冻或自笞以冀入道。以为如此或可以免此生或来世之责罚。中古时代之著作家，类皆修道士中人，故当时以修道士之生活为最高尚。

彼朴野之蛮族，深信其一生之命运，端赖教会。而教**教会为救济人**士亦复以地狱果报之说动世人之心，以为唯有行浸礼者，**类之唯一机关**方有上登天堂之望。然受浸礼时，仅能洗除过去之罪过，而不能洗除未来之罪过。如无教会之救济，则死后灵魂，必入地狱无疑。

其时教会中并有种种神奇之事，人民信之者极众。如**神奇之迹**医病也，救苦也，罚恶也，无不如响斯应，出人意料。在今日视之，固甚可笑，而在当日，则各种记载之中，无不富有神奇之迹，而当时人亦无怀疑者。

关于最初基督教礼拜堂之建筑，此处不能不略述及之。**礼拜堂之建筑**罗马每有建筑巨厦于市场附近之习惯，以备市民交易，法官审案，及官吏办公之用。此种处所，罗马人名之为"大厅"（Basilicas）。罗马一城之中，即有此种大厅数处。国内各巨城中，至少类有一处。屋顶宽敞，支以长列之柱，有时每边有柱二列而成廊路。自皇帝 Constantine 崇奉基督教以来，罗马人遂多仿此种建筑式以造宏丽之礼拜堂，且亦以 Basilicas 名之，故 Basilicas 一字之意义，至是遂变为"大礼拜堂"。

自 Constantine 时代以至今日，已一千六百年，当时之礼拜堂，当然已无存者。唯 Constantine 百年后所造之罗马 Santa Maria Maggiore 教堂，至今尚存。其廊柱之整齐与嵌饰之美丽，颇可表示最初礼拜堂建筑之一斑。就大体而论，则罗马式之礼拜堂，类皆外朴而内丽。至于罗马式建筑之如何渐变为 Goth 式建筑，使内外并形美丽之迹，后再详述。

第二节　中古教会之政权

教会与罗马政府　然中古教会之重要，不在其宗教上之职务，而在其与当日政府之关系。其初教会与帝国政府，颇能互相尊重，互相援助。总之罗马帝国政府存在一日，则教士永无自由专断之一日。盖帝国法律，由皇帝规定之，彼教士绝无置喙之余地也。而且教会亦非有政府之援助不可。因崇奉基督教及摧残异端之二事，非有政府之力不行也。

教会独立之开始　然自蛮族入侵，罗马帝国西部瓦解之后，西部欧洲之教士，多不服各国君主之干涉，渐脱离政府而自立，再进而渐夺政府之大权。五〇二年，罗马宗教大会曾宣言，Odoacer 之命令为无效，以为俗人无干涉教会事务之主权。罗马主教 Gelasius 第一（四九六年卒）曾述教会权力之根据如下："治世界者有二力：即教士与君主是也。唯前者之权实大于后者，盖教士固对于上帝负责者也。"夫人类之永久利害，既较世俗利害为尤重，则万一人类利害有冲突时，教会官吏当然有最后判决之权利云。

然教会要求管理教务之权为一事，而其代行昔日帝国政府之职务又为一事。唯教会之代行政府职权，并非僭夺，因当时实无强有力之政府，足以维持秩序也。盖自罗马帝国瓦解以来，西部欧洲一带，真可谓为无国家。各国君主之权力尚不足以保存本国之秩序。国内之大地主，纷争不已，中央政府，无力干涉。战争之事，为国内贵族之唯一要务，视同娱乐。为君主者，既无维持和平之力，又无保护人民之方。政局既如此之纠纷，政府又如此之无能，则教会之得势，理有固然。凡民间契约，遗嘱及婚姻诸事，莫不受教会之节制。孤儿寡妇之保护，人民教育之维持，均唯教会之是赖。此教会势力之所以日增，而政治大权之所以渐人于教士之手也。

教会揽权之渐

第三节　罗马教皇得势之原因及其机关之发达

兹再述罗马教皇之由来及其得势之故。在《Nicaea 宗教大会议决案》及《Theodosius 法典》中，虽无规定罗马城主教为教会领袖之明文，然罗马城之主教自始即隐然为基督教之首领。盖西部欧洲之教会，唯在罗马城中者为基督门徒所始创。

教会势力之来源

《新约全书》中屡言 Paul 之在罗马城，Peter 亦然。而且父老相传 Peter，实为罗马城中之第一主教。此事虽无文献之足征，然自第二世纪中叶以来，世人多信其为确有。

Peter 为罗马城第一主教之传闻

总之当时既无相反之传闻，而又得人人之深信，此种深信，即为极重要之一事。Peter 本基督之门徒，而亦为门徒中之最贤者。《新约全书》中，基督之言曰："吾与汝言，汝是 Peter，在此石上，吾将建设吾之教会；地狱之门，无能阻吾。而吾且以天国之钥予汝，无论何人汝以为应束之地下者，在天亦如之。汝以为应纵之地下者，在天亦如之。"

罗马教会为教会之母

故西部欧洲教会之视罗马教会，有同慈母。且以为罗马城主教所持之原理，系嫡派相传，故最为纯正。凡有争执，必就正之。加以罗马城为帝国首都，首都中之主教，其地位当然驾乎其他诸城主教之上。然其他巨城中之主教，日久方承认罗马城之主教为其领袖也。

最初罗马城之主教已不甚可考

纪元后三百年间罗马城之主教为谁，其详已不可考。总之至基督教势力极大罗马帝国权力极衰后，罗马城主教方握有政治大权也。

教会神父时代

至于四五两世纪中之教会史，材料较富。盖自 Nicaea 大会之后，教徒中文人蔚起，著作甚丰，直可称为教会文学之黄金时代。此期实为神父讲述神学之时代，后代之神学家，多宗仰之。言其著者：有 Athanasius（三七三年卒），相传为规定基督教正宗信条之人，攻击 Arius 派尤力。有 Basil（三七九年卒），为提倡修道事业之人。有 Ambrose（三九七年卒），为 Milan 之主教。有 Jerome（四二〇年卒），译《圣经》为拉丁文，而成教会之定本。尤著者，当推 Augustine（三五四年至四三〇年），著作之富，影响之大，一时无两。

神父著作之内容

神父所研究者，多属理论，故对于教会之组织，多不经心。观其论调，亦并无推崇罗马城主教为首领之意。唯 Augustine 著作中，曾称当日之罗马城主教为"西方教会之首"。自 Augustine 卒后，继其后者，为一极英明有志之人，他日罗马城主教卒为"王中之王"者固非偶然矣。

Leo the Great Valentinian 第三之命令

Leo the Great（ 四四〇年至四六一年 ）之为罗马城主教，实为罗马教会史之开端。罗马帝国西部之皇帝 Valentinian 第三，因 Leo 之请求，于四四五年下令宣布罗马城主教为教会之领袖，以为罗马教会为基督弟子 Peter 所创，且罗马城又为帝国之首都也。又命西部欧洲诸地之主教，均应听罗马城主教之命，凡不应召者，则由帝国官吏督责之。四五一年东部欧洲有 Chalcedon 宗教大会，议决东都教会之地位与西都教会等。两城之主教共有统驭其他主教之权。唯罗马教会始终不承认此案为正当。东西两派之分离，伏机于此。Leo 之主张，虽未能即时实现，而且时来反抗。然其有功于教会之得势，则无可疑也。

教皇名称之由来

罗马教皇之名，英文曰 Pope，源出拉丁文中之 Papa，其意为"父"，盖对于当日主教之通称。至六世纪时 Pope 一字，渐限于罗马城中之主教。然至八九世纪时，方显然为罗马城主教所独有。至 Gregory the Great 为罗马城主教时，方宣言唯罗马城中之主教得称"教皇"云。

最初教皇之责任

Leo 卒后不久，Odoacer 有废罗马帝国西部皇帝之事。不久又有 Theodoric 及蛮族 Lombard 种人先后入侵之迹。国中无主，政局纠纷，不独罗马城中之人民，视罗马城主教为主人，即意大利之居民，亦视罗马城中之主教为共主。盖皇帝远处东都，而帝国官吏之守土于中部意大利及 Ravenna 诸地者，亦颇愿得罗马城中主教之援助。罗马城中之政权，已入于主教之手。同时主教之领土，满布意大利半岛之中，故主教并负有管理及保护之责。对于日耳曼种人之交涉，亦唯彼一人任之。

第四节　罗马教皇 Gregory the Great

Gregory the
Great

当 Gregory the Great（五九○年至六○四年）任罗马教皇时代，尤足征教皇势力之宏大。彼本罗马上议院议员之子，曾被任为省长。彼以富贵之地位易使人堕落，其母本笃信基督教者，而 Gregory 幼时又尝读 Augustine，Jerome，及 Ambrose 辈之著作，故其父去世后，遂尽出其家财设立寺院七处。七寺院中，其一即以家屋改建者，Gregory 修道其中，修行太苦，身体大伤，几罹伤生之祸。幸其时罗马教皇有命其前赴 Constantinople 之举，彼之才力，遂大著于世。

上古罗马城变成中古罗马城

五九○年 Gregory 被选为罗马教皇，皇帝所居之上古罗马城，遂一变而为教皇所在之中古罗马城。建筑教堂多取材于古代之神庙。基督门徒 Peter 及 Paul 之坟墓，渐为教徒顶礼膜拜之中心。当 Gregory 就任之始，罗马城适大疫。彼乃率教士及教徒游行通衢之上，以来祐于上帝。忽见天使长 Michael 现身于皇帝 Hadrian 之墓上，韬其利刃，以示上帝息怒之意。古代罗马史，自 Gregory 就任时止，而中古史则于是乎始。

Gregory the
Great 之著作

Gregory 以著述名于中古。彼与 Augustine，Ambrose，及 Jerome 为罗马教会中之四大神父。观其著作，颇足见当时文学之衰替。其著述之最有名者为《答问》一书（Dialogues），盖一种神迹神话集也。名家竟有此种著作，此种著作竟备成年人诵习之用，殊出吾人意料之外。在其著作 Moralia 中，尝谓书中或有文法错误之处，读者不必惊异，盖研究此种高尚之题目，著书者不应拳拳于文法之错谬与否也。

　　吾人试读 Gregory 之信札，足见当日教皇中如有杰出之人，则其势力之宏大，几无伦匹。彼虽自称为"上帝之仆中之仆"（此种称谓至今尚然），然其势力极巨。盖是时东帝势力之在西部，已虚名徒拥，罗马城中之实权均在 Gregory 之手也。同时并能阻止 Lombard 种人，使之不得入侵意大利之中部。凡此种种职务，均系政治性质，Gregory 一旦执行之，教皇政权，遂于是乎始。

Gregory the Great 之政才

　　Gregory 于意大利半岛以外，尝与罗马帝国东部皇帝 Austrasia，Neustris，及 Burgundy 诸国之君主，信札往来。彼竭力选派教士中之贤者为主教，而对于各地寺院，亦能悉心管理。然其最大之事业，莫过于传道。他日英国，法国，德国诸国，莫不俯首听令于教皇者，Gregory 之力也。

Gregory the Great 之传道事业

　　Gregory 本系修道士，故其传道之事业，类有赖于修道士。吾人于叙述传道事业之先，不能不先述修道士之由来及其性质。

第五章　修道士及日耳曼种人之入教

第一节　清修主义及寺院制度

中古修道士一级之重要　　中古欧洲之修道士，其势力之大，与其事业之广，颇难叙述。人才蔚起，史不绝书，有哲学家，有科学家，有历史家，有美术家，有诗人，有政治家，名人如 Bede，Boniface，Abelard，Thomas Aquinas，Roger Bacon，Fra Angelico，Savonarola，Luther，Erasmus 辈，无一非修道士出身。

寺院制度发达之原因　　寺院制度（Monasticism）之力量，在于足以感化各阶级中人。是时蛮族入侵，人生渐苦。寺院之为物，不特为笃信宗教者藏身之所，即彼思想高尚不愿为兵受苦者，亦多以寺院为尾闾之泄。盖寺院生活，神圣而平安。彼蛮族虽悍，对于修道士之生命及财产，每不忍加以残害。同时失志者，受辱者，贫而无告者，亦多遁入寺院以终其身。至于修道士之人数，有增无减。帝王贵族，多布施大地以为容纳修道士之所。其他如深山丛林之中，清净无尘，修道者莫不趋之若鹜焉。

寺院清规之必要　　寺院之发达，始于四世纪时之埃及。当蛮族战败罗马人于 Adrianople 之日，正 st.Jerome 传宣清修主义之时。

迨六世纪时，西部欧洲一带，寺院林立，修道士日增月盛，遂感有规则之必要。唯寺院清规，始于东方，西部欧洲之气候与人民之性质均与东部欧洲异。故东部欧洲之清规，不适于西部欧洲寺院之用。因之 St.Benedict 于五二六年时，编订规程，以备意大利北部 Monte Cassino 寺之遵守，盖彼实此寺之首领也。其规程妥善而适用，其他寺院，多仿而行之，遂成西部欧洲一带寺院之清规（Rule）。

St.Benedict 清规之重要，与国家之宪法无异。其条文颇自然而圆满，以为俗人不定皆能修道者。故规定凡入寺修道者必先经一修业之期，谓之"徒弟"（Novitiate）。凡寺院之住持（Abbot）由修道士选举之，统辖寺中一切。凡修道士均有服从之义。修道士除祈祷静坐外，均须工作与耕种，并有诵习与教授之义务。凡身弱不能工作者，则令其任轻易之事，如抄书即其一端。

　St.Benedict 清规

凡修道士均须遵守服从，贫苦及贞洁三种志愿，对于住持有绝对服从之义。凡修道士不得有私有之物，须终身以贫苦自守，所用诸物，均属诸寺院。除服从及贫苦二志愿外，并须有贞洁之志愿，终身不娶。盖当时不但以为单身生活较娶妻者为清高，即许其娶妻，于寺院组织上，亦实有不能相容之势。此外凡修道士之生活，必须自然，不得行过度之断食以伤其身体。盖当日东部欧洲修道士之因苦修过度，卒伤其生者，时有所闻，故 St.Benedict 特限制之。

Benedict 派修道士影响之及于欧洲者甚巨。任教皇者得二十四人，任主教及大主教者得四千六百人。以著述名世者，得一万六千人。当大局扰攘之日，文人学子多入居其寺院之中，潜心著述。至于抄书一事，本系修道士应有之职业。若辈手抄古籍，虽每不经心，而不知其所抄者之

　修道士保存古籍之功

为何物。然当时因图书馆之毁坏及藏书家之漠视，古人文稿，丧失垂尽。故抄书之业，实为要图。虽抄本谬误百出，总较不传为胜。拉丁文学之不致失传，盖皆修道士之功也。

修道士有功于
欧洲物质上之
发达

昔日奴制盛行时代，常人视工作为贱业。自修道士身任工作之后，工作之事复其常态。寺院附近之土地，由修道士耕种之，草莱遂辟。当日派舍甚少，往来商旅，多食宿于沿途寺院之中，各地交通，因之日便。Benedict 派及其他各派之修道士，莫不热忱以赞助教皇。教皇深知其力之宏大，故特予以教士所享之特权。因之教士遂有清修教士（Regular Clergy）与世俗教士（Secular Clergy）之别。

清修教士与世
俗教士之别

清修教士与世
俗教士互为表
里

罗马教会，极欲继罗马帝国之后以统驭欧洲。然教会官吏，职务繁杂，断不足以代表基督教之精神。教会仪节及教务之管理，教会财产之保存，皆世俗教士之责任。而清修教士颇足以证明个人笃信及修养之必要。故寺院之制度，无异教会之教师，使教会不至流为仅具形式而无精神之器械，宗教精力，源源而来，无中断之虞。

寺院之构造及
其内容

修道士所居之处曰寺（Monastery 或 Abbey）。其构造颇合修道士之需要，而且往往建于远离城市之处，盖取其清静也。其建筑类仿自罗马人之别墅，四周为室，其中为院，曰 Cloister。院之四周有走廊，以便往来于各室而不受太阳风雨之苦。不但 Benedict 派之寺院如此，即其他各派之寺院亦莫不皆然。

院之北为礼拜堂，多西向。日后寺产既富。故寺中之礼拜堂，每极其美丽。英国之 Westminster 寺，即系昔日在伦敦城外某寺之礼拜堂。至今英国寺中礼拜堂之遗址，尚不一而足，备游人凭吊之资。在院西者为储藏食物之室，在院南而与礼拜堂相对者为食堂与坐厅。坐厅在天寒时并有暖炉。在院中而与食堂相近者为盥洗所，为修道士聚餐前洗手之处。在院东者为寝室，寝室离礼拜堂极近。盖修道士每日须礼拜七次，而七次之中，有一次于天未明时举行者也。

据 Benedict 清规之规定，凡修道士均须借寺产之出产以维持其生活。故寺屋之外，围以花园，菜园，磨坊，鱼池及种谷之地。此外并有医院一，以治病人，又客房一，以便行旅。在较大之寺院中，亦每附有宏丽之居室，以备君主贵族偶然住宿之用。

第二节　英伦三岛中之传道事业

修道士事业之最巨者，莫若传道。罗马教会势力之日大，原于传道事业者为多。盖修道士不仅传其道于日耳曼种人而已，而且使日耳曼种人俯首为教皇之臣子也。至于修道士之传道事业，则自传道于 Britain 岛之日耳曼种人始。

修道士之传道事业

当纪元初年，英伦三岛为 Celt 种人所居，其习惯与宗教，已不可考。Julius Caesar 于纪元前五五年始入征其地，然罗马势力，始终不出自 Clyde 河至 Forth 海臂止长城之外。即长城以南诸地，亦不尽为罗马所同化。至今 Wales 之语言，尚仍 Celt 种语言之旧，即其明证。

纪元初年之英伦三岛

当五世纪初年，日耳曼蛮族入侵罗马帝国，罗马军队之驻在 Britain 岛者，因之撤归，以厚国防之力。Britain 岛逐渐为日耳曼民族所征服。蛮族中尤以居于丹麦之 Saxon 种人及 Aasle 种人为多。此后二百年间之事迹，已不可考。Bfitain 岛上之 Celt 种人究竟何往，亦不可考。旧

Angle 与 Saxon 两种人之入侵

日史家多以为此种人或被杀而死，或被逐入山。然以与日耳曼种人同化之说较为可信。Saxon 种人与 Angle 种人之酋长，建设小王国于岛中，当教皇 Gregory the Great 在位时代，计有七国或八国之多。

英国之改信基督教

当教皇 Gregory 尚为修道士时，于罗马城中奴市上见有 Angle 种人，状貌雄伟，不胜惊异。继悉其为异端之蛮族，心窃悯之。他日 Gregory，就任教皇，仍遣修道士四十人赴英国传道，而以 Augustine 为领袖，并以英吉利主教之职予之。Kent 国王之后，系 Frank 王之女，本信基督教。故五九七年罗马修道士登岸时，颇受优待，并以旧日罗马时代所建之 Canterbury 教堂予之。罗马之修道士遂设寺院于此，为传道事业之机关。Canterbury 之地，至今尚为英国宗教之中心。

哀尔兰之修道士

然英伦三岛中之基督教徒，并不仅限于 Augustine 及修道士。当 Britain 岛为罗马行省时代，已改奉基督教。其时并有 St.Patrick（约死于四六九年）传道于爱尔兰之举。日耳曼种人入侵以后，异端复盛，爱尔兰因僻处海中，得免于难。唯爱尔兰教徒不熟谙罗马基督教之习惯，故颇有互异之处。爱尔兰庆祝基督复活节之期，及修道士削发之样式，均与罗马异。当 Augustine 传道于 Britain 岛南部之日，正爱尔兰人传道于 Britain 岛北部之时。

罗马派与哀尔兰派教士之冲突

罗马派与爱尔兰派教士之习惯既不相同，故时有冲突之举。爱尔兰之教士，虽尊重教皇而不愿离罗马派而独立，然始终不愿废弃其旧习。同时亦不愿承认 Canterbury 之大主教为领袖。至于罗马教皇则甚不愿爱尔兰教徒之独树一帜于岛中。两方相持不下，互相仇视者，凡五六十年之久。

然相争之结果，罗马教会终得胜利。六六四年

Northumbria 王开宗教大会于 Whitby，承认罗马基督教为 罗马派之胜利
国教。爱尔兰之教士不得已退归。

当 Whitby 大会开会时，Northumbria 王言曰："同奉
一神者，应遵守一致之规则，不应互异，因人人所希望之
天国，本属相同。"有以为僻处欧洲西部海外之一岛，竟
与其余基督教国异其习惯，殊属非理。此种教会统一之信
仰，实为教会得势之一大原因。他日英国领土日有扩充，
忠于教皇者凡千年之久，至十六世纪初年 Henry 第八在位
时，方离罗马教皇而独立。

英岛之宗教，既成一统之局，随发生一种崇拜罗马文
化之热诚。Lindisfarne，Wearmouth 及其他诸寺院，渐成 古代英国之文
当日文化之中心，欧洲大陆诸国，殆无能与之相埒者。常化
与罗马往来，未或中辍。罗马工人多渡海入英国建筑石造
之罗马式教堂以代旧日之木造者。青年教士，多习拉丁
文，有时并习希腊文。古代书籍，输入国中而重抄之。当
七八两世纪之交，有名著作家 Baeda 其人，通称"可敬之
Bede"（The Venerable Bede）（六七三年生七三五年卒） Bede 之著作
著有当日《英国宗教史》，为吾人研究当日英国宗教最重
要之资料。

第三节 欧洲大陆上之传道事业

不久传道之热诚，又自英国而返诸欧洲大陆。昔日
Clovis 及 Frank 民族，虽已改信基督教，然北部欧洲一 欧洲大陆上之
带，仍未普及。当 Augustine 入英国之前数年，爱尔兰传 爱尔兰传道教
教者 St.Columban 登欧洲大陆之岸而入 Gaul，往来各处， 士 St.Columban
建设寺院，苦于修行，善施神术，极为时人所信仰。彼并 与 St.Gall

深入蛮族 Alemanni 所居之地以达于 Constance 湖畔。不久为蛮族酋长所逐，遂南下传道于北部意大利之 Lombard 种人，于六一五年卒于其地。其同志中有名 St.Gall 者，留居 Constance 湖畔，弟子日众，遂建寺院，乃以其名名之，为中部欧洲最著寺院之一。其他爱尔兰之教士多深入 Thuringia 及 Bavaria 森林中以传其道。唯德国教会，则溯源于英国之传道士也。

St.Boniface 传道于德国

St.Columban 卒后约一百年，当七一八年时，罗马教皇遣英国修道士名 Boniface 者入德国传道。凡经营四年而返罗马，教皇任以传道主教之职，誓从教皇之命令。Boniface 主张服从教皇甚力。他日罗马教会之独霸西部欧洲，彼盖与有力焉。

St.Boniface 事业之盛

Boniface 既有 Frank 王国中王宫执政 Charles Martel 之保护，尽力于传道之事业。昔日爱尔兰教士所感化之基督教徒，及北部欧洲之异端，无不入附于罗马。七三二年 Boniface 升任 Mayence 之大主教，乃着手于建设 Salzburg, Regensburg, Wurzburg, Erfurt 诸主教教区（Bishopries），即此可见其传道域区之广，及其传道事业之盛。

SL Boniface 改革 Gaul 教会

Boniface 既组织德国之教会，遂着手于 Gaul 教会之改革。是时 Gaul 教士多不德之行，而教会之财产亦因时局不宁，日有损失。Boniface 得 Charles Martel 之援助，尽力于改良之事业，Gaul 教会，卒人附于罗马。七四八年 Gaul 诸地之主教集会宣言维持宗教之一统，服从教皇之命令，以冀得为 Peter 之羊云。

第二卷
封建制度之发达及民族国家之兴起

第六章　Charles Martel 及 Pippin

第一节　Charles Martel 之内政

当罗马教皇渐成西部教会首领之日，正 Frank 王国中王宫执政 Charles Martel（七一四年至七四一年）及其子 Pippin the Short 二人建树 Charlemagne 帝国根基之时。Chares Martel 所遇之困难，与他日欧洲各国君主所遇之困难正同。中古君主之最大问题，殆莫过于如何可以使国内负固不服之权臣，主教及住持，俯首帖耳以听命于中央政府。

是时国内官吏之最有势力者，凡二等：即伯（拉丁文为 Comites）与公（拉丁文为 Duces）是也。当罗马帝国时代，凡各城均有伯负行政之责，伯之上则有公。此种官吏之称号，日耳曼种人沿用之而不改。当日君主虽有任意任免之权，然为伯为公者，渐有任职终身之趋向。

其时 Aquitaine，Bavaria，及 Alemannia 诸地之公，多夜郎自大，不服王命，Charles 力平之，武功甚盛。中央政府之势，为之再振。

至于国内主教之难以驾驭，亦正与公与伯同。Charles 虽不遵教会之规定，不与人民以选举本区主教之权，主教之任免，唯彼一人主之。然一日主教被任之后，每利用其

Charles Martel 任王宫执政时之困难

伯与公之由来

Charles Martel 之抑服诸侯
Charles Martel 与主教

地位以建设独立之小邦。寺院之住持亦然。Charles 对于主教及住持之跋扈者，一律免职，而以其亲友代之。如予其侄以二寺及三主教之教区，即其一例，然新任者之跋扈，与旧者初无稍异也。

Charles 最著之事业，莫过于抵御西班牙伊斯兰教徒之入侵。吾人于叙述此事之先，不能不先述伊斯兰教之来历。

第二节　伊斯兰教之兴起

摩诃默未出世以前之阿拉伯

当罗马教皇 Gregory the Great 将死之日，阿拉伯人摩诃默（Mohammed）在 Mecca 地方始创伊斯兰教之时。当摩诃默未出世以前，阿拉伯人在世界史上，绝无关系。民族繁衍，互相残杀。各族所奉之宗教，各不相同。摩诃默既创伊斯兰教，阿拉伯人遂群起而崇奉之，阿拉伯人传道事业及其武功之盛，遂于是乎始。

摩诃默之创伊斯兰教

当摩诃默往来经商于沙漠之中，每有潜思默想之机会，彼渐以为上帝尝予以德音而彼有代为发表之义务。彼在阿拉伯，每遇基督教徒及犹太人，因得基督教《新旧约全书》中之观念。乃宣言彼为上帝之先知者，天使 Gabriel 尝在梦中发现，令其创立新宗教，阿拉伯人闻之，多窃笑焉。

摩诃默之逃亡

摩诃默本世家子，因家贫佣于寡妇名 Kadijah 者家中，妇拥于巨资，与摩诃默相悦，遂成伉俪。妇为信仰伊斯兰教之第一人，提倡甚力。不久摩诃默悉城中之异己者，将不利于彼之一身，遂遁入附近之 Medina 镇。摩诃默之逃

伊斯兰教之意义

亡，史称 Hejira，时在六二二年，为伊斯兰教纪元之始。Mecca 与 Medina 两城中之人民，遂起战事。八年之后，摩诃默方乘胜返 Mecca，此城至今为伊斯兰教之中心。摩

诃默于六三二年卒。未死以前阿拉伯各族之酋长，莫不相率入教，而所谓伊斯兰教者（吾国古称天方教，英文曰Islam，即服从上帝之意），乃风行于阿拉伯半岛中。

摩诃默殆不识字者，生时每有昏迷之事，醒则以天神所告之语，向教徒宣布之。死后其信徒将其平日所告人者，编辑成书，即 Koran 经典也。伊斯兰教之信条及教徒应守之规则，无不包括其中。《Koran》经中所述者，与犹太教及基督教同，主张一神——"世界之主，大慈大悲。"摩诃默以为在其前者亦有先知——如 Abraham，摩西与耶稣，其尤著者——唯彼为上帝代表中之最后起者，亦最大者，故所创宗教为人类宗教中之最后而且最高尚者。故彼将 Mecca 城中神庙曰 Kaaba 者中之偶像破毁无余，仅留其黑石一方。

Koran 经主张一神而摩诃默为先知者

凡伊斯兰教徒除侍奉一神外，并须尊重父母，救济贫苦，保护孤儿，维持契约，予人满量及公平之秤。人生在世，毋得骄慢，亦不应浪费，"盖浪费乃魔鬼之兄弟也"。而且不得饮强烈之酒。

教徒之信条

除上述诸诫之外，凡伊斯兰教徒须行下述五事：（一）每日必诵"上帝之外别无他神，摩诃默为其先知者。"（二）每日祷告五次——日出前一次，午后一次，日落前后各一次，晚间一次。凡祈祷时以"祈祷毡"铺于地下或屋顶，向 Mecca 跪而膜拜之，其毡上所织花纹，示叩首者以方向，精美绝伦。（三）凡遇伊斯兰教历中之第九月曰斋月者（Ramadan），则全月斋戒，每日自日出至日落时，不饮不食，盖此月为上帝遣天使 Gabriel 自第七层天堂传 Koran 经于摩诃默之期也。（四）凡教徒须赈济贫人。（五）凡教徒如经济充裕者，则终其身至少须至 Mecca 顶礼一次。

教徒应行之五事

每年教徒之赴 Mecca 者，数以万计。Mecca 之神庙，方形朴洁，相传为 Abraham 所建，外围旷地。其墨石一方，在庙外东南之墙根。凡教徒须环行神庙四周七次，每次与黑石接吻以为礼。

伊斯兰教之地狱　　Koran 经中并言凡世人必有最后受判之一日。届时天堂大开，山岳变为尘土。不信伊斯兰教之人，则入地狱，永受焚烧之痛，"若辈除沸水及痛楚之外，必不能享清凉或饮酒之乐"。而若辈必饮沸水如久渴之驼。

伊斯兰教之天堂　　至于信奉 Koran 经者——为宣传伊斯兰教教义而死者尤其如此——必入乐园，躺身于花缎坐褥及美毡之上，有极美丽之女子侍奉之。其眼如藏珠，有酒可饮，"其头不至因酒而痛而混乱"。对于过去，必甚满意，不至再闻有恶声，再无罪过，所闻者"平安，平安"之呼声而已。

伊斯兰教寺　　伊斯兰教远较中古时代基督教会为简单，既无僧侣，又无仪节。伊斯兰教寺曰 mosque，纯系祈祷与诵经之地，无神坛，无偶像，亦无图画。寺极美丽，在巨城中如 Jerusalem，Damascus，Cairo 及 Constantinople 诸城，尤为宏大。寺之四周为旷地，围以走廊，饰以美丽之大理石及花砖。其窗牖饰以彩色之玻璃，墙上多饰以经文，地下则铺以地毡。寺中有尖塔一或一以上，每日鸣钟五次以召集教徒之祈祷。

女子与深闺　　伊斯兰教徒与东方民族同，每藏其女子于"深闺"曰 Harem 者之中。不得主人允许者，不得外出，外出时必幕其面，凡男子除非系女子之父兄或丈夫，不得睹女子之面。凡教徒得娶妻至四人之多，女子遁出"深闺"者死。故女子极不自由，生活上极其干燥无味。

伊斯兰教诸国，奴制盛行。唯解放之后，则其身体自由与常奴制人无异，并能任最高之官吏。

第三节　伊斯兰教徒之武功伊斯兰教国

摩诃默之地位，似以教主而兼国王。继其后者，世称 Caliph，即"代表"或"承继者"之意，为伊斯兰教徒之专制君主。所发命令，即成政治上及宗教上之法律。摩诃默之岳父，为伊斯兰教国王第一人。继其后者有 Omar（六三四年至六四四年）征服 Syria，埃及，及波斯帝国。其国都乃自 Mecca 移至 Damascus。伊斯兰教徒中虽有同室操戈之迹，然其领土之广，竟包有亚洲之西部与非洲之北部。诸地之人民多改信伊斯兰教。

都于 Damascus 之伊斯兰教国王

摩诃默死后约百年，伊斯兰教国中有新王朝之兴起，于七六二年建都于 Tigris 河畔之 Bagdad 城。此城富庶隆盛，文物灿然，其面积直径达五英里之远，人口有二百万人。当九世纪时，此城殆为世界上最富最大之城。

都与 Bagdad 之伊斯兰教国王

亚拉伯文学之优美，试读《天方夜谭》（*The Arabian Nights Entertainments*）一书，即可知其梗概。此书十五世纪时在埃及搜辑而成，然其中故事多系旧作，从波斯文翻成亚拉伯文者。吾人披诵之余，即可想见伊斯兰教徒风俗习惯之一斑也。

天方夜谭

伊斯兰教徒曾屡欲由亚洲入侵东部之欧洲，然其事终无成。摩诃默死后八百余年，方有土耳其人入侵欧洲陷落 Constantinople 之事，而土耳其王遂为伊斯兰教教主。至于西部欧洲方面，则亚拉伯人之入占西班牙，在土耳其人入欧洲之前也。

回教徒之入僵欧洲

当亚拉伯人及北部非洲之 Berber 种人入侵西班牙时，

西班牙之伊斯兰教徒

西班牙之西 Goth 种人，已不能自守。西班牙诸城颇有死守不降者，然其地犹太人因受基督教徒之虐待，故力助亚拉伯人。至于大多数之佃奴，对于地主之易人，无关痛痒。七一一年亚拉伯人与 Berber 种人获一大胜，遂征略西班牙半岛之全部。

亚拉伯人之入侵 Gaul　七年之间，伊斯兰教徒之势力，已弥漫于西班牙之全部。于是北入 Gaul。数年之间 Aquitaine 公力能阻其前进。然至七三二年伊斯兰教徒厚集军力大败公于 Bordeaux 之附近，攻陷 Poitiers 焚其教堂，乃向 Tours 而进。

Tours 之战（七三二年）　既抵其地，乃与 Frank 王国中之王宫执政 Charles Martel 相遇，两方遂有激战之举，战争详情，已不甚可考，吾人所知者，则伊斯兰教徒退入西班牙，无再北上之志而已。此后伊斯兰教徒壹意于西班牙半岛之经营，建一极其隆盛之王国，其文化程度，远在西部欧洲诸基督教国之上也。

西班牙之伊斯兰教建筑　伊斯兰教徒在西班牙之建筑，至今尚有存者。Cordova 之礼拜寺，Seville 之高塔，尤称巨构。王宫花园，美丽无伦。Granada 之王宫曰 Alhambra 者，以精美名于世。伊斯兰教徒并设 Cordova 大学，即欧洲基督教徒亦有负笈前往者。

伊斯兰教徒之文化远胜于 Frank 种人　欧洲历史家多以 Charles Martel 战败伊斯兰教徒于 Tours 地方为欧洲之大幸。实则假使伊斯兰教徒果能入居法国，则法国文学与美术之发达，必较 Frank 种人为速。故伊斯兰教徒失败一事，是否为欧洲之大幸，实不易断言矣。

第四节　Pippin 之篡位

Pippin 与 Carloman　Charles 卒于七四一年。其未卒之先，已将其王宫执政之职传其二子：即 Pippin 与 Carloman 是也。兄弟当国，大权在手；所谓君主，无事可为，正如史家所谓"披发长须，徒拥君主之名而自满；高据御座，俨然国王；接待各国使臣，受大臣之指导以答复各国使臣之询问，不知者方且以为出自国王之本意。实则当日国王除虚名与王宫执政所给之微俸外，一无所有云"。其时国内之反抗者均为王宫执政所压服，而 Carloman 忽有辞职之举，入寺为僧。Pippin 一人遂大权独揽，当日纪年史上并谓"国内升平无事者凡二年云"（七四九年至七五〇年）。

Carloman 之辞职

　　Pippin 之权势既大，乃隐怀篡夺王位之志。然当日国王虽无所事事，而事关废立，究非易易，故 Pippin 有商诸罗马教皇之举。教皇答曰："余意以为无权之人而假称为王，不若以有实权为王而且称王之为愈。"

Pippin 之篡位称王

　　据上所述，可知后代史家以为 Pippin 之为王，系罗马教皇所任命，并不尽然。盖罗马教皇明知 Pippin 之僭夺王位，势所难免，而且为国人所心许，故不得不顺势以利导之耳。七五二年国内之公伯以盾拥 Pippin 由 St.Boniface 行傅油之礼，继以教皇之祷告，Pippin 乃即王位，为 Carolinoan 朝之始。

　　此次罗马教皇之参与加冕，君主原理上遂发生重大之变迁。盖日耳曼种人之君主，自古以来类皆由人民或贵族选举军队中之首领充任之，君主之得位，并非神授，实因其才力出众足以折服人民耳。自 Pippin 遵古代犹太之旧习，使 St.Boniface 及罗马教皇来行傅油之礼，"日耳曼种之酋长遂一变而为神命之君王"。罗马教皇并谓凡有反对 Pippin 之族者，必受天罚。服从君主，遂成为宗教上之责任。在教会方面观之，则凡得教会赞许之君主，即无异上帝之

教皇参与加冕之影响

代表。他日王权神授之观念，实端倪于此。

第五节　Pippin 与罗马教皇之携手

Pippin 与教皇携手之重要　罗马教皇成 Pippin 之篡夺王位，足征当日西部欧洲两雄——Frank 王及罗马教皇——之水乳。不久并携手而同盟，在欧洲史上生出绝大之影响。吾人欲了解之，不能不先明罗马教皇所以脱离东罗马皇帝及与 Pippin 交欢之故。

东西教会之分离——偶像之争　自 Gregory the Great 死后百余年间，在罗马之教皇类皆服从东帝。尝求东帝之援助以抵御北部意大利之 Lombard 种人。当七二五年时，东罗马皇帝 Leo 第三下令禁止教徒不得崇拜耶稣及其他圣人之偶像。盖帝本一富有思想之基督教徒，颇不忍闻伊斯兰教徒之讥诮基督教为崇拜偶像者。故下令凡国内教堂中之偶像及壁上之画像，一概销毁。基督教徒，群起反对，即东都教士亦复啧有烦言，而西部欧洲一带之教士，尤为不服。罗马教皇坚持皇帝无干涉教会习惯之权，抗不奉命。并召集宗教大会宣言凡有"推翻，毁坏，或亵渎神圣之偶像者"则逐诸教会之外。西部欧洲教会遂始终维持其崇奉偶像之旧习。

罗马教皇与 Lombard 种人　罗马教皇虽不喜毁灭偶像之东帝，然仍望东帝之援助以御 Lombard 种人之南下。不久 Lombard 王名 Aistulf 者，不听罗马教皇之请求或恫吓。七五一年人占 Ravenna 而进逼罗马城，意在统一意大利，以罗马城为其首都。此诚意大利半岛存亡危急之秋也。意大利其将统一于日耳曼民族之下而文明发达如 Gaul 乎？观于 Lombard 种人之进步，又非不能组织国家者。然罗马教皇终不愿失其独立之地位以附属于意大利之王。故意大利王国之不能建设，实罗马

教皇求援于 Pippin

教皇有以致之。千余年来，意大利半岛之不能统一，教皇作梗，实为主因。当时教皇曾求援于东帝，东帝不之顾，不得已求援于 Pippin 亲越 Alps 山而入 Frank 王国。国王优礼有加，偕教皇南返，以解罗马城之围，时七五四年也。

当 Pippin 北返之日，正 Lombard 种人再围罗马城之时。观是时教皇 Stephen 所致 Frank 王之信札，尤足见当日之特点。函中略谓 Pippin 一生际遇之隆，均原于 St.Peter 之祐，故应急来援救 St.Peter 之后继者。如 Frank 王而任 Lombard 种人之割裂与摧残罗马城，则王之灵魂将入地狱而受鬼怪之割裂与摧残。此种言论，颇为动听；Pippin 再南下，卒征服 Lombard 王国，夷为附庸。

Pippin 征服 Lombard 种人

Pippin 既恢复意大利之地，乃不归远于东帝，而反馈诸罗马之教皇。教皇之领土遂自 Ravenna 以达于罗马城之南部。继续维持至十九世纪后半期。

Pippin 赠领土于教皇

Pippin 之在位，关系甚大。Frank 王国之势力，日有增加，为近世法国、德国、奥地利三国发祥之地。北部欧洲君主之干预意大利内政亦始于此时，为他日法国，德国诸国君主失足之主因。此外教皇之领土，虽壤地偏小，而其关系之重大及国祚之永久，亦复为欧洲所罕有。

Pippin 在位时代之关系

Pippin 及其子 Charlemagne 仅知得教皇赞助之利益，初不知其贻害之无穷。此后西部欧洲各国之民族，无不求其君主，法律与命运于 Tiber 河上矣。

第七章　Charlemagne

第一节　Charlemagne 之性情

研 究 Charle-
magne 之资料

日耳曼民族中之历史上伟人，吾人知之较悉者当首推 Charlemagne 其人。其他如 Theodoric，Charles Martol，Pippin 辈，吾人所知者，不过大概而已。当日史家虽稍有记载，然对于各人之性质多略而不详也。

Charlemagne
之容貌

Charlemagne 之容貌，据其秘书之所述，颇与其政治手腕之特点相同，殊可注意。其身体长而且壮；面圆，目巨而有光，鼻较常人为大，面貌和蔼可亲。无论坐立，均俨然有君人之态度。身材魁梧，故见者每不察其颈之过短与其体之过肥。步趋稳健，举动安详，言语清朗而发音微低。好劳恶逸，喜驰马畋猎，并善游水。体力雄厚，精神饱满，故往来国内，从事征战，所向无敌，而毫无倦容。

Charlemagne 之
教育及其对于
学术之态度

Charlemagne 曾受教育，故深知学问之重要，力行提倡。每饭必令人朗诵古书以悦其耳；尤喜读历史及 St.Augustine 所著《上帝之城》一书。能拉丁语，并谙希腊文。曾有意于著作，唯因年老太晚，故始终仅至自能书其姓名为止。尝召国内之学者入居宫内，利用其学问，建设国家教育之制度。彼亦注意于建筑以美丽其王国。尝亲自计划 Aix-la-Chapelle 地方之大礼拜堂，一切陈设，莫不关怀甚切。又造美丽之王宫二：一在 Mayence 附近，一在荷兰之 Nimwegen 地方，并造桥于 Mayence 附近之 Rhine 河上。

他日 Charlemagne 虽死，其印象尚深入人心而不能骤去。后人所著传奇中，多详述彼一生之功业，虽多系空中楼阁，而当时人则多信以为真。St.Gall 寺中之老僧，于 Charlemagne 死后不久，曾著书谓其拥大队之军士，横扫全部欧洲。骑士之忠勇无伦者，实拥戴之，为他日欧洲骑士之模范。终中古之世，诗人骚客，多以 Charlemagne 之事功为其吟咏之资。

吾人试研究 Charlemagne 在位时代之功绩，即知被诚不愧为历史上之伟人而为中古时代之豪杰。盖其影响于欧洲进步上者极大。兹先述其武功，再述其内政，最后乃述其提倡文化之迹。

传奇中之 Charlemagne

第二节　Charlemagne 之征服 Saxon 种人

Charlemagne 之目的，在于统一日耳曼民族以建设基督教帝国，而其志竟成。当 Pippin 当国时代，Frank 王国之领土，不过今日德国之一部分。Frisia 及 Bavaria 本已奉基督教，因 Charlemagne 先人及传道教士 Boniface 辈之劝导，早已入附 Frank 王国。其时介于两国之间者，有 Saxon 种人，负固如昔。信奉异端，其制度习惯尚一仍七百年以前之旧。

Charlemagne 之帝国观念

其时 Saxon 种人所在地，约自 Cologne 而东以达于 Elbe 河，北至今日 Bremen 及 Hamburg 诸城所在地。此种民族，既无城市，又无道路，欲征服之，极不易易，盖若

Saxon 种人之征服

辈胜则乘势南下，败则退入森林也。然任其自由。则逼处 Frank 王国之北鄙，尝有骚扰之虞，而王国之国境，亦且无扩充之望也。Charlemagne 在位时，一意于征服 Saxon 种人者，凡十余年。平其叛乱者，前后凡九次，卒因基督教会之力克服之。

Saxon 种人之改信基督教　Charlemagne 之有赖于教会，以征服 Saxon 种人为最著。凡每次叛乱既平之后，彼必令蛮族改奉基督教以表示其忠顺于王之意。随即遣派主教及住持等驰往其地以管理之。七七五年与七九〇年间所颁之处置 Saxon 种人土地之法律，规定凡"不忠于国王者"与"逃避浸礼，藐视浸礼，及仍信异端者"均处以死刑。Charlemagne 深信 Saxon 种人入教之必要，故下令凡以武力强夺教堂中之物件者与当"四旬斋"（Lent）期中而食肉者均处以死刑。无论何人，不得依据异端之仪式，向树木或泉水行宣誓之礼，或躬与异端祭鬼之宴会；凡生子必于一年之内受浸礼；否则均罚金。

教会之维持　至于各区教会之维持费，由各区人民捐地三百亩以充之，并备居室一所为教士之用。"同时，根据上帝之命令，凡教徒均须纳其财产及工作所得十分一之税于教会及教士；凡贵族、平民及佃奴，均须纳其一部分于上帝。"

政府与教会之互助　上述种种之规则，极足以代表中古时代政府与教会之关系。凡反叛教会者，在政府视之，罪同叛逆。当时政府与教会，虽尝于冲突之迹，然在人民心目之中，则每以为教士与官吏，相辅而行，缺一不可云。

北部德国城市之兴起　当 Saxon 种人未被 Charlemagne 征服以前，本无城市。征服以后，则主教所在之区与寺院所在之地，市镇林立，城市渐增。其中最著者，允推 Bremen，至今尚为德国之巨城也。

第三节 Charlemagne 之征服 Lombard 种人

Pippin 曾与教皇约，愿负保护之责，吾人已述及之。当 Charlemagne 有事于北部 Saxon 种人居地之日，Lombard 种人乘机南下而进攻罗马城。罗马教皇急求援于 Charlemagne，Charlemagne 令 Lombard 王将其征服诸城交还罗马教皇。Lombard 王不允，Charlemagne 遂于七七三年率大队军士入侵 Lombardy，陷其都城 Pavia。迫 Lombard 王入寺为修道士，Frank 军士尽掠其财产而去。七七四年，Lombardy 之公伯均被迫而臣服于 Charlemagne。

Charlemagne 为 Lombard 种人之王

Charlemagne 未即位以前，国内巨省如 Aquitaine 及 Bavaria 等，均形同独立，不受管辖。Aquitaine 公当 Pippin 秉政时代，时有蠢动之举，于七六九年合并于 Frank 王国。至于 Bavaria，在 Charlemagne 心目中，以为任其独立，则难望其援助以抵抗边境之 Saxon 种人。乃迫 Bavaria 公纳其领土，并禁之于某寺中。Charlemagne 乃以其地分给国内诸伯。Saxon 种人所在地与 Lombard 王国间之领土，遂入于 Frank 王之手。

Charlemagne 合并 Aquitaine 与 Bavaria

第四节 Charlemagne 之征服 Slav 种人及伊斯兰教徒

吾人以上所述者，仅以 Chademagne 与日耳曼民族之关系为限。实则彼所注意者，尚有东部欧洲之 Slav 种人及西班牙之亚拉伯人。彼如欲自守其国，非设法征服之不可。故 Charlemagne 在位之后半期，即注其全力于此。于七八九年一战而败 Saxon 种人东北之 Slav 种人，迫 Bohemia 人贡。

Charlemagne 之外交政策

特别区与边防使　Charlemagne 深恐非日耳曼种之蠢动，故于王国四境特设特别区曰 Marches 者，分遣边防使（Margraves）分驻其地以镇之，以防御日耳曼种人犯为职务。边境之安危，多系于边防使之得人与否。边防使中颇有扩充势力以自固者，他日 Frank 王国之瓦解，伏机于此。

Charlemagne 征略西班牙　当七七七年时，Charlemagne 有集召国内要人开会之举，西班牙伊斯兰教徒之不满于 Cordova 之教主（Emir）者，遣人求援于 Charlemagne。次年 Charlemagne 率师南入西班牙。数年之后，征服 Ebro 河以北之地，并遣边防使驻其地。自后伊斯兰教徒在西班牙之势力，日渐衰替。至一四九二年，最后伊斯兰教徒之根据地 Granada 失守，西班牙伊斯兰教徒之领土，至是丧失殆尽。

第五节　Clarlemagne 之称帝

Charlemagne 之加冕　Charlemagne 最巨之功业，莫过于八〇〇年之重建西罗马帝国。是年 Charlemagne 赴罗马解决教皇 Leo 第三与其敌人之纷争。事成之后，于耶稣圣诞日在 St.Petel 教堂中举行庆典。当 Chademagne 跪于坛前行祷告时，教皇加以王冠，以"罗马人之皇帝"（Emperor of the Romans）称之。

称帝之允当　此次加冕之举，Chartemagne 自以为并不预知，实出其意料之外。据当日 Frank 史中之所述，则谓："当日东部罗马帝国女人在位，皇帝之名，已不能用，于是罗马教皇 Leo 神父，及所有基督教徒均以为不如推举 Frank 王 Charles 为皇帝之为愈。盖因彼之领土除意大利，Gaul 及德国外，又占有历代皇帝所居之罗马城。上帝既许其领有如许之土地，人民又均具爱戴之热忱，则彼之称帝，实属允当。"Charlemagne 虽无称帝之权利，然当日大势所趋，有不得不如此之故。当彼未称帝以前，彼为 Frank 种人及 Lmbard 种人唯一之君主。日久武功甚盛，领土增加，国王之名，本已不称。而且当日罗马东部之皇帝，自皇帝 Leo 下令禁止偶像以后，在罗马教会视之，有同异端。加以 Charlemagne 未加冕以前，东部帝位为一恶妇人名 Irene 者，伤其子 Constantine 第六之两目，夺而代之。故 Charlemagne 之称帝，与当日西部欧洲之政情正合。

西部帝国之建设，当时人均以为即系昔日罗马帝国之中兴。而以 Charlemagne 为废帝 Constantine 第六之继统者。然就实事而论，则新帝之地位与昔日罗马皇帝之地位绝不相同。第一，东部罗马之帝祚，始终绵延不绝。第二，Charlemagne 以后之日耳曼皇帝类皆柔弱无能，即德国、意大利二部之地，亦不能守，遑论其余。不过西部帝国自十二世纪以后，改称为神圣罗马帝国（Holy Roman Empire），国祚绵至千余年之久。至一八〇六年方绝。

罗马帝国之继续

日耳曼诸君之称帝，实伏他日多事之机。若辈尝虚耗其精神，越国过都以维持其意大利国之领土，且因 Charlemagne 受教皇加冕之故，为日后教皇要求废立皇帝权利之根据。故当中古之世，皇帝屡有南下之举而教皇与皇帝则屡起无谓之争。

称帝之流弊

第六节　Charlemagne 之内政

Charlemagne 之领土，既广且杂，统治为难。帝之修明内政，治国有方，卒致有盛极难继之叹。当日之困难，与昔日 Charles Martel 及 Pippin 时代同，言其著者，即国

Charlemagne 之困难

库空虚与诸侯跋扈二事。Charlemagne 之能力，以见诸治国方面者为最著。

Charlemagne 之私产　当中古时代，中央政府之收入，类有赖于皇室之私产。盖其时罗马国税制度，久已不行也。故 Charlemagne 对于私产之整理及收入，异常注意。其规则至今尚存，吾人读之，颇足以了然于当日之状况焉。

爵位之由来　Frank 王所赖以治国之官吏，以伯为最重要；凡君主不能亲临之事，均令伯为"王之手与声"。国内秩序之维持，司法之监督，军队之募集，均唯伯之是赖。边疆之上则有边防使，前已言之。此外并有公，公之名至今尚通行于欧洲诸国中。

巡按使　Charlemagne 为监督国内诸伯起见，时时特派巡按使（Missidominici）巡行全国，遍问民间之疾苦，以告于王。每区二人，一俗人，一教士，以便互相牵制。各区巡按使，每年更换，以免其与各区之伯，狼狈为奸。

Charlemagne 之改革　Charlemagne 称帝后，政治组织上，绝无更张，唯国民年在十二岁以上者，均须宣誓忠顺其皇帝。每年春间或夏季，必召集国内之贵族及教士开大会以商议国事。颁发法律多种，曰 Capitularies，至今尚有存者。尝与各区教士及寺院住持商议教会之需要，尤注意于教士及俗人之教育。吾人观当日之种种改革，颇能窥见当日欧洲之情状何如也。

第七节　Charlemagne 之提倡教育

Charlemagne 以前之黑暗时代　Charlemagne 之注意古籍，为 Theodoric 后第一人。盖自三百年前 Boethius 死后，古学久已不振。约六五〇年时，埃及为亚拉伯人所征服，纸草之源遂绝。其时欧洲之纸，尚未发明，所用者仅羊皮纸一种，价值甚贵。虽较埃及之纸草为坚实，然所费太巨。故书籍之抄传，颇多障碍。据Benedict 派修道士所述，则八世纪为法国文学史上最闭塞，最黑暗，最野蛮之时代。Merovingian 朝之公文书，每有文理欠通之病，足见当日文人之无学。

　　然当时虽称黑暗，而亦有曙光。即在 Charlemagne 以前，亦已见世界将复现光明之象，拉丁文可断其不亡，因当日教会及公文书，均用拉丁文也。基督教之教义，不得不考之于《圣经》及其他诸书，而教士之讲道文稿，亦即文学之一种。故凡属教士，均非稍受一种教育不可。凡教士之贤能者，无论其为何国人，当然不能不识拉丁之古籍。其时又有编辑古籍为《精华录》之类者，故时人对于古代之文化，亦并未尽忘。研究虽不能精深，而古学之种类为何，则尚留在当时人之心目中也。

教会之保存学问

　　charlemagne 为当日君主中深悉教育衰替第一人，彼未称帝以前，曾有二函提及此事。其一系致某主教者，其言曰："近年以来，吾尝接读各寺院之函札，谓寺院中之修道士，尝代吾行神圣诚笃之祷告。吾观诸函中之用意，固属可嘉，然察其文字，殊属鄙俚，盖因不重教育之故。故函中之言，每有错误，不能尽达其心中之真意。吾甚恐将来作文之能力，愈趋愈下，所具智识将不足以了解《圣经》。吾人深知文字谬误，本属危险，而知识谬误，尤为危险。故吾望汝不仅不忘文字之研究，且望汝能虚心实在去研究，则汝必能深悉《圣经》中之玄妙。"

Charlemagne 说明教育不振之二函

　　其二云："吾辈先人，不重学问，吾曾竭力提倡之；吾甚望国人均能随吾之后熟究文艺。吾人得上帝之助，曾以此种精神校正《新旧约》各书中之谬误矣。"

Charlemagne 对于国民教育之观念

Charlemagne 之意，以为教会不但有教育士之责，且应予普通人民以初等教育之机会。故于七八九年下令凡教士均须集其附近自由民及佃奴之子弟，建设学校为"儿童读书"之地。

教会学校及王宫学校之建设　其时国中主教及住持之遵令建设学校者，其数虽不可知；而当日文化中心之可得而考者，则有 Tours，Fulda，Corbie，Orleans 诸地。Charlemagne 并建设"王宫学校"备皇子及贵族子弟入学之用，请英国人 Alcuin 任管理全校之责，并聘意大利及其他诸地之名人为教师。其最著者，即历史家 Paulus Diaconus 其人，著有 Lombard 种人史，为吾人研究 Lombard 王国史之大源。

Charlemagne 注意抄书　Charlemagne 对于抄书谬误之危险，尤为注意。故在其建设学校命令中，并谓："尔辈须将赞美诗，乐谱，文法，及寺院与主教教区中之书籍，详加校正；因祈祷之时，每因书籍谬误之故，致有祈祷不得当之患也。毋使汝之子弟误读或误书。如有抄写福音，赞美诗，或弥撒经之必要时，令成年者谨慎为之。"此种预告，极为合理。盖遗传古籍之重要，亦正不亚于教育之提倡也。唯 Charlemagne 并无恢复希腊罗马学问之意。彼以为教士而能熟习拉丁文，能了解《弥撒经》及《圣经》，斯可矣。

chademgne 提倡教育之结果　charlemagne 之提倡教育及智识，并无结果。九世纪时虽有文人，其著作亦能传之于后世；然自其帝国瓦解之后，同室操戈；加以蛮族再来，诸侯跋扈，西部欧洲之大局，一返二百年前之旧。故十世纪及十一世纪初年之状况，与七八两世纪时，初无少异。唯不若 Charlemagne 以前秩序之紊乱，与民智之闭塞耳。

第八章　Charlemagne 帝国之瓦解

第一节　Charlemagne 帝国之分裂

Charlemagne 之帝国，领土广大，一旦 Charlemagne 去世，其将从此瓦解乎？抑仍统一耶？此诚研究历史者之重要问题也。Charlemagne 似深知一旦物故，统一无人，故于八〇六年，将其帝国之领土，分给其三子。帝之分给领土于其子，究因习俗相沿，不能不平分于诸王子耶？抑因深知己身去世，后继乏人耶？吾人不可得而知。唯不久其年长之二子，均先其父逝世，其幼子 Louis 独领帝国。

Louis the Pious 即位之后，不数年即有分给帝国于其诸子之举。然诸王子各不相下，时起纷争，故自八一七年至八四〇年间，瓜分之举，竟有六次之多。诸王子纷争之迹，兹不详述，至八四〇年，Louis 卒。其第二子 Louis the German 领有 Bavaria 及今日德国诸地。其幼子 Charles the Bald 领有 Frank 王国之西部。其长子 Lothaire 领有两弟领土间之地，并袭皇帝称号。Charles 与 Louis 因其兄有实行皇帝职权之举，合力以抵抗之，败之于 Fontenay 地方，时八四一年也。越二年乃订 Verdun 和约。

Louis the Pious 之即位

Charlemagne 帝国之分裂

Verdun 知 约
（八四三年）

当三人商订和约时，对于 Lothaire 之领有意大利，Charles 之领有 Aquitaine 及 Louis 之领有 Bavaria 殆无异议。其争持最烈者，即关于其余帝国领土分配之一端。其结果则长兄既称皇帝，并得领有 Frank 领土之中部；包有都城 Aix-la-Chapelle。其疆界之不自然，及其言语风俗之不一致，固甚显然。Louis 并得 Lombardy 以此西至 Rhine 河之地。至于 Charles 则领有今日法国之大部分及西班牙边境与 Flanders 诸地。

第二节　法国德国之起源

德国法国之起源

Verdun 条约之重要，在于东西两 Frank 王国之发现。为他日法国与德国两国之雏形。Charles the Bald 领土中之人民，大部分沿用拉丁语，日久渐变而为南部法国语（Provencal）及法国语。至于 Louis the German 领土中，人民与语言均属日耳曼种。介于两国之间者，为 Lothaire 王国（Lotharu regnum），此地一变而为 Lothaingia，再变而为今日之 Lorraine，至今尚为德国法国两国相争之地。

Strasburg 誓言

至于当日各地方言之互异，征于八四二年 Strasburg 誓言而益信。盖当 Verdun 条约未订以前，Lothaire 之二弟，曾郑重宣誓互助以抗其大兄。二人先用本国之语言各向兵士云，如吾有离异吾兄之时，汝辈亦当解除忠顺吾兄之义务。于是 Louis 再用"罗马语"（Lingua Romana）向兵士重述其誓言，使 Charles 之兵士易于了解。Charles 亦用"条顿语"（Lingua Teudisca）向兵士重述之。此两种誓言之原本，至今尚在，为历史上最有兴趣最有价值之文字。盖吾人借此得以稍知当日欧洲各国语言之雏形也。前此之日耳曼种人，殆仅有语言而无文字，凡能文字者皆用拉丁，法国语亦然。

第三节 Charles the Fat 之统一帝国

八五五年 Lothaire 卒，遗其意大利及其王国于其三子。至八七○年，其子先后去世者凡二人，其叔父 Charles the Bald 与 Louis the German 二人遂订 Mersen 条约，瓜分其侄之领土。仅留意大利及皇帝称号于其仅存之侄。其结果则自八七○年，西部欧洲一带，显分三国。一如近世意大利，德意志及法兰西殊可异也。

Louis the German 既卒，其子 Charles the Fat 入继东 Frank 王国之统。八八四年，Charles the Bald 之子若孙，先后逝世，堪继统者仅有一五龄之童子。西 Frank 王国之贵族，群请 Charles the Fat 兼领其地。Charlemagne 帝国至是分而复合者，凡二三年。

Charles the Fat 多病而无能，与北蛮（Northmen）所订之条约，尤足征其优柔而无勇。当巴黎伯 Odo 尽力抵抗北蛮之围困巴黎时，Charles 不但不率军来援，反允年予北蛮银七百磅为解围之条件，并允北蛮军队于是年冬日屯驻于内地 Burgundy，焚毁劫掠，如入无人之境。

此种辱国之条约，大拂西 Frank 王国贵族之意。若辈遂乐与其侄 Carinthia 之 Arnulf 合谋篡夺，八八七年 Charles 被废。自此以后，除他日法国皇帝 Napoleon 外，再无一人能统一 Charlemagne 帝国之东西南三部者。Arnulf 虽称帝，然国内已无复统一之望。即统一之名，亦不可复得。当时

帝国之再分

帝国之暂时统一

Charles the Fat 与北蛮

Charles the Fat 之被废

编年史中曾谓"当 Ainulf 虚费光阴之日，正各小王国发达之秋"云。

Burgundy 王国
之由来

西 Frank 王国中之贵族，在北部者选巴黎之 Odo 为王；至于南部，则有 Vienne 之 Boso 伯，隐恳罗马教皇封其为 Rhone 河流域及 Provence 一带地方之王。Boso 死后，Geneva 湖沿岸一带地，叛而自立。他日此地与 Boso 之领土，合而为 Burgundy（亦称 Aries）王国。

帝国内部之瓦
解

当 Charles the Fat 未废以前，国内之伯及大地主多乘机自立，俨同君主。其在东 Frank 王国则昔日 Charlemagne 所征服之日耳曼种，渐谋自立，就中尤以 Bavaria 人及 Saxon 种人为不驯。至于意大利，则领土瓦解之状况，较北部二国为尤甚。

第四节　帝国不能统一之原因

道路之不修

据上所述者观之，足见当日已无人能再统一 Charlemagne 之帝国者。盖当日之困难甚多，欲建设一统一之国家，几乎无望。第一，国内交通，到处阻梗。罗马时代之道路桥梁，自是因无人修理，类皆残毁。至于罗马帝国国境以外之地，为 Charlemagne 所征服者，其道路尤较恶劣无疑。

钱币之稀少

此外当中古之世，钱币稀少。为君主者，遂无资多任官吏为治国之用。而且因经费有限之故，不能募集军队为维持秩序平定叛乱之需。

蛮族之入侵

除君主优柔，国库空虚之外，尚有一大患焉——即蛮族之四面入侵是也。此次蛮族之入侵，较 Charlemagne 时代以前之蛮族入侵，尤为不幸。盖足以破坏欧洲之和平而阻止欧洲之进步也。Charlemagne 帝国瓦解以后二百年间，欧洲极其黑暗，此为其绝大之原因。

伊斯兰教徒之如何征服北部非洲及西班牙，如何在 Tours 地方为 Charles Martel 所败，吾人已述及之。然此次失败，并不能阻止伊斯兰教徒之侵犯南部之欧洲。Charlemagne 死后不久，Sicily 一岛遂入于伊斯兰教徒之手，意大利及南部法国，屡被蹂躏。即罗马城亦不能免也。 伊斯兰教徒之
入侵

至于帝国东部，则有 Slav 种人入侵之患。Charlemagne 虽曾战败之，然此种人之骚扰东疆，垂二百年之久。此外又有匈牙利人，系来自亚洲之蛮族，蹂躏德国及意大利，其骑兵并深入 Frank 王国之东部。最后匈牙利人被逐东返，其所居之地遂名匈牙利。 Slav 种人及匈
牙利人之入侵

最后又有所谓北蛮者（Northmen），盖丹麦、挪威、瑞典诸地之海盗也，相率南下。若辈不但劫掠海滨之巨城，有时并沿河深入 Frank 王国境中，达于巴黎，大肆骚扰。其入侵英国者，世称丹麦人。英王 Alfred the Great 竟不能不承认若辈为英国北部之主人云。 北蛮之入侵

据上所述，可见 Frank 王国之险象环生，患难纷至。内有贵族之纷争，外有蛮族之骚扰。此扑彼起，无时或已。故当日之诸侯，莫不深居城堡；当日之城市，莫不围以城墙。甚至修道士之寺院，亦复有建筑堡垒以资防卫者。

第五节　封建制度之权舆

中央既无有力之君主，国内又无强盛之军队，各地之安危，无人顾及。国内之伯，边防使，主教及大地主辈，群起而谋自卫。若辈一面有卫国之功，一面有保民之德， 国内诸侯之得
势

故人民之向往者，无不倾心。此 Charles the Fat 以后之政权，所以旁落于国内大地主之手也。中古诸侯之城堡，类皆位置于形胜之地。如果国君有力，又焉能坐视其存在者？于此可见当日之诸侯，已隐然有负固不服之志矣。

中古时代之城堡

吾人今日试游历英国，法国或德国之境中，每见有中古城堡之遗址，雄踞山巅，凭眺四方，可达数英里之地。围以厚墙，墙外有濠。堡中有高塔，其窗甚小。可见此种建筑绝非升平时代之居室，而为云扰世界之王宫。

罗马时代之军营

盖居住堡中之人，必随时有被攻之险，如其不然，又何必靡巨费造成冷静森严之巨厦为居室之用乎？当时巨厅之中，诸侯之扈从，群集一处，以备调遣。一旦被攻，则群趋于小窗之内，以箭射敌。如敌人逼近，则倾火烧之沥青或融化之铅以御之。

最初城堡之简陋

昔日罗马人每于军营之外，围以厚墙，此种有墙之营，名曰 Castrum。然皆系政府之堡垒，而非私人之居室也。罗马帝国衰替之日，蛮族相继入侵，国内大乱。于是伯，公，与大地主，多建筑堡垒以自卫。然当日之所谓城堡，不过筑土为堆，围以深壕，卫以木椿而编以树枝。土堆之上为木造之堡垒，亦以木椿围之。此种城堡，在 Charlemagne 死后，尚通行数百年。唯因材料不甚坚实，或被焚，或腐烂，故至今已无存者。

战术之变迁及石料之应用

约自一一〇〇年以后，建筑城堡之材料，渐以石代木。盖至是战术已变，木料已不足以资保卫也。昔日罗马人之攻城也，每以巨石或尖锐之木棒向墙上或向墙内投之，并有投石与投术之手机。当兵士携斧或撞车登城时，并有自卫之方法。自日耳曼民族入侵以后，对于此种战机，不甚习惯，故旧日之武器渐废而不用。唯东部罗马帝国中尚沿

用旧日之战术。自有十字军之役以后，此种战术，复传人
西部之欧洲。西部欧洲之建筑城堡，因之不得不以石代
木云。

唯方形之堡，不如圆形无角者之易守。故百年之后，圆形城堡之风
圆形之堡，极其风行，以迄一五〇〇年为止。自一五〇〇行
年后，火药巨炮之为用已广，城堡虽坚，亦难御炮弹之攻
击矣。

昔日木堡，至今无存。吾人之城堡观念，可自石造者城堡之内容
得之。城堡之地址，多在悬崖之上，得建瓴之势，不易近
攻。如在平地，则围以深沟，谓之城濠（moat）。中储以水，
横以吊桥。其大门并有厚木板造之栅栏，由上而下，谓之
吊门（portcullis）；墙内有高塔一，谓之主塔（donjon）：
内包数层。有时堡内亦有巨厦及居室，为诸侯及其家庭起
居之所。然有时即居于主塔之中。此外堡内并有储藏粮食
及军器之处，并有礼拜堂一。

吾人欲明中古贵族之地位及封建制度之起源，不能封土中之地王
不先知当日地主之状况。当 Charlemagne 在位时代，西部
欧洲一带地，多分裂而为巨大之地产，有若罗马时代之
Villas。此种分裂之由来，已不可考。此种巨大之地产，
亦名封土（Manor）。类以佃奴耕种之，终身不得离其地，
并受地主之约束。同时佃奴并须代种地主之私地，凡地主
及佃奴日用之需，皆取资于封土。所谓中古之地主，即系
指领有封土一二处之地主而言；每年收入，足以自给，并
有余暇与四邻之地主战。

当 Charlemagne 即位以前，政府已有给予寺院，教堂，地主之特权
及个人以免纳地税之特权。凡朝廷官吏之司法或募捐者，不
得擅入其地。此种特权，原在免除官吏之勒索，并不予以政

府之大权。其结果则享有此种特权之寺院及个人，每以君主之代表自命，实行国王之权责。他日中央政府之势力日衰，地方诸侯遂渐成独立之地主。此外即无此种特权之地主与重要官吏如伯与边防使等，亦多尾大不掉，独霸一方。

诸侯之世袭　　　　国内诸伯之地位，尤为优胜。Charlemagne 所任之伯，类皆选自富民或巨族中人。又因政府无钱之故，凡有功勋于国家者，则酬以土地，诸伯之势力益大，渐视其领土及地位为私产，传之于其子若孙。当 Charlemagne 时代，因有巡按使巡行制度，故诸伯尚能就范。自彼死后，巡按制度而不用，官吏之抗命或无能者，中央已无法以处之矣。

国家组织继续　　　然吾人断不可以为 Charlemagne 死后，西部欧洲一带，
维持之原因　　　遂无国家，或以为四分五裂，小国如林。

第一君权之保　　　第一，当时君主，犹保其昔日威严之一部。为君主者
存　　　　或柔懦而无能，或无法以抑服抗命之官吏。然无论如何，君主自君主，曾受教皇之加冕而为上帝之代表。其地位总在诸侯之上。他日英国，法国，西班牙诸国之君主，最后意大利德国诸国之君主，摧残封建，抑服诸侯，终占优势。

第二封建制　　　　第二，当日之地主，虽形同独立，然无不属于封建制
度　　　　　度（Feudalism）之中。凡地主之有余地者，每分给他人，唯受封者须尽忠顺及其他种种义务，如从军，贡献意见，及援助主人等。诸侯（Lord）至附庸 Vassal 之关系，遂权舆于此。凡诸侯同时为国王或其他诸侯之附庸，各尽其忠顺之义务。故封建制度，遂起而代国家，以私人之结合代君主与人民之关系。

封建制度中之政府与田产制度，均与今日各种制度不同，极难了结。然吾人若不晓然于封建制度之为何，则中古千余年间之欧洲史，即将茫无头绪矣。

第九章　封建制度

第一节　封建制度之起源

封建制度为西部欧洲第九、第十两世纪状况之天然结果。其中要质，并非当日新发明者，亦非当日新发现者，实则合各种要质以应付当日之需要者也。故吾人于研究封建制度之前，不能不先述罗马帝国末造之政情及日耳曼蛮族之习惯。一则可以了然中古分封领土之习惯，一则可以明白诸侯与附庸之关系。

封建制度之来源

当罗马帝国末年，西部欧洲一带之小地主，多以土地之主有权让诸有力之大地主，求其保护，前已述及。当时因人工稀少之故，大地主每许小地主仍得耕种其土地，不取租金。自蛮族入侵以来，小地主之景况，日趋恶劣。然其时寺院林立，小地主每向寺院求保护，寺院僧侣无不乐而许之，收其田产为寺产，并允小地主仍得耕种其地。小地主虽有主有之权，然地中所产，仍为所有，只需年纳收入之一小部分于寺院，以承认寺院之主权。此种土地之使用（Usufruct）谓之恩泽（Beneficium）。Frank 王国之君主及大地主之处置其领土，类皆如此。此种恩泽，实为封建制度发达之第一步。

罗马帝国末造之恩泽制

诸侯与附庸关系之起源　　与恩泽制并起者，尚有一种制度，足以说明封建之起源。当罗马帝国末年，凡自由民之无产者，每人附于富而有力之地主。衣服饮食及保护之责，均由地主负之，而自由民则有忠顺主人之义，"爱主人之所爱，避主人之所避"。

日耳曼种之同志结合　　此外又有日耳曼种人之一种习惯，极有类于罗马之习惯，以致研究历史者，每难断定封建制度之何自起。Tacitus 尝谓日耳曼种之青年每有誓忠于领袖之习，如青年之助彼出战者，则领袖有维护之义。此种制度，Tacitus 称之为同志结合（Comitatus）。在日耳曼种人视之，不仅义务之交换而已，实亦为主人与同志间之一种道义上结合。其结合也，有一定之仪节。为同志者并须宣誓其忠爱之忱，正与后日封建时代诸侯与附庸之关系相同。领袖与其同志之互助义务，两方均视为神圣不可违者。

封建制度合恩泽制与同志结合而成　　罗马之小地主，与日耳曼之同志，虽绝不相同；然他日封建制度中之附庸，实源于此。自 Charlemagne 卒后，西部欧洲一带遂将日耳曼同志结合之习惯与罗马恩泽之习惯合而为一。凡使用地主之领土者，即为附庸。封建制度，于是乎始。

第二节　封建制度之要质

分封与封土　　封建制度之起源，既不出自王命，亦不出自地主之本心。其来也渐，并无正轨，纯因此种制度为当日之最便利而且最自然者。大地主亦乐分其领土于附庸，而附庸亦愿尽其从军服役纳税之义务。凡诸侯根据上述条件分给土地于附庸者，谓之"分封"（Infeudation）。分封之地，谓之封土或采邑（fief）为附庸者亦可分给其封土于他人而自

再封与附庸

为其主。此种分给，谓之"再封"（Subinfeudation）。再封之人，曰"附庸之附庸"（subvassal）。此外诸侯之无力者，每求护于诸侯之有力者，并纳其土地而为其附庸。故诸侯亦同时为附庸，附庸之人数，因之增加不少。

据上所述者观之，终中古之世，封建制度日兴月盛，"自顶而底而中，同时并进"。第一，大地主每瓜分其领土以予附庸。第二，小地主每纳其土地于寺院或大地主而为其附庸。第三，凡诸侯或附庸可再封其一土于附庸之附庸。至十三世纪时，法国方面竟有"无地无诸侯"之习惯，正与中古时代之情状相同。 封建制度之发达

吾人须知封土与恩泽不同，既无一定之年限，亦非仅限于终身。凡封土皆世袭，由附庸传之于冢子。凡附庸之能尽忠于诸侯及实行其义务者，诸侯即无夺回其封土之权。封土世袭之制度起自何时，虽不可知，然至十世纪时已风行一世矣。 封土之世袭

当日君主及诸侯莫不晓然于封土世袭制度之不当，然积习甚深，改革不易。其结果则为君主或诸侯者，封于领土中之实力，丧亡殆尽，所得者仅附庸之徭役及租税而已。总之当日封土，渐成附庸之私产，为诸侯者徒拥地主之虚名而已。 封土世袭之结果

当日为君主之诸侯者，形同独立。为诸侯之附庸者，每不受君主之节制。自九世纪至十三世纪时，德国、法国诸国之君主，并无统治国中人民之权。权力所及，仅至其诸侯而止。至于其他人民，因为诸侯之附庸，故与中央之君主，不生直接之关系。 君主权力不及附庸

吾人既知封建制度之起源，杂而且渐，即可知当日虽在小国之中，其制度亦不一致，遑论全部之欧洲？然法国， 封建制度之复杂

英国，德国，三国中之封建制度，颇有相同之处；而法国之封建制度，尤为发达，后当详述法国之制度以例其余。

第三节　附庸之义务及贵族之种类

封土为封建制
度之中坚

封土一物，为封建制度之中坚；封建制度之名，亦实由此而起。就广义之封土而言，即指土地，由地主分给他人，许其永远使用，而以为其附庸为条件。凡愿为附庸者，须跪于诸侯之前，行"臣服之礼"（Homage），置其手于诸侯之手，宣言愿为彼之"人"，而领某处之封土。诸侯乃与之接吻，提之使起立。于是为附庸者手持《圣经》或他种圣物，宣忠顺之誓，郑重以表示其愿尽一切责任之意。臣服之礼与忠顺之誓，为附庸绝大之义务，而为"封建之约束"（Feudal bond）。凡封土易主时，附庸若不行臣服之礼，即以叛而独立论。

臣服之礼

附庸从军之义
务

附庸之义务，种类极多。有时所谓臣服者，仅指服从诸侯不损害其名誉与领土而言。凡诸侯有远征之举，为附庸者有从军之义务，唯逾四十日以上者，则费用由诸侯供给之。至于附庸守卫诸侯城堡时间之久暂，各处不同。附庸从军之日既短，为诸侯者多感不便。故当十三世纪时，凡君主及大诸侯，多公募军队以备随时赴敌之用。年予骑士以一定之收入，为骑士者不但为附庸，而且有随时从戎之义。此种制度，曰金钱封土（Money fief）。

金钱封土

其他种种义务

为附庸者，除有从戎之义务外，并有为诸侯出席审判同僚之责。此外诸侯有所咨询，附庸有贡献意见之义。诸侯或行大礼，附庸有前往服役之义。有时附庸亦有供给金钱或人工于诸侯之责。如遇封土之易人，诸侯子女之婚姻时，为附庸者，均应送以金钱，或亲身服务。最后，凡诸侯或赴附庸家中，附庸须供给其饮食。有时封建契约中，甚至将诸侯来会之次数，所带之人数，及应备之食物，亦复详细规定云。

至于封土之大小及种类，亦复不胜枚举。大则如公与伯之封土，直隶于国王。小则如骑士之封土，由佃奴耕种之，一年所得，尚不敷一人生活及购买战马之用。 封土之种类

中古社会中之贵族，必领有封土，且不须为佃奴之工作者充之。并须为自由民，不必工作，其收入足以自给及购买战马之用。贵族每享有特权，此种特权，在法国至革命时方废。至于德国及意大利，至十九世纪方废。特权之大者，以免税为最。 贵族及其特权

至于当日之贵族，极难分类。十三世纪以前，并无一定之等差。例如为伯者，其领土或甚为狭小，或广拥领土有同大公。然就大体而论，则公，伯，主教，与住持，类皆直隶于国王，故为最高等之贵族。其次即为附庸。附庸以下即为骑士。 贵族分类之不易

第四节　封建制度之内容

封建制度中封土期限，极为复杂，故诸侯不得不将其封土注于册而保存之。此种清册之传于今日者甚少。然吾人幸有十三世纪时 Champagne 伯之封土清册，得以窥见当日封建制度内容之一斑，并足以了然于制造封建制度时代地图之不易。 封建清册

当十世纪初年，有 Troyes 伯名 Robert 者。曾欲夺法国王 Charles the Simple 之位，未成而卒，时九二三年也。 Champagne 伯领土之发展

其领土遂传于其婿，而其婿则本已领有 Chateau-Trhierry
及 Meaux 二区。不久三区之封土，并传于其子，而其子
若孙，并行种种僭夺之举，领土益增。至十二世纪时自称
Champagne 伯。凡德国、法国诸国封建制度之发达，大率
类此。当日诸侯之扩充封土，与他日法国君主之统一国家，
其进行程序，正复相同。

Champagne 伯清册足以说明封建关系之复杂

　　据上述册中之所载，则知当日 Champagne 伯之领土，
共有二十六处，每处必有城堡一所为其中心。各处均系诸
侯之封土。大部分虽属于法国王，然 Champagne 伯之诸
侯，除法国王外，尚有九人。其中有一部属于 Burgundy
公。至于 Chatillon，Epernay，及其他市镇数处，则属于
Rheims 之大主教。彼同时又为 Sens 大主教及其他四主教
与 St.Denis 寺住持之附庸。Champagne 伯对于若辈，均有
忠顺之义。一旦各诸侯或起战争，则伯之地位，必极困难。
实则彼之地位，与当日之附庸，初无少异。

　　然 Champagne 伯领土清册之目的，不在记载其受诸他
人之封土，实在记载其分封他人之封土。据册中所记，则
伯之领土，再封诸骑士二千人。册中所载诸骑士受封之条
件，亦复详尽无遗，有仅行臣服之礼者，有愿每年从戎若
干日者，有愿守卫其城堡若干日者。同时伯之附庸，亦多
有受封于其他诸侯者。故伯之附庸，每有同时并受封土于
伯之诸侯者。

土地以外之分封

　　Champagne 伯除分封领土广收附庸外，同时并以一定
之收入或一定之粮食予人而令其为附庸。如金钱也，房产
也，小麦也，雀麦也，酒也，鸡也，甚至蜜蜂也，皆足以
为分封之资。在今日视之，则出资以招募军队，宁不简洁
了当？而在当日则一若非此不可者然，亦足见封建制度势

力之巨也。盖以为仅允许以金钱之报酬，尚不足以担保其义务之必尽。必有封建之约束，其关系方较密而且固云。

　　据上所述者观之，可见封建制度，并不若普通历史家所谓自君主而诸侯而附庸之层次井然。盖附庸之主，不一其人。故封建之制，益形复杂。下面之表，虽不足以完全说明当日封建之实情。然其内容之复杂，则正可见一斑矣。

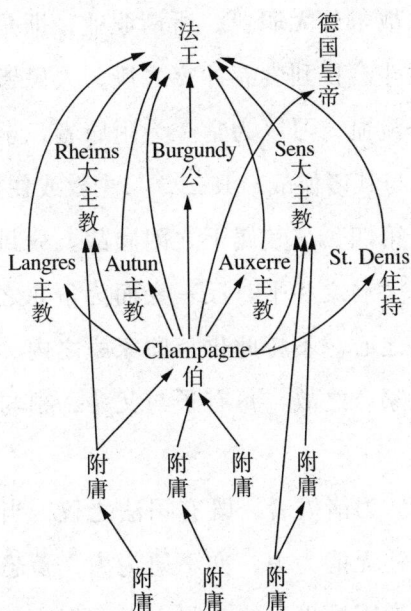

第五节　封建时代之私斗

　　若就封建时代之规则及契约而论，则条分缕析，几乎事事皆有极详细之规定，似可维持当日之秩序及个人之自由。然试读当日之编年史，则大局之纷扰，干戈之云攘，无以复加。除教会外，几皆惟力是视。如诸侯而无力者，即无望其附庸之能尽其责。所谓忠顺，本属维持秩序之唯一原理，而食言之辈，在当时无论为诸侯或为附庸，亦正不一其人也。

封建制度之维持专借武力

附庸关系之断绝　　　为附庸者，一旦有不满于其诸侯之意，每易人而事之。而附庸并有易主之权利，如诸侯不能公平司法，即可为易主之理由。然附庸易主之事，往往为谋利起见，遂背故主。故当日易主之事，史不绝书。凡附庸之有力者，或诸侯之无能者，则易主之举，往往随之而起。

封建时代以战争为法律　　　封建时代，除战争外无法律；所谓法律，即是战争。当时贵族，除战争外无职业；所谓职业，即是战争。诸侯附庸，好勇狠斗。权利尝有冲突之迹，人民皆有贪得无厌之心。故战争流血，习以为常。为附庸者，至少必与四种人战：其一，与其诸侯战；其二，与主教或住持战；其三，与其同僚战；第四，与其属下之附庸战。故封建之约束，不但不能担保大局之和平，反一变而为争斗之导线。人人皆存幸灾乐祸之心。不特此也，即家庭之内，亦时起萧墙之祸。因争夺家产之故，每有子与父斗，弟与兄斗，侄与叔斗之事云。

比武　　　在理论上，为诸侯者，既有司法之权，当然有排难解纷之责。然往往无能为力，亦不愿为力，盖恐一旦判决，无法执行，反增困难也。故为附庸者，每有争执，唯有诉诸武力之一途；争斗一事，遂为其一生最大之事业。争斗之事，并受法律之承认。十三世纪之法国法律及一三五六年德国之金令（Golden Bull）均无禁止争斗之规定！不过谓争斗之事，须以光明正大出之耳。

　　　争斗既息，则比武以资消遣。两军对垒，有同真战。罗马教皇及宗教大会常下禁止之令，即国王亦然。然国王喜斗者多，故每贻出尔反尔之诮。

第六节　教士之息争及国王之得势

　　当十一世纪时，人心已现厌乱之象。大局虽纷扰异常，　　人心之厌乱
而一般进步亦殊不少。旧城中之商业、文化，日有进境，　　上帝停战条约
伏他日新城市发达之机。为商民者，鉴于当日政情之纷纠，
莫不引领以冀和平之实现。基督教会中人，尤能致力于恢
复和平之运动。主教中尝有《上帝停战条约》（Truce of
God）之颁发。规定凡自礼拜四至礼拜一早晨，及其他斋戒
之日，均应停战。主教及宗教大会亦每迫诸侯宣誓遵从《上
帝停战条约》，否则逐之于教会之外（excommunication），
争斗之风，为之稍杀。自一〇九六年十字军开始东征之
后，为罗马教皇者类能移欧洲人私斗之心，转向以攻
土耳其人。

　　同时中央君主——英国、法国两国国王，尤为有力——　　君主之得势
势力渐盛。争斗之风，渐渐减杀。兵力既强，每能强迫诸
侯之就范。然明君如 St.Louis（一二七〇年卒）虽尽力以
求和平，亦终不可得。日后一般状况，均有进步，工商诸业，
渐形发达，私斗之事，遂不能再维持永久矣。

第十章　法兰西之发达

第一节　Hugh Capet 之建设法兰西王国

研究民族国家
兴起之重要

中古欧洲史上最有兴起而且最重要之方面，莫过于近世民族国家之由封建制度中渐渐兴起。研究欧洲史而不知西部欧洲诸国——法国、德国、奥大利亚、西班牙、英国、意大利——发达之程序。则对于欧洲史上之要质，即将茫无头绪。

据以上数章中之所述，抑若自 Charles the Fat 被废以后二三百年间之历史，纯属封建诸侯之战争史。实则中古时代之君主，虽其权力有时不若其臣下之宏大，然君主之历史仍较其诸侯之历史为重要。得最后之胜利者，君主也，非诸侯也；建设中央政府者，君主也，非诸侯也。即近世诸国如法兰西，西班牙及英吉利之发达，亦君主之功，而非诸侯之力也。

Carolingian 朝
与 Odo 族之纷
争

吾人于前章中，曾述及西 Frank 王国之贵族，曾于八八八年废其君 Charles the Fat，而迎 Odo 入继大统。Odo 本为巴黎，Blhis，及 Orieans 诸地之伯，领土甚广，势力甚大。然一旦甚欲伸其势力于国之南部，则几不可能。即在北部，贵族中亦有反抗者。盖若辈虽有拥戴之忱，然并无俯首听命之意也。不久反对 Odo 者竟选举 Charles the Bald 仅存之孙 Charles the Simple 为王。

此后百年间，法国王位更番入于 Odo 及 Charlemagne
两系之手，Odo 之后，多富而贤；Charlemagne 之后，每
贫而懦。最后 Hugh Capet（九八七年至九九六年）被选为
Gaul，Breton，Norman，Aquitaine，Goth，Gascon，及西
班牙诸民族之王，Carolingian 朝之祚乃绝。

Hush Capet 之
被选为王

Hugh 之先人在 Carolingian 朝，曾任军官，称为法兰
西公，法兰西在当日本系 Seine 河北之一区。Hugh 亦沿称
法兰西公。日后凡法兰西公之领土，均以法兰西名之，西
Frank 王国，遂一变而为法兰西王国。

法兰西名称之
由来

吾人须知自 Hugh 即位以后，经营凡二百余年，方建
设一强有力之王国，而其领土，尚不及今日法国之半。先
后二百年间，Capetian 朝诸君之权力，不但并无增加之迹，
而且愈趋愈下，远不如前。即私有之领土，亦复丧失殆尽。
国内世袭之贵族，其数目增，一旦蒂固根深，即成牢不可
破之势。诸侯城堡，林立国中；城市交通，处处障碍；乡
间村落，疫疠为灾。故法兰西之君主，虽拥王名，而足迹
则不敢出私有领土之一步。一出巴黎，则诸侯城堡触目皆
是。为诸侯者，有同盗贼，为国王，教士，商民，及工人
之患。为君主者，既无金钱，又无军队，其权力仅限于日
形减削之私有领土中。君主之尊严，在外国及边疆之上，
或稍有闻风生畏之象；至于国内，则既无人服从，亦无人
尊重，都城以外之地，即有同敌国之境云。

伸张王权之困
难

第二节　法兰西国中之小邦

当十世纪时，法国之大封土——Normandy，Brittany，
Flanders，Burgundy 等——以及昔日 Aquitaine 瓦解后之

法国境内小邦
之由来

小封土，无不渐形独立，有同国家，各有特异之习惯及文化。至今游历法国者，尚能窥见其遗迹。此种封建国家之由来，往往原于诸侯之特具能力及政治手腕。日后或以金钱购买，或以武力征服，或因婚姻关系，各地之领土，有增无已。其附庸之不尽职者，则毁其城堡，故域内附庸，不敢抗命。诸侯之领土，再封于附庸，故附庸之数日增。

Normandy

法国中之小国以 Normandy 为最重要而且最有兴趣。昔日北蛮（Northmen）之蹂躏北海沿岸者，凡数十年。其后有酋长名 Rollo 者（亦名 Hrolf），于九一一年得法国王 Charles the Simple 之允许，获得 Brittany 以北沿岸一带地，得北蛮殖民之区。Rollo 自称为 Norman 种人之公，并将基督教传入国中。居其地之蛮族，颇能保存其 Scandinavia 之习惯及语言。日久之后，渐染其四邻之文化，至十二世纪时，其都会 Rouen 为欧洲最文明城市之一。Normandy 一区实为他日法王困难之大源，至于一〇六六年 Normandy 公 William 并兼领英国。势力益盛，法王统治其地之望，至是几绝。

Brittany

Brittany 半岛，本有 Celt 种居之，因孤立海边之故，故受北蛮海盗之蹂躏尤烈。日后此地几变为 Normandy 之领土。然至九三八年，有 Alain 者，起而逐 Norman 种人于境外，以封建制代家族制，自后遂称 Brittany 公国。至十六世纪时，方入附于法国。

Flanders 诸城市之起源

北蛮之蹂躏，大有影响于 Somme 与 Scheldt 两河下流之地。其居民多纷纷逃入旧日罗马人所筑之城堡中。久居之后，遂成城市。他日 Flanders 之城市如 Ghent，Bruges 等，实渊源于此时，而为有名工商业之中心。当地之巨族，因能抵御海盗，颇得民心，因之渐有雄霸其地之志。然其地之小诸侯，数多而独立，故私斗之风极盛。

Burgundy 之名，模糊异常，因凡昔日 Burgundian 种 Burgundy
人所建王国之各部，皆适用此名。至九世纪之末，吾人渐
闻有所谓 Burgundy 公其人，为法国王之军官，驻于 Saone
河以西一带地，然 Burgundy 公每无力以抑服其附庸，故
始终不敢不承认法国王为其天子。

昔日之 Aquitaine 公国，包有今日法国中部南部一带 Aquitaine 公
地，于八七七年被废。然 Aquitaine 公之称号，仍由法王 Toulouse 伯 及
给予领有 Gascony 诸地之诸侯。在其东南者，有 Toulouse Champagne 伯
伯国，尽力于势力之扩充，为他日南部法国文学之中心。 之领土
至于 Champagne 一区，前已述及，兹不再赘。

以上所述之诸地，即 Hush 及其子孙所欲统治者。
至于 Saone 河及 Rhone 河以东之地，于九三三年合而成
为 Burgundy（亦称 Arles）王国，至一〇三二年入附于
德王。

第三节　法国君主之地位

Capetian 朝诸君之地位，极其复杂。以巴黎诸地之伯 Capetian 朝 诸
之地位而论，则享有普通封建诸侯之权利。以法兰西公 君主地位之复
之地位而论，则 Seine 河以北一带之地，名义上均为其领 杂
土。以诸侯上属之地位而论，则诸侯中如 Normandy 公，
Flanders 伯，Champagne 伯等，无一非其臣下。而且除享
有诸侯之权利外，同时并为法国王。加冕之礼必由教会举
行之，与昔日 Pippin 及 Charlemagne 辈无异。既受上帝之
命而为王，遂一变而为教会之保护者及国法之泉源。在国
民眼中视之，其地位当然加诸侯一等。为国王者，不但得
诸侯之臣服，而且能迫人民之忠顺。

法国王室得势
之原因

　　至于诸侯，则以为国王者，不过封建中之天子。而国王则一面以君主自居，一面亦以诸侯之上属自命，每能利用其地位以扩充其势力。三百年间，Capetian 朝之君主，从无嗣续中绝之患。而且承继大统者，类皆年壮有为之人。故至十世纪初年。法国王之势力，已驾于诸侯之上。

Louis the Fat 与
Philip Augustus

　　法国王之能统一其私有之公国者，当首推 Louis the Fat（即第六）其人（一一〇八年至一一三七年）。王善用兵，并尽力于维持国内要地之自由交通，及减削负固不服者之势力。然彼不过开国内统一之端而已，至其孙 Philip Augustus（一一〇八年至一二二三年）时，统一事业，方告成功云。

第四节　法国境内之英国领土

英王 Henry 第
二之领土

　　Philip 在位时代之困难，远较其先人为巨。当彼未即位以前，因历代通婚之故，法国中西南三部之领土多入于英国王 Henry 第二之手。Henry 第二为英国王 William the Conqueror 孙女 Matilda 之子。Matilda 嫁法国之诸侯 Anjou 与 Maine 伯，故 Henry 第二因其母而得英国，Normandy 公国及 Brittany 公国；因其父而得 Maine 与 Anjou 伯国。又因娶 Guienne 公之女嗣 Eleanor 而得南部法国之地。Henry 第二在英国史上虽甚重要，然对于英国法国两国之领土，均甚关心。而其注意法国之领土，较其注意英国为尤切。

Philip 与英王
之关系

　　英国王 Henry 第二雄武有为，实为法国王之劲敌。英国王领土之在法国者，占法国之大半。故 Philip 之一生，以与英国相争为事。Henry 第二与其法国领土于其三子：Geoffrey，Richard，及 John Philip，每乐英国王子兄弟之争及父子之争而利用之，播弄是非以为快。如使 Richard the Lion-hearted 之反抗其父，使 Jrohn Lackland 之反抗其兄 Richard 等，皆其显而易见者。假使英国诸王子，无兄弟阋墙之祸，则法国之领土，或竟全入英国至之手，亦未可知。

当 Henry 第二在世之日，法国王绝无灭削英国人势力之机。自 Henry 第二死后，其子 Richard 第一即位，法国王之前途复大有希望。Richard 第一远离其国而躬率十字军以远征圣地。劝法国王 Philip 同往。然 Richard 第一性情傲骄，Philip 殊不能堪。Philip 身体本柔弱，中途病，遂有所借口，半途折回，阴为 Richard 第一之患。Richard 第一在外数年，无功而还，乃与 Philip 战，战事未终而卒。

英王 Richad 第一

Richard 第一之幼弟 John，为英国王中之最昏暴者，法国王 Philip 遂乘机而夺得英国领土在法国者之大部。其侄 Arthur 之死，人咸疑 John 之所使。同时彼又强占其附庸之妻为己有。法国王 Philip 遂以封建诸侯之地位，召英国王 John 入法国受审。英国王不允，法国王遂下令籍没英国王在法国之领土。仅留西南隅之地以予英国。

英王 John 之丧失领土

Philip 不但易于统驭 Loire 河流域一带地，即 Normandy 亦欣然入附于法国。Richard 第一死后之六年，英国领土之在欧洲大陆者，除 Guienne 以外，丧亡殆尽。Capetian 朝之领土，至是遂为法国中之最富而且最广者。Philip 至是不仅为新得领土之诸侯，而且为 Normandy 之公，Anjou 及 Maine 等地之伯，领土之境，遂达海滨。

法王领土之大扩

第五节　中央政府之建设

主权之伸张　　　　Philip 不但大扩其领土，亦且伸其权力于人民。彼似亦深知城市之重要，故对于新得领土中之城市，而不优视，保护之，监督之。该地诸侯之势力及富源，遂皆为其所夺。

亲王食邑　　　　　Philip 死，其子 Louis 第八即位。其改革事业中当以建设亲王之食邑（Appanages）为最著，彼以国内之封土，分封于其子：一封 Artois 伯，一封 Anjou 与 Maine 伯，一封 Anvergne 伯。世之研究历史者，每以此次分封之举为不幸。盖封建制度之思想，因之入人益深也。不但王国之统一为之多缓时日，而且开他日同室操戈之渐云。

Louis 第九　　　　Philip 之孙 Louis 第九亦称 St.Louis（一二二六年至一二七〇年），在位之日甚久，为法国君主中之最英明者。其功德及事业之伟大，史册上纪之独详。然其最大之功勋，莫过于巩固王国之基础。其时法国中部之诸侯，与英国王联合以叛。St.Louis 既平内乱，遂与英国王协商解决领土纠纷之方法。其结果则除 Guienne，Gascony 及 Poitou 仍与英国王为领土外，其余均属于法国，时一二五八年也。

巡按使　　　　　　Louis 并改革政府之组织，伸张国王之权力。盖自Philip Augustus 以来，中央政府亦曾遣派巡按使曰 Baillis者，巡行国内，其职务与 Charlemagne 时代之 Missi 正同。政府予以年俸，时时迁调，以免根深蒂固，尾大不掉之弊。Louis 仿行此制而扩充之，君主之权力，因之增多不少。

Louis 第九之政
府　　　　　　　　当十三世纪以前，法国几无所谓中央政府，为君主者，每有赖于诸侯主教之大会以实行其职权。此种会议，既无组织，又无定期，而所议政事尤混乱而无类。至 Louis 第九在位时代，此种会议之职务，渐分为三：第一，为政务会议，负执行国家大事之责；第二，为会计院，为管理国家收入之财政机关；第三，为高等法院，选精于法律者组织之。昔日之高等法院，多随国王之行止，往来无定，至是乃设庭于 Seine 河中巴黎小岛上，其建筑至今尚存。同时并有上诉制之规定，凡不服封建法庭之判决者，均得上诉。国王之权，遂遍及全国。又规定凡王家领土中，仅能通行王室之钱币，至于诸侯领土内，亦得与诸侯所铸之钱币，一律通用。

St Louis 之孙 Philip the Fair（一二八五年至一三一四年）为法国王中之第一专制君主。当彼即位之日，政府组织已属完备异常。任用法律家多人，均抱有罗马法上之君权观念者。故若辈对于侵犯君权者视为非法，竭力赞助法国王收回诸侯主教所有之政权。

Philip the Fair 为法国第一专制君主

Philip 因欲强迫教士之纳税，遂与罗马教皇有冲突之举，其详情后再述之。既与教皇冲突，不能不求国民之援助。故于一三○二年有召集全级会议（Estates-General）之举。除贵族及教士外，并令各城市亦派代表赴会。是时英国之国会亦渐形完备。唯两国国会之历史，绝不相同也。

全级会议之召集

法国历朝君主，处置有方，故免封建分裂之虞，而建专制统一之国。唯英国王在法国之领土犹存，症结未解，终十四十五两世纪之世，英国法国间，频起争端，而法国卒占优胜。兹再继述当日为法国劲敌之英国。

第十一章　中古时代之英国

第一节　Normandy 人入侵以前之英国

Wessex 之独霸

北蛮之入侵

日耳曼民族中 Anglo 及 Saxon 两种人之侵入 Britain 岛，及其信奉罗马基督教之情形，前已述及之。岛中蛮国林立，日久为南部 Wessex 王国 Egbert 所统一。然当日耳曼种人之侵略方终，国内之统一方始时，又有北蛮者（英人名之为 Danes），先后入英国，不久即征服 Thames 河以北一带地。然为英国王 Alfred the Great（八七一年至九〇一年）所败。迫之改奉基督教，并与之分疆而治，其界线自伦敦起横断岛中，至 Chester 止。

Alfred 之提倡文化

Alfred 之提倡教育，与 Charlemagne 正同，广延大陆上及 Wales 之僧侣，来教授其国中之人民。凡国中之自由人民，其景况足以自给者，均须熟习英国之文字，凡志在充当教士者，并须熟习拉丁文。彼曾翻译 Boethius 所著《哲学之慰藉》及其他著作为英国文，同时并提倡编纂极著名之 Anglo-Saxon 编年史，为用近世文字编纂历史之第一次。

Alfred 死后之英国

当九世纪末年，丹麦、瑞典、挪威诸王国，先后建设，Scandinavia 人之不满于其国家者，多出没于北海一带。故英国自九〇一年 Alfred 死后百年间。Dane 种人之入侵，纷至沓来，无时或已。而英国人亦尝有征收 Dane 税（Danegeld）于国民之举，为贿赂 Dane 种人令其不再入侵之用。最后 Dane 种人之王 Cnut 于一〇一七年自立为英国王，然其祚不永。继而起者，为最后之 Saxon 王 Edward the Confessor 其人。在位亦不过二十年。一〇六六年 Edward 死，Normandy 公 William 入继王统。Saxon 期之英国史，于是告终。吾人于叙述 William the Conqueror 事业之先，应先述当日英国之状况何似。

当 William the Conqueror 即位之时，大 Britain 岛，在地理上凡分三部，与今日同。南部小王国，先后灭亡，英吉利之领土已北达 Tweed 河，与苏格兰王国分界。在其西者，有 Wales，其人民属 Briton 种，日耳曼族入侵时，其数已不甚多。国内 Dane 种人，久已同化。英吉利全岛均属于英国王之一人，当时国王处理国家大事，虽不能不征求巨官贵族及主教所组织之会议曰 Witenagemot 者之同意；然其权力，仍日有增加。分全国为区，曰 Shire，每区各有地方议会一，为处理地方事务之机关。

William 入侵时之英国状况

自 Whitby 大会教皇党胜利以来，教会内部，大施改革。而且常与欧洲大陆交通，故英国因此不至于孤立于海上。当日英国之文化，虽亦有不如欧洲大陆者，然其建设巩固之王国，组织完备之政府，亦正不落人后也。

然英国虽孤立海中，而封建制度，亦正不能免。Normandy 人入侵英国之后，当然挟欧洲大陆之封建制度以俱来。实则 William the Conqueror 未入英国之前，英国中已有封建制度之痕迹。国内每有数区，同属于伯爵（Earl）一人者。势力宏大，实为国王之劲敌。同时教士在其领土中，亦每握有政治大权，与同时 Frank 王国中之状况，正复无异。

英国之封建制度

英国大地主权力之巨，亦与欧洲大陆上之封建诸侯同。

第二节　William the Conqueror 之入英及其政绩

Harold 与 William 之争位

William the Conqueror 不但要求英国之王位，而且强迫国内人民之服从，有违命者以大逆不道论。至其要求王位之根据，已不可考。相传 William 曾赴英国谒见 Edward the Confessor，愿为其附庸，唯英国王如无子，则须以英国王统传之。然其时 Wessex 公 Harold 于 Edward 未死之前，已使其兄弟得国内伯爵之封土三，势力雄厚。故英国王去世，彼竟不顾 William 之要求而入即王位。

William 之入侵得教皇之赞助

William 乃诉之于罗马教皇，并谓如得英国王位，彼必使英国教士听命于教皇。教皇 Alexander 第二闻之大悦，遂斥 Harold 得位之不正，而力赞 William 之侵入英国。故 William 之侵入英国，颇含有神圣战争之性质，人民响应者，颇不乏人。当一〇六六年春夏之间，Normandy 各海港中多从事于造船之业以备运兵之用。

Harold 之地位

是时英国王 Harold 之地位，极不稳固。一面 William 有入侵之虞，一面英国北部有北蛮骚扰之事。当彼战胜北蛮大宴群臣之日，William 率兵入国之消息传来。是时已入秋间，Harold 军队中之农民多回里收获，故其军力甚薄。

Senlac 之战（一〇六六年）

英国军队占据 Hastings 西之 Senlac 邱上，以待敌人之至。战马甚少，端赖持斧之步兵。Normandy 人则骑兵较多，并用弓箭。英国兵士战斗甚力，Normandy 兵不得进。然不久英国军溃，英国王之目中箭而阵亡。William 既败英国兵，英国王又复战死，则其入即王位，已无问题。唯 William 不愿以征服者自居，彼于数周之内，嗾使英国有力之贵族及主教承认其为英国王，开伦敦城之门而纳之。一○六六年耶稣圣诞之日，在 Westminster 寺中被举为王，乃加冕即位。

William 即位以后，国内有诸侯之不服，国外有领土之纷争，详细情形，兹不多述。一言以蔽之，日处处胜利而已。

William 统治英国之政策，极足以表示其政治之手腕。彼虽将欧洲大陆之封建制度引入英国，然同时又能维持其王权，不使衰落。凡在 Senlac 战役以前之不助彼者，均以叛徒论。唯愿为其附庸者，则仍允保存其本有之领土。其他在 Senlac 战役中，与之反抗者，或后来抗命者，则籍没其财产，转给其同志。

William 宣言彼之治国当一秉 Edward the Confessor 之成法，不愿变更英国之习尚。故彼颇尽力于学习英国语，维持贤人会议（Witenagemot），遵守英国旧习。然彼同时又极不愿受人民之约束。故国内各区，虽封诸伯爵，而同时又由中央政府另任区官曰 Sheriff 者，统治其地。而且分封诸地之时，故使一人之封土，散在各区，以免集于一地，致召尾大不掉之患。最后，凡国内之附庸，均令其誓忠王室，以免有援助诸侯以反抗国王之举。

William 既即位，极欲周知国内之情形，故有编辑 Domesday 书之举。凡国内之土地，各区土地之价值，土地中之佃奴及家畜，新旧地主之姓名等，无不记载极详。此种报告，于英国王当日征税上之便利，固属甚大，即后世之研究历史者，亦视同稀有之奇珍也。

（旁注）William 治国之政策

（旁注）维持英国之旧习

（旁注）附庸须誓忠王室

（旁注）Domesday 书

William 与 教会

William 进增教会之利益，亦复不遗余力。召 Normandy 之 Bec 寺住持，意大利人名 Lanfranc 者来英国任 Conterbury 大主教之职。凡主教均有管理教务之权，并得设法庭为审理教案之用。唯主教与附庸同，均须誓忠于英国王。罗马教皇不得英国王之同意不得干涉英国之内政。凡教皇代表不得英国王允许者，则禁其入境。英国教会不得英国王之允许者，不得受教皇之命令；教皇而欲驱英国人于教会之外，亦非得英国王之赞成不可。教皇 Gregory 第七因 William 之得领土，教皇援助之功居多，令其为教皇之附庸，英国王竟不之允。

Normandy 人入侵英国之结果

据上所述者观之，Normandy 人之侵入英国，不仅一种朝代之变迁而已。英国民族之中，并新增一质焉。Normandy 人之入英国者，多寡虽不可知，然吾人可断其必不少，而其影响于英国宫庭及政府上者亦甚大。百年以后，英国之贵族、主教、住持、官吏，几皆染 Normandy 之习惯。"此外，建筑家及工匠之修造城堡、炮垒、大礼拜堂、寺院、乡区礼拜堂者，莫不 Normandy 人。商民自 Normandy 中 Rouen 及 Caen 诸城迁入伦敦及其他诸城，Flanders 之织工亦入英国散居于堀乡各处。当其入英国之始，多自成团体，然至十二世纪末年，即与英国人合而为一。而英国人种因之愈强，愈有力，愈活泼，其职业及兴趣，亦因之愈复杂云。"

第三节　Henry 第二之政绩

William Rufus 与 Henry 第一 Henry 第二之即位

William 卒，其子 William Rufus（一〇八七年至一一〇〇年）及 Henry 第一（一一〇〇年至一一三五年）相继即位。Henry 第一卒，内乱随起。国内贵族有拥戴 William 之甥 Stephen 者，亦有拥戴其孙女 Matilda 者。一一五四年

Stephen 死，英国人乃承认 Matilda 之子 Henry 第二（一一五四年至一一八九年）为王，是为 Plantagenet 朝之始，是时国内因战争频仍，元气大伤。贵族多乘机自立，跋扈异常。欧洲大陆诸国人，多入英国军中充兵士，骚扰尤烈。

Henry 第二遂用严厉之政策以收拾危局，毁非法建筑之炮垒，遣散异国之兵士，削夺乱时所封之伯爵。Henry 之困难甚大而且多，一方面不能不恢复英国国内之秩序，一方面又因娶 Guienne 公女嗣之故，欧洲大陆上之领土，增加不少，统治尤为不易。彼一生虽专心于大陆上之领土，而其在英国之政绩，亦正不小也。
Henry 第 二 之
困难及其成功

彼欲实行其司法之大权，及除去当日私战之恶习，故有改良司法制度之举。分遣司法官巡行全国，每年至少一次。并建著名之中央法院（Court of Kings Bench）以审理英国王治下之法案。法官凡五人，二教士，三俗人。大陪审官制度（Grand Jury）亦发端于此时。一面有判决法案之权，一面亦有控告罪人于巡行法院之义。
司法制度之改
良

大陪审官制度

至于小陪审官制度（Petty Jury）之渊源，已不可考，虽不始于 Henry 第二时，然著陪审制度为定律者，实自彼始。以十二人为陪审官而断定被控者之犯罪与否。此种制度，与罗马之专由法官判决者既异，与日耳曼种人之专持神诉或宣誓保证者，尤属不同，沿用既久，遂为今日英国民法之根据。
小陪审官制度

Henry 第二在位之日曾有与 Thomas a Becket 冲突之事，颇足征当日之君主实有赖于教会中人。
Henry 第 二 与
Becket 之关系

Becket 生长于伦敦。自幼即入教会为下级教士，不久入侍英国王，Henry 第二之得位，彼有力焉。新王感之，任为"大法官"（Chancellor）。Becket 处理国事，井然有条；

维护君权，不遗余力；好猎尚武，教会中收入既巨，起居饮食，俨然王者。Henry 极信任之，乃予以 Canterbury 大主教之职。大抵当日君主之重臣，每于教士中选任之。盖因教士之智识及教育，每较常人为优；而且官吏之职，又非世袭，远不若诸侯之危险也。

Becket 之被杀及 Henry 第二之后悔　Henry 第二之任 Becket 为 Canterbury 大主教也，其意原在于统驭英国之教士。彼欲令教士之犯法者，受中央法庭之审判，凡主教均须尽封建之义务，凡教士不得上诉于教皇。不意 Becket 被任之后，即辞其大法官之职，尽力于维持教会之独立，并力主教会权力，应在政府之上，因此遂开罪英国王。Becket 不得已遁入法国，求罗马教皇之保护。

不久 Becket 复与 Henry 第二言和。Becket 乃驱逐英国大教士数人于教会之外，同时英国王并疑其有阴谋篡夺王子王位之举，怒甚，乃向其臣下言曰："岂无一人可为吾复此恶劣教士之仇耶？"闻者以为王真有杀之之意，竟刺死 Beeket 于 Canterbury 大礼拜堂中，实则英国王本无杀 Becket 之意。迨闻其被刺，懊悔欲绝，尤恐他日之果报。罗马教皇欲逐英国王于教会之外。英国王求和，向教皇代表力言其无杀死 Becket 之意；允将籍没之财产，仍交回 Canterbury 礼拜堂；愿助军饷为恢复圣地之用；并允组织十字军，亲赴 Jerusnlem。

第四节　大宪章

Richard 第一　Henry 第二之末年，颇为多事。一面有法国主 PhilipAugustus 之播弄，一面有诸子之纷争，前已略述之。Henry 既死，其子 Richard the Lion-hearted 即位（一一八九年至一一九九年），为中古史上最奇特之君主。然治国无能，虽在位十年，而居英国者不过数月。至一一九九年卒，其弟 John 即位（一一九九年至一二一六年），为英国君主中之最庸劣者。然其在位时代，在英国史上极有关系。第一，英国丧失欧洲大陆领土——Normandy Brittany Anjou 等——之大部；第二，英国王受人民之逼迫，颁布《大宪章》（Magna Carta）。欧洲大陆英国领土之丧失，上已述及；兹仅述其颁布大宪章之情形。

John

当一二一三年时，John 令国内之诸侯渡海入欧洲大陆以恢复其新失之领土。诸侯群以为若辈无从军国外之义务，坚执不允。而且若辈对于英国王之专制妄为，亦颇示不满之意。至一二一四年，国内一部分之男爵（Barons）集会宣誓以力迫英国王承认若辈提出之宪章。其中将国王不应为之事，胪列无遗。John 不允，诸贵族率其军队向伦敦而进，遇王于伦敦附近之 Runnymede 地方。王不得已于一二一五年六月十五日宣誓尊重国民之权利。

大宪章之颁布
（一二一五年）

大宪章之内容

英国之《大宪章》，殆为政治史上最重要之公文。其中条文颇能将当日君民间争执之问题，以简明之文字缕述无遗。此种宪章，不但君主与贵族间之契约，实君主与国民间之契约也。不但贵族之权利得有保障，即国民之权利亦得有根据。盖君主既尊重诸侯之权利，故诸侯亦尊重人民之权利，不得因小罪而夺商民农民之货物与器具。为君主者，除三种封建赋税外，不得再征收其他之国税，唯得国会之允许者，不在此例。所谓国会乃指上级教士及诸侯而言。

《大宪章》中最重要之条文，莫过于下述之规定：无论何人，除非即送法庭审判，不得逮捕之，拘禁之，或剥

生命财产之保
障

夺其财产。吾人欲知此种规定之重要，只需回想法国于一七八九年以前，君主权力甚大，可以不经审判，拘禁人民，而且拘禁之期，并无一定。《大宪章》中并规定国王须允商民之自由往来，并尊重国内各城市之特权；政府官吏并不得擅权以虐待其人民。

大宪章之重要　　《大宪章》实为国民自觉后之第一种大举动，为百年来君主、教士、法学家等惨淡经营之结果。其中无一字足以引起种族或血族之不同，或维持英国法律与 Normandy 法律之互异。故英国之《大宪章》一方面为一期国民生活之结果，一方面为另一期之新纪元，而后一期之多事，实不亚于前一期云。

　　《大宪章》虽颁布，然英国王 John 习于诡诈，故曾有食言之举而终归失败；即此后之国王，亦无一能废止此宪章者。他日英国王虽亦有不遵宪章，擅作威福者，然人民每能迫君主使之毋忘《大宪章》，故《大宪章》始终为英国宪政发达史上之砥柱。

第五节　国会之发达

Henry 第三　　John 之子 Henry 第三在位时代（一二一六年至一二七二年），英国国会，渐形发达。国会之为物，不仅为英国宪政中之最要机关，而且为世界上文明各国之模范。Henry 第三每喜任外国人为官吏，擅作威福，允教皇征税于英国人民。凡此种种举动，均足以激贵族之怒而失国民之心。贵族与市民遂合力以抵抗之，即史上所称之男爵战争（The War of the Barons）是也。为领袖者即 Simon de Montfort 其人。

昔日 Saxon 时代之贤人会议 Witenagemot 及 Normandy 诸君在位时代之大会议（Great Council）均由英国王时时召集虽内之贵族，主教及住持组织之，为商议国家大事之机关。至 Henry 第二时民，开会尤频，讨论亦较烈，国会（Parliament）之名，于是乎始。

国会

至一二六五年，因 Simon de Monffort 之力，国会中乃始有平民之代表。除贵族教士外，每区另派骑士二人，每城代表二人。

平民代表之参政

至 Edward 第一时代，国会中之有平民代表，遂定为成法。彼之召集市民，盖因当日之市民，渐形富有，政府需款，不得不求助于此辈富民也。同时凡国内之重大政务，彼亦愿遍得国内各级人民之同意。故自一二九五年召集模范国会（Model Parliament）后，人民代表，每得与贵族及教士同出席于国会。

Edward 第一时代之模范国会

国会最初即力主如国王需款，必先允许"解除疾苦"（redress of grievances）方可。所谓解除疾苦，即国王对于一己或官吏之非法行为，须先加以改正，则国会方可与国王以征税之权。昔日之国会，随王之行止往来无定所。自 Edward 第一以后，国会之地址乃固定于 Westminster 城（今为伦敦城之一部分），至今不改。

"解除疾苦"

当 Edward 第二在位时代，国会于一三二二年郑重宣言凡关于国王及王储之大事，须顾及国家及国民之状况，并须"得国中教士，伯与男及平民之同意"而决定之。五年之后，国会竟敢废 Edward 第二，而立其子 Edward 第三为王。

国会权力之增加

新王即位后，屡与法国战争，需款甚急，故每年召集国会一次；并为结好于国会起见，每向国会征求意见而容

上下两院之成立

纳其陈述，允许凡法律"不经宗教上及政治上之贵族与平民之劝告与同意者"不得通过。至是国会渐分为二院，"宗教上及政治上之贵族"——即主教与贵族——组织贵族院；平民——包括乡绅及城市之代表——组织平民议院。国会从此一变而为近世之制度矣。

第三卷
皇帝与教皇之争雄及十字军

第十二章　十世纪及十一世纪之德国与意大利

第一节　德国初年之历史及 Otto 第一之事业

Charlemagne 帝国东部之历史，与西部之法兰西不同。凡经中古四百年之竞争，至十三世纪时，吾人遂知 Louis the German 之子孙远不若 St.Louis 辈之能建设王国以贻之于后世。自十三世纪至 Napoleon 时代，欧洲政治上所谓德国者，实一群大小不同之独立国而已。离今五十余年之前，方有德意志帝国之组织，而普鲁士实为其领袖。

德国与法国历史之不同

试览 Charlemagne 卒后百年之德国地图，则知帝国东部四分五裂，为诸地之公者实与君主无以异。此种公国之渊源，已不可考，然有二事焉，足以说明其由来。第一，Louis the German 之子孙，类皆柔弱而无能，故昔日为 Charlemagne 所压制之民族精神，至是重起，群拥戴各族之领袖。第二，当日蛮族入侵，实逼处此，先之以北蛮，继之以 Moravian 种人，再继之以匈牙利人。其时既无强有力之中央政府，足以保民，则国民之求助于各地领袖，亦势所难免者矣。

血族公国之起源

Henry 第一　　　　　此 种 公 国，德 人 称 之 为 "血 族 公 国"（stem duchies），林立国中，为患王室。所谓统一，充其量至同盟为止。故九一九年，国内贵族选举 Saxony 公国之 Henry 第一为王时（九一九年至九三六年），彼绝不欲有削夺诸公权力之举。其时四境多敌，彼实有赖于国内诸公之援助。他日 Slav 族之压服，及匈牙利人之驱逐，彼实预为之地，不过其子 Otto 第一即位后，方告成功云。

Otto 第一　　　　　Otto 第一（九三六年至九七三年）世称大王，实德国史中之非常人也，彼虽无废止国内公国之举，然每能夺其地以予其子弟及戚友，同时并减削其权力。例如其弟 Henry 虽叛乱二次，卒封之为 Bavaria 公。又因其婿 Conrad 之叛，乃封其有学问之弟 Cologne 大主教 Bruno 为 Lorraine 公以代之。旧日之公，或因绝嗣或因叛乱，多丧其公国。诸公国中绝无有贤能之主，世袭罔替者。故诸公国多相继人于国王之手中，而国王亦遂握有任意委任之权利。

匈牙利人之失　　　　　当十世纪中叶，德国之东北两部界线，尚未分明。
败及匈牙利奥　Elbe 河外之 Slav 族，尝有骚扰 Saxony 边疆之举。Otto 第
大利二国之起　一不但抵御之而已；并建设主教教区，如 Brandenburg，
源　　　　　　Havelberg 等，为他日德意志帝国之政治中心，Elbe 河与 Oder 河间之殖民及传道事业，莫不因之而促进。

　　　　　而且彼并永阻匈牙利人之入侵。彼于九五五年大败匈牙利人于 Augsburg 附近地方，追逐之以达于德国边疆之上，匈牙利人乃迁居于自有领土中，遂奠民族国家之首基，发达之后，卒成东部欧洲重要动力之一。Bavaria 公国一分之地，另建奥大利边防区（Austrian Mark），为他日奥大利帝国发祥之地。

第二节　神圣罗马帝国之起源

Otto 第一之最大功业，应以干涉意大利内政为第一，卒致有称帝之举。欧洲史中之最黑暗者，莫过于八八七年 Charles the Fat 被废以后意大利及罗马教皇之经验。当日政情，已不甚可考，吾人所知者，唯有 Spoleto 公，Friuli 侯，及 Burgundy 诸王先后入即意大利之王位而已。加以伊斯兰教徒之入侵，益形纷纠，故德国法国虽常有内乱，而较之意大利之扰乱，则和平多矣。Charles the Fat 废后之三十年间，意大利王之被教皇加冕而称帝者凡三人。再三十年间西部欧洲遂无皇帝，至 Otto 第一南下，皇帝之称号方复见于史上。

Otto 第一干涉意大利之内政

其时凡有志之君主，多视意大利为战场。Otto 第一于九五一年第一次越 Alps 山而南入意大利，娶某王之寡妇为后。彼虽未行加冕之礼，而世人皆以意大利之王目之。不久其子叛，乃返德国。然十年之后教皇又因求其援助，召之南下。Otto 第一急应命而来，尽逐教皇之敌人，教皇乃以帝加冕诸其首，Otto 第一遂称皇帝，时九六二年也。

Otto 第一之称帝（九六二年）

Otto 第一之加冕与 Charlemagne 之加冕同为中古史极有关系之事。Otto 第一既称帝，德国诸王之责任加重，卒因不能胜任而失败。三百年间，德国诸王一面尽力于德国之统一，同时又不能不顾及意大利及罗马教皇。战争频仍，牺牲重大，其结果则一无所得。意大利既不服皇帝之管束，罗马教皇又复建设其独立，而德国本国，亦因之四分五裂，成小邦林立之局。

Ottol 第一称帝之重要

皇帝所遇困难
之一例

Otto 第一自身之经验，即足以证明德国皇帝与教皇关系之不幸。Otto 第一方北向，教皇即有违反协定之举。新帝遂不得不南返并召集宗教大会以谋教皇之废立。然罗马人不愿迎立 Otto 第一所拥戴之教皇，Otto 第一不得不再返意大利，围罗马城以迫其承认。不数年后，Otto 第一又有第三次南征之举，以拥护其所选之教皇。盖其时之教皇又有被罗马人驱逐之事也。

以后诸帝，莫不有屡次南征意大利之举，军费浩大，军事棘手。——第一次人意大利加冕，以后则或为废抗命之教皇，或为护忠顺之教皇，干戈屡起。此种远征之结果，每甚纷扰。加以德国国内之诸侯，本有狡焉思逞之志，一旦皇帝远出，益复乘机以扩充其势力。

神圣罗马帝国

Otto 第一以后之德国君主，在罗马加冕之后，每弃其"东 Frank 种人之王"旧号而不用，自称"罗马人之永远庄严皇帝"（Emperor Ever August of the Romans）。后人名其帝国曰神圣罗马帝国（Holy Roman Empire）。名义上国祚绵延至八百余年之久，然其与古代罗马帝国之不同，较之 Charlemagne 帝国之于罗马帝国尤甚。德国君主既兼领德国与意大利之王位，故除选举教皇权利外，其权力之巨实与皇帝无异。然德国诸帝，每不能在国内建一强有力之国家，徒虚耗其精力于与教皇之竞争。卒致教皇之势力，日盛一盛，而所谓帝国者，则仅存其影而已。

第三节　Conrad 第二与 Henry 第三

帝国之极盛时
代

Otto 第一以后之继起者，兹不能详述之。若辈与 Otto 第一同，一面应付迭起之内乱，一面抵御外侮之频仍，而

Slav 种人之为患尤甚。普通以为帝国之极盛时代为 Conrad 第二（一〇二四年至一〇三九年）及 Henry 第三（一〇三九年至一〇五六年）在位时代，此二君实为 Franconia 朝之始。昔日 Saxon 族之帝祚，实止于一〇二四年。

一〇三二年 Burgundy 王国入附于 Conrad 第二。Burglmdy 王国之领土广大而重要，久为帝国之一部分，一面有利子德国意大利二国之交通，一面又为德国与法国之中介。帝国东境之外，Slav 种人于十世纪后半期组织波兰王国。波兰王虽尝与皇帝战，而始终承认德国皇帝为其天子。Conrad 亦仿 Otto 之政策，尽力将国内诸公国予其子 Henry 第三，封之为 Franconia，Swabia 及 Bavaria 之公。此实君权基础之最巩固者矣。

Conrad 第二及 Henry 第三虽多能而有为，然十一世纪初半期神圣罗马帝国之得能为西部欧洲强国者，大都原有当日无对峙之国家。盖法国君主尚未竟其建设中央政府之功，而意大利虽不愿俯首听命于皇帝，然亦始终不愿与他国联合以抗皇帝。

Conrad 第二

波兰王国

Henry 第三

第四节　教会及其领土

Henry 第三所应付之最要问题，莫过于教会之大改革。教会之改革，本已着手进行，假使实行之后，则不但皇帝监督教皇之权力为之一扫而空，即皇帝对于主教及住挣之权力，亦复剥夺殆尽。而德国皇帝每予主教及住持以权土，冀其援助帝室者。改革教会之举，虽非直接反对皇帝，然欧洲君主中最受此种改革之影响者，实推德国皇帝为首也。

Herlry 第三与教会

教会之富有	吾人欲明了教会改革之为何，及因改革而发生之皇帝与教皇之争端，不能不先明了 Henry 第三时代教会之状况。其时教会势力之衰微，威信之堕落，及内部之瓦解，渐形显著，正与 Charlemagne 帝国之瓦解为诸侯封土同。其所以致此之由，则大都因教士领土之广大。君主，诸侯，地主等，向以捐施领地于主教教区及寺院为功德，故西部欧洲之土地，颇有入于教士之手者。
教会领土混入封建制度之中	当地主开始受封或分封其领土时，教会财产自然亦加入封建关系之内。为君主或地主者每分其领土以与教士或俗人。为主教者每为君主或其诸侯之附庸，与其他附庸无异。为住持者亦每纳其寺院于邻近之诸侯，以求其保护，再受其地为封土。
教会封土不世袭	然教会领土与普通封土，有大不同之点一。据教会法律之规定，凡主教及住持均终身不得有妻室，故不能有子孙以传其领土。其结果则拥有领土之教士，一旦去世，不能不另选他人以继之。教会中之习惯，凡主教皆由主教教区中之教士选举之，唯须得人民之批准。"凡由教士选出之主教得人民之承认时，即为教会之正式主教。"至于住持，则据 st.Benedict 清规之规定，由寺院中修道士选举之。
主教住持之选举权操于诸侯	虽有此种之规定，然至十世纪及十一世纪时，主教及住持均由君主及诸侯选派之。形式上主教及住持之选举，一仍昔日方法之旧；然为诸侯者每表示其意中所有之人，如其不然，则每不愿交其领土以予主教或住持，故选举之权，实握诸诸侯之手。盖为主教者，不但被选而已，而且必经诸侯之"铨叙"（Invested）及领土之获得也。
叙爵	因为假使为教士而无领土，则将无利益之可言。故封建诸侯实有控制教士之能力，当教士被选之后，诸侯乃行

"叙爵"（Investiture）之举。新选之主教与住持，先向诸侯行"臣服之礼"（Homage），誓为彼之"人"，诸侯乃以封土及权利授予之。财产与宗教威权，似无甚区别。为诸侯者每授主教以指环及手杖为宗教权力之标志。夫以鲁莽之武人而决定主教之选举，已属可怪，再有授予宗教权力及标志之权，更为可怪。而有时诸侯并自为主教，则尤为可怪者也。

教会当然以宗教威权为重，而以财产为轻。既唯有教士方有授予宗教威权之权利，则教士当然可以任意任命教士，而不必得俗人之同意。同时为君主者，则每以为凡为主教或住持者，不定皆能管理封建之国家，如十一世纪时代德国诸地之大主教教区及主教教区，即其著例。

教会与君主对于财产态度之不同

总而言之，当日主教之地位，实甚驳杂。一，就教会官吏之地位而论，则主教在教区之内，负有宗教上之义务。凡牧师之选择与授职，诉讼之审判，及仪节之举行等，均主教一人之责也。二，凡属于主教教区之领土，无论其为封土与否，均由主教管理之。三，就封建中附庸之地位而论，则主教对于诸侯，每负有封建之徭役及租税，供给军队之责，亦在其中。四，在德国自十一世纪初年以后，国王每予主教以伯爵之权利。因之为主教者，得征收关税，铸造泉币，及实行其他种种政务。故为主教者任职以后，即有种种权利与义务同时并起。

主教地位之复杂

故一旦禁止国王参与"叙爵"之举，不但有害其封建上之权利，而且剥夺其监督官吏之权力；盖为主教及住持者，事实上每与官吏无异也。而且在德国、法国二国中，国王每利用教士以压制诸侯之势力。故国王对于教士之为何如人，亦有不能不过问之势。

国王参与叙爵之必要

第五节　教会之流弊

教士之婚娶

此外又有足以危害教会之富源者一事。教会本有禁止教士娶妻之规定，然在十世纪及十一世纪时，则意大利、英国、德国、法国诸地之教士，类皆公然婚娶而无忌。其时正人君子每以此种习惯为教士堕落之明证，以为为教士者应专诚于上帝之侍奉，不应有家室之累也。不特此也，假使教士可以婚娶，则必抱为子孙计之想，教会之财产不且分裂而尽耶？故除非永禁教士不得婚娶，则教会之封土亦将与诸侯之封土同为世袭之区矣。

教会官吏之买卖

除教会领土受封建制度之同化，及教士有婚娶之习惯二种危险外，教会方面并有弱点一焉，即买卖教会官吏是也。假使教士之责任极重，而收入之为数甚微，则行贿夤缘之事，断不致有发生之倾向。然主教与住持之收入每甚丰巨，而其义务则在正人眼中观之，固甚重大，而不法之徒则每漠视而不理。收入既大，名位既高，而威权又巨，故世家望族莫不争先恐后，以获得教会中之地位为荣。为君主及诸侯者既握有叙爵之权，亦乐得择肥而噬之也。

买卖官吏之罪过

买卖教会官吏之罪过，当时以为最不德者。此种罪过，名曰 Simony。所谓 Simony 源于魔术家名 Simon 者，据《使徒行传》中所载，谓彼曾予 Peter 以金钱，请使徒 Petei。予以授予神力之权，使徒痛责之，嗣后教会中对于金钱购买神权者每深恶而痛疾之——"尔之银与尔同亡，因尔思以金钱获得上帝之赐也"。

买卖官吏并非偶然

实则当时之购买教会官吏者，为数并不甚多。而时人之所以必欲得而甘心者，则巨大之收入与地位之荣誉而已，而且君主或诸侯之受贿也，并不以此为卖官鬻爵之举也，不过与教士同享权利而已。中古时代之往来事务，无一不以金钱为伴侣。教会之领土，管理本甚得法，收入本属丰巨。教士之被选为主教或住持者，其收入每较其所需者为多，故为国王者每望其源源接济其空虚之国库也。

故教会中买卖官吏之迹，其来有由，而在当日则亦势所难免者，然此种恶习，流弊极大，不但上级教士有贿赂公行之讥，即下级教士亦有相率效尤之迹。盖主教既费巨大之金钱以得其地位，当然望下级牧师之有所供给。为牧师者，亦往往因实行宗教上之义务——如行浸礼，婚礼，及葬礼等——过事诛求，以补其不足。 下级教士之效尤

当十一世纪初年，教会因广拥领土之故，颇有展入封建制度纷纠状况中之危险。其时教会之官吏有同封建制度中之附庸，而不足以代表教皇领下之国际制度。十世纪中之教皇不但不能伸其势力于 Alps 山之外，即彼之本身亦受中部意大利贵族之拘束。彼之重要，远不若 Rheims 或 Mayence 之大主教。在十世纪中以教会之柔弱与堕落，而欲使之为欧洲之领袖，诚历史上之非常革命矣。 教皇威信之堕落

第六节　皇帝与教皇争雄之开端

其时罗马城中之巨室，握有选择教皇之权，并利用教皇之权以把持城中之政务。当一〇二四年 Conrad 第二加冕为帝时，竟有选举俗人为教皇之举。继其后者，为一年仅十龄之童子 Benedict 第九其人，不但年少无知，而且宅心不正。然其族人竟能维持其地位至十年之久，至彼欲娶妻时方止。罗马也闻教皇有婚娶之意，乃大哗，逐而出之。某主教本拥有巨资，至是遂起而代之，不久又有第三者， 三教皇之纷争

笃信宗教而有学问，巨款购得 Benedict 第九之权利，自称 Gregory 第六。

Henry 第三之干涉　　皇帝 Henry 第三，鉴于此种情形之不堪，乃有干涉之举。于一〇四六年入意大利，在罗马城之北 Sutri 地方召集宗教大会，教皇三人中因之被废者得二人。教皇 Gregory 第六不但辞职，并手撕其袍而碎之，自承购买教皇地位之罪大恶极。Henry 第三乃设法另选德国主教某为教皇，就任之后，即为 Henry 第三及其后行加冕之礼。

干涉结果之宏大　　Henry 第三于此时人意大利，并解决三教皇之争持，其结果之宏大，在中古史上极其重要。Henry 第三即使罗马教皇脱离意大利政治之旋涡，遂于不知不觉之中建树劲敌一人以与皇帝对垒。百余年后，其势力并驾诸皇帝之上而为西部欧洲最有权势之人。

教皇雄霸西部欧洲之困难　　二百年间为教皇者，对于欧洲之安宁，多不甚负责任。原来建设一种国际专制君主国以驻在罗马城之教皇为元首，本非易易。多端困难，不易排除。大主教之于教皇，与封建诸侯之于君主同，每不欲教皇权势之增大，教皇而欲握宗教之大权，非先压服大主教不可。民族趋向，有害于教会之统一，亦非制止之不可。国王诸侯，每享有选择教会官吏之权，亦非剥夺之不可。卖买教会官吏之陋习，急宜革除。教士婚娶之倾向，急宜阻止。全体教士之道德堕落，尤宜挽救。

教皇 Leo 第九　　终 Henry 第三之世，选择教皇之权，虽操诸皇帝，然皇帝颇有意于教会之改良，并选德国之贤能教士以充任教皇之职。就中最重要者，当推教皇 Leo 第九（一〇四九年至一〇五四年）其人。观于彼之一生，可见教皇不但可为教会之元首，而且可为国王及皇帝之领袖。Leo 第九不愿自承为皇帝所派之教皇。彼以为皇帝固可以援助或保护教皇，然断不能创造教皇。故彼之入罗马也，以信徒自待，遵照教会之陈规由罗马人选举之。

　　Leo 第九曾亲身游历法兰西、德意志及匈牙利诸地，志在召集宗教大会以废止买卖教会官吏及教士婚娶之恶习。然为教皇者，类皆年老力衰，出游之举，既困而且险。故 Leo 第九以后之教皇，每遣教使曰 Legate 者，分布于西部欧洲诸国之中，正与昔日 Charlemagne 时代之巡按使同。相传 Leo 第九之政策，大抵受副助祭 Hildebrand 之影响。Hildebrand 即他日之有名教皇 Gregory 第七，中古教会之建设，彼实与有功焉。

教使

第七节　改革教会之动机

　　教会脱离俗人拘束之第一步，实始于 Nicholas 第二。彼于一〇五九年下令将选举教皇之权夺诸皇帝及罗马人民之手，以予教皇内阁员（Cardinal）。此令之意，显然在于排除一切世俗之干涉。至今选举教皇之权，尚在内阁员之手中。

教　皇 Nicholas
第二改革选举
教皇之方法

　　主张改革者即使教皇脱离俗人之拘束，遂着手于解放全部教会之举。第一，凡娶有妻室之教士禁其执行宗教上之任务，并禁教徒毋得参与若辈之教务。第二，剥夺君主及诸侯选择教士之权，以为此种权力之存在，实教会堕落之最大原因。此种政策所遇之阻力，当然较改革选举教皇方法所遇者为巨。Milan 城人民因教皇有驱逐已婚教士之举曾起而作乱，教皇所遣之教使几罹丧身之祸。至于禁止教士不得收受俗人封土之令，则教士与诸侯多不遵命。此种改革事业之艰巨，至一〇七三年 Hildebrand 就教皇之职自称 Gregory 第七时益形显著。

改革事业之被
阻

第十三章　Gregory 第七与 Henry 第四之冲突

第一节　教皇之主张

Gregory 第七所著之 Dictatus 及其主张

Gregory 第七著作之中，有文名 Dictatus 者，将教皇之权力，胪列无遗。其主要者如下：教皇享有独一无二之称号；教皇为唯一之主教，可以废立或迁调其他之主教。凡未得教皇之许可者，无论何种宗教大会均不能代表基督教诸国。罗马教会从未错误，亦永无错误。凡与罗马教会不合者，不得为纯正基督教徒。凡不得教皇赞许之书籍，均不可信。

不特此也，Gregory 第七并进而主张教皇有为公平起见限制政府之权。彼谓"唯教皇之足，受所有君主之接吻"；教皇可以废止皇帝，而且可以"解除人民对于不公君主之忠顺"。凡上诉于教皇者，无人能定其罪。无人能撤销教皇之命令，而教皇得宣布世俗君主之命令为无效。教皇之行为，无论何人，不得加以判断。

中古时代政府组织之不完备

上述之主张，并非傲慢之要求，实系一种政治原理之表示。主张者亦正不仅 Gregory 第七其人。吾人于批评 Gregory 第七主张之先，不能不注意者有二事：第一，中古时代所谓"国家"，并无如吾人今日所有之政府组织。所谓国家，以封建诸侯为代表，本以扰乱秩序为事者也。Gregory 第七有一次曾谓政权系恶人受魔鬼之主使而发明，此言实鉴于当日君主之行动，有感而发者也。第二，吾人须知 Gregory 第七所要求者，并非由教会管理政府，不过教皇为教徒安宁起见，应有限制恶劣君主及否认不公法律之权。假使失败，则教皇当然有解除人民忠顺恶劣君主之权。

教会干政之必要

Gregory 第七既被选为教皇，即欲实现其所抱之观念。分遣教使前赴欧洲各国，自后教使一职遂成教皇统御西部欧洲之利器。彼劝法国、英国、德国之君主痛改前非，听其忠告。彼向英国王 William the Conqueror 谓教皇与君主均系上帝所建设，为世界上最大之权力，正如日与月为天体中之最大者。唯教皇之权力显然在君权之上，因教皇对于君主负有责任者也。一至末日 Gregory 第七对于君主有同牧童之于羊群不能不负君主行为之责云。彼劝法国王毋再有售卖教会官吏之举，否则将逐之于教会之外，并解除法国人民忠顺之义务云。Gregory 第七之所以为此，似非抱有世俗之野心，盖亦出诸公平正直之意者也。

Gregory 第七实现其主张

第二节　Gregory 第七与 Henry 第四之争执

Gregory 第七之改革计划，如果实行，其影响必及于欧洲各国。然就当日之状况而论，则教皇与皇帝之争衡，实所难免。兹述其起源如下。德国王 Henry 第三于一〇五六年去世，遗其后 Agnes 与六岁之太子以维持其王室之威信，而其时又正当诸侯抗命之秋。

Henry 第三之去世

Henry 第四之
即位
　　一〇六五年 Henry 第四年方十五岁，宣布成年亲政。即位之初，即有 Saxon 种人之叛乱，一生困难，于是乎始。Saxon 种人宣布 Henry 第四有建造城堡于其地之举，并遣军队入其地以扰其民。Gregory 第七颇觉有干涉之义务，以为德国王年少无知，必听信佞臣之言故有压抑 Saxon 种人之举。

　　吾人鉴于 Henry 第四之境遇困难，而彼竟能维持其君主之地位，殊为可异。当 Saxon 种人之叛也，Henry 第四致函教皇曰："吾辈获罪于天，而且在尔之前，已不足称为尔之子矣。"然一旦叛乱平靖，彼即忘其服从教皇之言。彼每与教皇所不齿之官吏互相往来，并仍以若辈充任德国之主教，绝不顾教皇之禁令。

俗人叙爵之禁
止
　　Gregory 第七以前之教皇，曾屡有禁止教士受俗人叙爵之举。Gregory 第七于一〇七五年重申前令，正与 Henry 第四开始冲突之时。所谓叙爵，即由君主或诸侯将封土及权利正式转移于新选教士之谓。Gregory 第七禁止俗人叙爵之举，无异革命。盖主教与住持往往即系世俗政府之官吏。其在德国及意大利，则若辈之权力与伯无异。不但君主之政务有赖若辈而进行，即君主之压制附庸，亦有赖若辈之援助。

Henry 第四之
愤怒
　　一〇七五年之末季，Gregory 第七遣教使三人往见德国王，并函责 Henry 第四行动之非是。Gregory 第七明知一纸空文，必难生巨大之影响，故令教使于必要时，可施以恫吓之举。教使向 Henry 第四述其罪恶之多而且巨，不但应屏诸教会之外，而且应永失其人民忠顺之忱。

Gregory 第七之
被废
　　教使之出言过激，不但触德国王之怒，而且主教中亦颇有因之反与德国王为友者。一〇七六年 Henry 第四于

Worms 地方召集宗教大会，德国主教之赴会者数达三分之二以上。宣言 Gregory 第七被选之不当，并有种种不德之行，故议决废之。所有主教宣言不再忠顺教皇 Gregory 第七，并公言其已废。德国主教之援助国王，骤闻之似属不伦。实则教士之得为教会之官吏，德国王之力而非教皇之力，故有力助国王之举云。

  Henry 第四曾致函于 Gregory 第七，力言彼尽心竭力以维护教皇，不意教皇误认其谦恭为恐惧。函末谓尔竟敢反抗上帝授予吾辈之主权，尔竟敢剥夺吾辈之主权，抑若吾人得王国于尔之手中。抑若王国与帝国均在尔之手中而不在上帝之手中。……我，Henry 为奉天承运之王，暨所有主教，敢正告曰："下来，自尔之御座下来，并世世受人之唾骂"。

Henry 第四致教皇之函

  Gregory 第七答书曰："呜呼，第一门徒 Peter，其听余言。上帝授余以权力为尔之代表。余根据此端，并为尔教会之名誉及光荣起见，用上帝名义，撤回皇帝 Henry 之子德国王 Henry 统治德国及意大利之权，盖彼有侮辱教会之举也。余并解除所有教徒誓忠于彼之义务；且禁止无伦何人，不得以国王待之。"又因 Henry 第四常与教皇所不齿之教士往还之故，再宣布驱逐 Henry 第四于教会以外。

Henry 第四之被废

  Henry 第四既被教皇所废，诸事益形棘手。甚至国内教士亦复取旁观之态度。Saxon 种人及德国之诸侯，不但不反对教皇之干涉，而且群思乘机窃发以驱逐 Henry 第四而易新主。然德国之诸侯卒决议予国王以自新之机会。嗣后 Herny 第四非与教皇言和，不得行使政治上之职务。如一年之内，不照行者，则以被废论。同时并请教皇赴

德国诸侯之态度

Augusburg 与诸侯商议废立 Henry 第四之事。其时抑若教皇行将实行其监督政府之举焉。

Henry 第四之屈服

Henry 第四惧，乃急思有以尼教皇之行。于一〇七七年隆冬南下越 Alps 山，中途遇教皇于 Canossa 城堡中，德国王赤足蔽衣立于教皇居室门外凡三日之久，后经近臣之劝告，Gregory 第七方允开门以纳之。中古教会势力之宏大，即此可见一斑。

第三节 Henry 第四之末年

新王之选举

Henry 第四既被赦，德国诸侯殊不满意；盖若辈昔日要求国王与教皇言和之目的，本在于增加国王之困难而已。若辈于是另选新王以代之。嗣后三四年间，国内新旧王党人互相残杀。教皇 Gregory 第七始终严守中立，至一〇八〇年再逐 Henry 第四于教会之外，宣言剥夺其王权及荣誉，并禁止基督教徒不得服从德国王。

Henry 第四之胜利

从此次 Henry 第四之被逐，与第一次被逐之结果适相反。此次 Henry 第四被教皇驱逐以后，亲党反因之增加。德国教士再群起以援助国王而废教皇。其时 Henry 第四之劲敌已阵亡，乃另选教皇携之入意大利，其目的在于拥立新选教皇而自称皇帝。Gregory 第七用力抵拒之者凡二年，然罗马城终陷落于 Henry 第四之手。Gregory 第七乃退走，不久卒。卒之日，曾言曰："吾爱公平而恨不正，故吾被逐而死。"后世之读史者莫不以其言为确当云。

Henry 第四之困难

Hemy 第四之困难，并不因 Gregory 第七之去世而解除。自后二十年间，Henry 第四尽力于维持一己在德国及意大利二地之权利。彼之劲敌之在德国者为 Saxon 种人及跋扈

之诸侯。其在意大利，则教皇正尽力于国家之建设，有同
世俗之君主。同时教皇并怂恿 Lombardy 诸城起而反抗皇
帝。

德国之内乱尚未尽平，Henry 第四于一〇九〇年又因
意大利有蠢动之象，率兵南下。不久为意大利人所败，
Lombardy 诸城遂乘机组织同盟以抗之。一〇九三年，
Milan，Cremona，Lodi，及 Piacenza 诸城组织攻守同盟以
自卫。Henry 第四往来于意大利者前后凡七年，无功而归，
不意回国之后，其子因被诸侯拥戴之故，竟违抗其父。内
乱益甚，Henry 第四不得已而退位。一一〇六年卒。

Henry 第四卒，其子 Henry 第五即位（一一〇六年至
一一二五年），在位之事业，仍以叙爵问题为最大。教皇
Paschal 第二虽愿承认德国王所选之主教，唯提议 Gregory
第七反对世俗叙爵之命令仍须实行，自后教士不得再向封
建诸侯行臣服之礼。一方面：Henry 第五宣言如教士而不
誓忠于君主，则不以领地，市镇，城堡，关税及种种主教
特权予之。

双方争持既久，卒于一一二年有 Worms 之宗教条约，
在德国方面之叙爵之争，遂为之解决。皇帝嗣后允教会得
自由选择主教及住持，并允不再授主教与住持以指环及手
杖。唯选举之事，须在君主之前举行，而君主得另行授予
封土及世俗特权之礼，以王节触其首而已。主教所享之宗
教权力，显然由教会中人授予之；君主虽然不予新选教士
以世俗之特权，而直接选派之权利则因此剥夺以尽矣。至
于皇帝对于教皇，则自 Henry 第四以来，教皇之就任者多
不经皇帝之承认，亦无人视皇帝之承认为必要云。

意大利及国内
之叛乱

Henry 第 四 之
去世

Henry 第 五 之
即位

俗人叙爵问题
之 解 决（一
一二二年）

第十四章 Hohenstaufen 族诸帝与罗马教皇

第一节 皇帝 Frederick 第一

Frederick 第一

Frederick 第一，世称 Barbarossa，即"红须"之意，于一一五二年即位为德国王，为德国皇帝中之最有兴趣者；吾人试读其在位之记载，借可知十二世纪中之欧洲状况。自彼即位后，所谓中古之黑暗时代渐告终止。自六世纪至十二世纪之欧洲史。吾人所有之资料，大都根据于修道士所著之纪年史。著作者类皆无知无识毫不经心之辈，而且往往生于后代，见闻不确。至十二世纪末年，史料渐形丰富而复杂。城市生活亦渐有可考之记载，吾人不须再依赖修道士之著作。当时历史家之最具哲学眼光者当推 Freising 之 Otto。著有《Frederick Barbarossa 传》及《世界史》，为吾人研究当时历史之最重要资料。

历史家 Otto

Frederick 第一之帝国观念

Frederick 第一之志向，在于恢复旧日罗马帝国之光荣及其势力。彼自命为 Caesar，Justinian，Charlemagne，及 Otto the Great 之后继者。彼以为帝位之神圣不亚于教皇。当彼被选为皇帝时，曾向教皇宣言帝国"系上帝所授予"，而且并不要求教皇之承认。然彼一生因欲维持其皇帝权利之故，故困难极多。一方面国内诸侯时有跋扈之虞，一方面罗马教皇常有争权之举。加以 Lombardy 诸城负固不服，无法统御，卒致为诸城所败而一蹶不振。

第二节 Lombardy 诸城之政情

Frederick 第一以前与 Frederick 第一以后时代之不同，其最著者，当推城市生活之发达。前此之历史，吾人所闻者皇帝也，教皇也，主教也，及封建诸侯也；自此以后，则城市兴起，足为君主之敌矣。

城市之得势

Charlemagne 去世以后，Lmbardy 诸城之政权渐入于主教之手，有同诸伯。城中景况，渐形隆盛，势力亦渐伸张于附郭一带之地，工商诸业，既渐发达，富民贫民均渐抱参与政治之心。Cremona 曾驱逐其主教，毁其城堡，不再纳其租税。他日 Henry 第四亦激起 Lucca 城反抗其主教，并允自后主教、公、伯等不再干涉其自由。其他诸城亦相继脱去主教之羁绊，城中政权由公民所举之官吏主持之。

Lombardy 诸城改为民主政体

城中之工匠界中人绝无参政之机会，故常有叛乱之举。加以城中贵族，时有党争，纷扰特甚。同时各城之间，互争雄长，战事尤频。然意大利诸城虽日处于纷扰状况之中，卒成为工业，学问及艺术之中心，在历史上除古代希腊诸城外，殆难比拟。而且诸城类能维持其独立至数百年之久。Lombardy 诸城既有援助教皇之举，Frederick 第一在意大利之困难，因之增加不少。盖教皇与意大利诸城均愿德国王为德国徒拥虚名之君主也。

诸城之纷争及其文化之发达

Frederick 第 一
第一次南征意
大利

第三节　Frederick 第一与 Lombardy 诸城

　　Lonlbardy 诸城中以 Milan 之势力为最盛，每欲伸其势力于四邻，故极为四邻所不喜。Lodi 城中难民二人向新选皇帝申诉 Milan 之暴虐。Frederick 第一之代表既至其地，竟受侮辱；皇帝之玺，亦被践踏。Mien 对于皇帝之态度，与其他诸城同，若皇帝不来干涉其内政，则未始不承认其为天子。Frederick 第一既欲得皇帝之冕，又欲察 Milan 之用意为何，故于一五四年有率师南下之举。计 Frederick 第一远征意大利者凡六次，此实为其第一遭。

　　Frederick 第一驻兵于 Roncaglia 之平原，接见 Lombardy 诸城之代表。代表中多陈述其疾苦，对于 Milan 之傲慢，尤多微词。Genoa 城馈 Frederick 第一以鸵鸟，狮及鹦鹉诸物，足见当日海上商业之一斑。Frederiek 第一听 Pavia 之诉苦，即移师围攻 Tortona 并毁其城。乃向罗马城而进，Mien 遂乘机攻近邻之城市二三处，以惩其援助皇帝之罪；同时并援助 Tortona 城之公民重建其城。

Frederick 第一
与教皇 Hadrian
第四

　　当 Frederick 第一与教皇：Hadrian 第四第一次晤面时，Frederick 第一对于手握教皇马镫一事，颇示犹豫之意，教皇大不悦。Frederick 第一嗣知此系习惯上应为之事，遂不复坚持。时罗马城中适有革命之举，故教皇颇有赖于 Frederick 第一之援助。罗马城中之领袖名 Arnold 者，叛而另组政府。Fredefiek 第一之援助教皇，虽不甚力，然乱事不久即平。Frederick 第一既加冕称帝之后，即回德国。教皇因困难未尽除而皇帝即舍之不顾，颇为失望。日后又有种种误会，教皇与皇帝之感情益恶。

至一一五八年 Frederick 第一再回意大利，开大会于 Roncaglia。自 Bobgna 地方召集研究《罗马法》者数人及诸城之代表，决定皇帝之权利为何。会议结果宣言皇帝之威权如下：皇帝为公伯之天子；有任命官吏，征收关税及非常军费，铸造钱币之权；并享有渔税，盐税及银矿税。凡个人或城市能证明其已得皇帝之承认而享有此种权利者，则允其继续享受；否则由皇帝享有之。诸城之权利，类皆继自主教者，故每无从证明皇帝之承认；故此种议决，无异消灭诸城之自由。皇帝之收入当时固大有增加；然此种政策之过度及征税官吏之苛刻，其结果必将激起诸城之反抗。盖驱逐帝国官吏之事，固诸城之生死关头矣。

Roncaglia 大会及其议决案

Frederick 第一曾下令 Crema 城，命自毁其墙，Crema 不奉命，皇帝遂攻而陷之。令城中人只得子身走，走既尽，乃纵兵士大肆劫掠而毁之。不久 Milan 城亦有驱逐皇帝官吏于城外之举。皇帝率兵攻陷之，于一一六二年下令毁其城。许其人民移居于旧城附近之地。不久 Milan 人民有重建城市之举，足征皇帝之毁坏并不过甚云。

Crema 与 Milan 两城之被毁

第四节　Frederick 第一之失败

Lombardy 诸城之唯一希望在于联盟，而联盟之举，又复为皇帝明令所禁止者。Milan 城被毁之后，诸城即有阴谋联络之迹。Cremona，Brescia，Mantua 及 Bergamo 四城，联合以抗皇帝。Milan 城既得教皇及同盟之援助，重建新城。其时 Frederick 第一正围攻罗马城以拥戴其所选之教皇，深恐诸城之攻其后，乃于一一六七年北返德国。不久 Lombardy 同盟并包有 Verona，Piacenzd，Parma 及其他诸城。

Lombardy 同盟之组织

同盟诸城并合力另建新城一处，以备屯驻军队为反抗皇帝之用。以教皇 Alexander 第三之名名其城曰 Alessandria，盖 Alexander 第三为反对德国王最力之一人也。

Legnan 之战
（一一七六年）

Frederick 第一居德国数年，稍理内政，再南下入意大利。于一一七六年在 Iegnano 地方为 Lombardy 同盟军所败，盖 Frederick 第一之援军不至，而 Milan 城又为同盟之领袖颇能尽力于军事故也。皇帝之军队一败之后不能再振。

Constance 和约
承认诸城之独立

嗣经罗马教皇 Alexander 第三之调停，两方开大会于 Venice，订停战之约，至一一八三年乃变为永久之 Constance 和约。Lombardy 诸城恢复其权利，诸城虽承认皇帝为天子，然皇帝不得再有干涉诸城内政之举，并规定 Frederick 第一须承认教皇。

Guelf 党势力之
来源

自此以后，在意大利方面之反对皇帝党渐，有 Guelf 之称。Guelf 一字，自德国 Welf 族而来。德国昔日有名 Well 者于一〇七〇年被德国王 Henry 第四封为 Bavaria 公。其子娶北部德国之女公，领土益广。其孙 Henry the Proud 尤傲慢，并入赘 Saxony 公而为其承继者。因此 Welf 族遂为 Hohenstaufen 族皇帝诸侯中之最强而且跋扈者。

德国诸大公国
之分裂

Frederick 第一既败绩归国，因 Guelf 族领袖 Henry the Lion（Henry the Proud 之子）不发援军，遂与之战，逐 Henry 而出之，并分裂 Saxony 公国。盖彼鉴于诸侯广拥领土之危险，故以分裂旧日之公国为其政策也。

第五节　Henry 第六

Hohenstaufen
族之势力伸入
南部意大利

Frederick 第一于离国从军于十字军之先，封其子 Henry 第六为意大利王。而且为伸其势力于意大利南部起见，令其子 Henry 娶 Naples 及 Sicily 王国之女嗣为后。德国及意大利因之仍复合而为一，为德国王之患。Naples 及 Sicily 王国本承认教皇为天子者，德国王与教皇冲突之机，因之复启。其结果则 Hohenstaufen 族卒自取灭亡之祸。

Henry 第六（一一九〇年至一一九七年）在位之日甚短，而困难甚多。Guelf 党之领袖 Henry the Lion 当 Frederick 时代曾誓离德国不再为患，至是有返国组织叛乱之举。内乱方靖，Henry 第六又不得不南下以救 Sicily 王国。盖是时有 Norman 种人名 Tancred 者，正有树帜以叛德国王之举也。教皇本视 Sicily 为其封土，至是亦解除该地人民忠顺德国王之义务。同时英国之 Richard the Lion—hearted 率兵赴圣地，中途亦与 Tancred 同盟。

Henry 第 六 之内忧外患

Henry 第六之远征意大利，大为失败。其后为 Tancred 之军队所俘，其军队则沿途多染病而死。而 Henry the Lion 之子，本为质于 Henry 第六者，至是亦复遁走。Henry 第六于一一九二年方返德国，而国内又叛。幸而英国王 Richard 自圣地返国，偷经德国境，为德国王所获。德国王视英国王为 Guelf 党之同盟，要其输巨款以自赎。Henry 第六之军饷因之有着，为平定德国及意大利叛乱之用。不久 Trancred 死，南部意大利之王国，复入德国王之手。然德国王始终不能使德国之诸侯承认德国与意大利之联合，及帝位由 Hohenstaufen 族世袭二事也。

Henry 第六正拟建设世界大帝国，其志未竟成而卒，年仅三十二岁，遗其国于其冲龄之子，即他日著名之 Frederick 第二也。当 Henry 第六临终之日。正历史上最著名之教皇即位之秋。当时教皇之政权，几驾 Charlemagne 或 Napoleon 而上之。教皇 Innocent 第三在位时之教会，

教 皇 Innocent 第三

当于另一章中详述之。兹先述 Frederick 第二时代教皇与皇帝之争执。

第六节　教皇 Innocent 第三之得势

Philip 与 Olto 争夺德国王位　　　Henry 第六卒后，德国即"变为四面受风鞭策之海"。国内如此之纷扰，如此之破裂，抑若无再恢复和平及秩序之望。Henry 第六之弟 Philip 最初以摄政王自居，然不久被选为罗马人之王后，遂以皇帝自待。不料 Cologne 之大主教召集大会另选 Henry the Lion 之子 Brunswick 之 Otto 为德国王。

教皇赞助 Otto　　　昔日 Guelf 族与 Hohenstaufen 族之争端，因之重启。二王均求助于教皇 Innocent 第三，教皇亦公然以中裁人自命。Otto 对于教皇极愿退步；同时教皇亦虑 Hohenstaufen 族势力之复盛，乃于一二〇一年承认 Otto 为德国王。Otto 致函教皇曰："吾之王位如无尔手之援助者，早已化为尘土矣。"

教皇与 Otto 之不和　　　德国内乱继起，势难收拾，Otto 亦渐失国人之望。不意其劲敌 Philip 于一二〇八年被人所刺而死。教皇乃下令德国之主教及诸侯之援助 Otto 者，则逐之于教会之外。次年 Otto 赴罗马城行加冕礼，然因其俨然以意大利之皇帝自居，极为教皇所不喜，盖彼竟有入侵 Sicily 王国之举也。其时 Sicily 王为 Henry 第六之子 Frederick. 其人。

Innocent 第三为西部欧洲之霸主　　　Innocent 第三至是忽不承认 Otto 为皇帝，宣言彼实受 Otto 之欺。教皇决意以 Frederick 为皇帝，唯预防其为危险之敌人。当 Frederick 于一二一二年被选为王时，凡教皇所要求者，无不满口应允。

教皇一面指导帝国之政务，一面并表示其权力于其他各国，而在英国尤著。先是一二〇五年 Canterbury 之修道士不与英国王 John 商议，擅举其住持为大主教。新选之主教急赴罗马城求教皇之承认。同时英国王强迫修道士另选其财政大臣充之。教皇 Innocent 第三竟均不承认，并召 Canterbury 修道士之代表令其另选 Stephen Laugton 为大主教。英国王 John 怒甚，尽逐 Canterbury 之修道士于国外。Innocent 第三乃下令英国教士一律闭其教堂之门，停止教堂职务，驱逐英国王于教会之外，并谓英国王如不俯首听命者，将夺其王位以予法国之 .Philip Augustus。法国王 Philip 乃急招募军队为征服英国之备。英国王惧，于一二一三年屈服于教皇，甚至将英国交予教皇，再受之为教皇之封土，英国王至是遂为教皇之诸侯。同时英国王并允每年入贡于教皇。

英王 John 为教皇之附庸

Innocent 第三至是可谓已达其目的。皇帝 Frederick 本为教皇所拥戴者，而以其 Sicily 王之地位而论，则为教皇之诸侯，英国王亦然。教皇不但主张而且维持其干涉欧洲诸国内政之权利。一二一五年在罗马城 Lateran 宫中开第四次国际大会。主教，住持及君主诸侯与城市代表之赴会者以百计。议决之案类皆关于改革教会排除异端者，并承认 Frederick 第二之被选为皇帝，再驱逐 Otto 于教会之外。

第四次宗教大会

第七节　皇帝 Frederick 第二与教皇

一二一六年教皇 Innocent 第三卒，遗其困难于其后起者，所谓困难即皇帝 Frederick 第二（一二一二年至一二五〇年）其人也。皇帝本生长于 Sicily，颇受亚拉伯文化之影响。彼尝反对当时人所抱之观念。故其敌尝诬皇

Innocent 第三之去世
Frederick 第二之即位

帝为非基督教徒，谓彼尝言摩西、耶稣及摩诃默均系欺骗他人之人。Frederick 第二两目近视，秃首，身料短小；然其组织 Sicily 王国，具征其能力之巨，编订法典为统治南部意大利王国之用。Sicily 王国组织之完善，君权之伸张，实为欧洲史上第一近世国家也。

皇帝与教皇之冲突　　Frederick 第二与教皇之争执，兹不能详赘。教皇不久即知 Frederick 第二专心建设一强有力之国家于意大利南部，同时并伸其势力于 Lombardy 诸城，足为教皇腹心之患。为教皇者以为实逼处此，断不能堪。故皇帝之一举一动，每召教皇之猜疑及反对，且尽其力以破坏皇帝及其族系。

Frederick 第二兼为圣城之王　　Frederick 第二于 Innocent 第三未卒以前，曾有远征圣地之允许，故与教皇争胜之机会，因之大受影响。彼因政务殷繁，故教皇虽屡次督促，而十字军之远征屡次延期而不举。教皇不能再忍，乃逐之于教会之外。Frederick 第二不得已乃起程东征，武功甚盛，再克复圣城 Jerusalem 而自为其王。

Hohenstaufen 族势力之消灭　　然 Frederick 第二之行动仍屡触教皇之怒。教皇开宗教大会以痛责之。最后教皇并废 Frederick 第二而另立德国王。一二五〇年 Frederick 第二卒，其子维持 Sicily 王国者数年；不久教皇以 Sicily 王国予法国王 St.Louis 之弟 Charles of Anjou。Charles 率兵南下入 Sicily 王国，Hohenstaufen 族之势力，至是乃扫地无余。

Frederick 第二之去世中古帝国之告终　　Frederick 第二既卒，中古欧洲之帝国亦于是告终。虽一二七三年 Hapsburg 族之 Rudolf 被选为德国王，德国王亦自称为皇帝；然皇帝之南下赴罗马城行加冕之礼者，数人而已。且嗣后为皇帝者亦不再抱征服意大利领土之意。

德国内部，四分五裂。所谓君主，徒拥虚名。皇帝无都城，
亦无组织完善之政府。

　　至十三世纪之中叶，吾人渐知德国与意大利均不能如　　德国与意大利
英国、法国之能成为强有力之统一国家。其在德国，则公　　之瓦解
国也。伯国也，人主教教区也，主教教区也，住持领土也，
自由城也，无不形同独立之邦焉。

　　至于北部意大利诸城，本已独立，互相往还，有同独
立之国家。至十四十五两世纪时，意大利之城市为近世文
化发祥之地。Venice 与 Florence 壤地虽偏小，竟为欧洲
当日之重要国家。半岛之中部，虽系教皇之领土，然教皇
每不能令其领土中之城市俯首听命。至于意大利南部，则
Naples 王国为法国人所有，而 Sicily 一岛，则入于西班牙
人之手。

第十五章　十字军

第一节　十字军之起源

十字军之意义　中古时代之事实，以十字军之役为最奇而且趣。所谓十字军，乃西部欧洲君主及骑士东征叙利亚以恢复圣地于伊斯兰教徒土耳其人之手之举也。当十一十二两世纪中，每三十年间必有西部欧洲十字军东征一次。每年必有朝谒圣地之信徒数十人或数百人东行之举。二百年间西部欧洲各种人之赴西部亚洲者，络绎不绝，或迁居于圣地，或从事于战争，或专心于商业，或携奇闻逸事以反告于国人。

历史家对于十字军之重要每有言过其实之病　关于十字军之史料，如此丰富；关于十字军之逸事，如此奇离；故世之述十字军者每连篇累牍，不厌其烦。实则十字军之役，不过欧洲人多次远征之一。十字军之影响于西部欧洲方面者——与他日英国人之征服印度及殖民北美洲同——当然甚大；然十字军之战役详情，与西部欧洲史实在无甚关系也。

圣地之陷入回教徒手中　当七世纪时，摩诃默死后不久，亚拉伯人即征服叙利亚一带地，Jerusalem 圣城遂入于斯兰教教徒之手。其时斯兰教教徒对于圣地，亦颇示尊敬之意，故欧洲基督教徒之朝谒圣地者，每得通行而无阻。然十一世纪 Seljuk 土耳其人至小亚西亚之后，基督教徒之赴圣地者，途中每受其凌虐。加以一〇七一年东部罗马皇帝为土耳其人所败，失小亚西亚一带地。土耳其人既占有 Nicaea 之炮垒，与帝都 Constantinople 遥遥相对，实为东部罗马皇帝之患。皇帝 Alexius（一〇八一年至一一一八年）即位之后，颇思驱逐斯兰教教徒而出之。继自知能力薄弱，乃求援于罗马教皇 Urban 第二。教皇乃于一〇九五年在法国 Clermont 地方开宗教大会，下召集十字军之令。十字军之役实始于此。

东部罗马皇帝之求援

教皇 Urban 第二于演讲中，力劝骑士及步兵毋再勇于私斗，自相残杀，应用其力以援救在东方受苦之基督教徒。如其不然，则土耳其人之势力行且西人欧洲以压制西部欧洲之教徒。"救主之圣墓，现为污浊之民族所占，若辈公然侮辱吾人之圣地，应足以激起尔辈之义愤矣。"Urban 第二并谓法国地脊而民贫，至于圣地则满地乳蜜。"其向圣墓之道而行矣；夺其地于恶劣民族之手而占为己有可也。"教皇之演讲既竟，听讲者异口同声曰："此乃神意。"教皇乃言此语应为从戎于十字军者之鼓气声。凡军士前赴圣地系十字架于胸前，返国时则系诸背后，为神圣使命之标志。

教皇 Urban 第二召集第一次十字军

普通以为十字军之役，纯出诸中古时代笃信宗教之热忱。然究其原动力，亦正不一而足。从军之徒，不仅笃信宗教者、好奇者、与冒险者诸种人而已。贵族中有欲获得领土于叙利亚者，商人中有欲扩充商业于东方者，此外亦有因逃避责任而从军者与犯罪而思逃避刑罚者。故 Urban 第二特劝"勇于私斗者"及"曾为盗贼者应急充基督之兵士"。吾人观于十字军人之行动，足见此类人数之多。然

十字军人之动机

十字军人中之目的，亦有较爱冒险，谋领地为高尚者，纯以恢复圣墓为目的而东往者，亦正不一其人也。

十字军人之特权

教皇曾允凡从军于十字军者得代替罪过之忏悔。如为恢复圣地而阵亡者，则可以上登天国。后来教会并允许凡十字军人之负债者，得不付利息，并得将其封土抵押以贷款，毋庸得封建诸侯之允许。凡军人之妻子财产，均由教会保护之。有敢侵夺者，则逐之于教会之外。凡此种种，均足以激起时人从军之热忱，十字军之役之所以轰动一时者此也。

第二节　第一次十字军

Peter the Hermit 及其军队

Clermont 之宗教大会开会时，在十一月。一〇九六年春日以前，凡劝导兴十字军之人——就中 Peter the Hermit 尤著——已在法国及沿莱茵河一带招募成军。应募者，有农民，有工匠，有流民，甚至有妇人，有儿童，无不一意以恢复二千英里以外之圣墓为职志。群信长途跋涉，必蒙天祐，既抵其地，定操必胜之券。此军分为数队，由 Peter the Hermit, Walter the Penniless 及其他骑士统率之。中途军士被匈牙利人屠杀者颇不乏人。一部分竟抵 Nicaea 卒为土耳其人所戮。此不过百年间十字军军情之一例而已。至于个人或团体因欲赴圣地而死者尤不可胜数也。

第一次十字军（一〇九六年）

然十字军中之中坚人物，应推骑士。Clermont 大会之后一年，西部欧洲贵族即募集军队为东征之用。据教皇之计算，谓共有三十万人，分途出发，以 Constantinople 为聚齐之地。各军之重要者，有法国南部 Provence 之志愿

军，由教使及 Toulouse 伯 Raymond 统率之；有德国之居
民——Lorraine 人居多——由 Bouillon 之 Godfrey 及其弟
Baldwin 统率之，二人均为他日 Jerusalem 之王；有法国及
南部意大利 Norman 种人所组织之军队，由 Bohemond 及
Tancred 统率之。

唯上述著名之骑士，并非率有真正之军队，凡兵士均
单独进行，无服从军官之义。骑士及军人虽往往群集于著
名首领之下，然各人有更换首领之自由。为领袖者亦每重
视一己之利益，不甚注意全军之安宁也。

军士与军官之
关系

十字军人既群集于 Constantinople，忽与东部帝都中
人发生冲突。皇帝 Alexius 因 Godfrey 不愿行臣服之礼，
下令攻击其军队之驻在都城附郭者。皇帝之公主曾目击当
日之情形，著有记载，将当时十字军人之行为粗暴，形容
尽致。而十字军人亦痛骂"分离之希腊人"为奸人，懦夫
及谎言者。

希腊人与十字
军人之冲突

东部皇帝之意，本在于利用西部欧洲人之援助，以驱
逐土耳其人而恢复小亚西亚。而西部欧洲之骑士，则志在
分裂征服之领土，据为己有。日后希腊人及西部欧洲人均
有与伊斯兰教徒同盟自相残杀之迹，其亦无耻甚矣。东部
欧洲人与西部欧洲人之关系，观于围攻 Nicaea 城一事即可
见一斑，当该城之将陷也，希腊人与土耳其人约，允其先
入城。希腊军既进城，乃闭其门不纳西部欧洲人，请其再
向前敌而进。

十字军人之自
相残杀

十字军所遇之同盟，真能力助十字军者，当首推
Armenia 之基督教徒。Baldwin 得其援助而征服 Edessa，
遂自王其地。诸军官故意逗留不进，中途围攻富而且巨
之 Antioch 城者，前后凡一年之久。于是 Bohemond 与

十字军领袖之
自相争斗

Toulouse 伯有争夺该城之事，自相争斗，卒为 Bohemond 所有。而 Raymond 则南向侵略 Tripoli 附近一带地。

Jerusalem 城之攻陷

一〇九九年之春日，十字军人凡二万众，南向 Jerusalem 城而进。既抵其地，则城墙坚固，攻击不易，而城外食粮缺少，又无制造军器之材料，军心尤不易固。幸而 Genoa 之商船适抵 Jaffa，军需无虑，不数月而陷 Jerusalem 城。十字军既入城，乃尽杀城中之居民。Bouillon 之 Godfrey 被选为该城之主，称为"圣墓之防护者"。不久卒，其弟 Baldwin 于一一〇〇年离 Edessa 南下继其任，尽力于扩充 Jerusalem 王国之领土。

拉丁诸王国之建设

其时西部欧洲人在西部亚洲所建设之小国凡四：即 Edessa，Antioch，Tripoli 附近一带地，及 Jerusalem 王国是也。Baldwin 入治 Jerusalem 王国后，领土益广，彼因得 Venice 及 Genoa 海商之援助，竟占有 Acre Sidon 及其他沿海诸地。

此种消息，既达西部欧洲，欧洲人于一一〇一年又有成群结队再兴十字军之举。中途在小亚西亚地方多死亡相继，其达 Jerusalem 者少数人而已。故旧日西部欧洲人之在其地者，孤立无援，只得自尽其力以组织其征服之地。

西部欧洲人能否久据地中海东岸之地，全视其君主所建设之殖民地之力量如何。西部欧洲人之久居于叙利亚一带者，人数多寡，吾人已不可知，然大都朝谒圣墓之后即行回国者居其多数，则可断言者也。不过当时赖有一部分之兵士愿留居圣地以抵抗伊斯兰教徒耳。而且当时土耳其人亦有同室操戈之举，故对于驱逐西部欧洲人一事，亦不甚尽力也。

第三节　骑士团

十字军兴之结果，其最堪注意者为几种奇异团体之组　医院骑士团
织——医院骑士团（Hospitalers）神庙骑士团（Templars）
及 Teuton 骑士团——其精神实兼修道士与兵士而有之。
故骑士铁甲之外并穿僧衣。医院骑士团之由来，原于第一
次十字军以前，其时有修道士组织团体为救护十字军人贫
病之机关。不久贵族之骑士亦允其加入，故一变而为军人
之团体。此种慈善团体，与昔日之寺院同，在西部欧洲一
带每受有领土之布施，并在圣地管有寺院数处。自十三世
纪欧洲人撤兵退出叙利亚后，医院骑士团之总机关移入
Rhodes 岛上，继又移至 Malta 岛上，至今尚存，总机关移
设罗马城中。

当医院骑士团未变为军人组织之先，有法国骑士数十　神庙骑士团
人于一一一九年组织成队以负沿途保护十字军人之责。既
抵圣地，乃驻军于 Jerusalem 城内王宫之中，此官系昔日
Solomon 庙之旧址，故此团即名为神庙骑士团。教会中人
多赞助之。此团之骑士穿白衣，饰以红色十字架，并有服
从、贫苦，不娶三志愿，其纯洁与修道士无异。他日神庙
骑士团之名大著于欧洲，即公侯君主亦多有加入为团员者。

神庙骑士团自始即系贵族性质，不久即拥有巨资，足　神庙骑士团之
以自立。欧洲各国莫不有此团征收赈款者之足迹，征收所　得势
得，则汇寄诸驻在 Jerusalem 之团长（Grand Master）。西
部欧洲人多以城市，教堂，领土或金钱以布施之。Aragon
王曾拟以其国土三分之一予之。教皇则以种种特权予其团
员。凡神庙骑士团中人得享蠲免教税及地税之特权，并直

辖于教皇；不必负封建之义务。凡主教不得驱逐该团中人于教会之外。

神庙骑士团之解散　　此团之势力既巨，渐形骄纵，诸侯教士，多猜忌之。即 Innocent 第三亦责该团容纳恶人之非是。至十四世纪初年，教皇与法国王 Philip the Fair 合力以解散之。当时人以为该团中人多有不德之举——如信奉异端，崇拜偶像，侮辱耶稣及其宗教等。团员中有被焚而死者，有瘐死于狱中者。乃废其团，并籍没其财产。

Teuton 骑士团　　至于 Teuton 骑士团之所以有名，在于十字军役后该团中人有征服异教徒普鲁士人之举。因此 Baltic 海之滨，遂有薪基督教国之建设。此团于十六世纪初年解散，以其领土改建普鲁士公园。

第四节　第二次以后之十字军

第二次十字军　　离第一次十字军兴后五十年，因 Edessa 城于一一四四年被土耳其人所陷落。西部欧洲人乃有兴第二次十字军之举。此次军兴之原动力为 St.Bernard 其人，沿途演讲，以激起欧洲人从军之热忱。曾向神庙骑士团言曰："凡基督教徒而杀死圣地之异教徒者必受酬赏，如果阵亡，则受赏尤在意中。基督教徒应以为异教而死为荣，因基督亦因之而有荣也。"法国王立即允许出兵，至于皇帝 Conrad 第三则至 St.Bernard 力劝之后，方首肯云。

军士良莠之不齐　　至于此次从军之人，据历史家 Freising 之 Otto 之言，则颇有曾为盗贼者混杂其间。St.Bernard 曾言曰："在无数军人之中，除极恶之人及不信宗教者、渎神者、杀人者，妄誓者外，其从军也，有二得焉。欧洲喜其去，而

Palestine 则喜其来；若辈盖有二用焉。……"此次行军之详情，兹不具述。一言以蔽之，则失败而已。

四十年后 Jerusalem 城于一一八七年为伊斯兰教名王 Saladin 所陷。于是引起西部欧洲之第三次十字军。与其役者有德国王 Frederick Barbarossa，英国王 Richard the Lion-hearted，法国王 Philip Augustus。吾人观当日之记载，则知基督教诸君主虽有互相猜忌之心，而基督教徒与伊斯兰教徒之关系，则有互相尊重之象，殊为历史上所罕见者。一一九二年 Richard 与 Saladin 如结休战之约，允基督教徒得以安然朝谒圣地。

〔第三次十字军〕

至十三世纪时，十字军之远征多集中于埃及，盖埃及为当日伊斯兰教势力之中心也。本世纪中第一次十字军因受 Venice 商人之怂恿，忽有转向而征服 Constantinople 城之举。此外 Frederick 第二及 St.Louis 辈之远征，此处不再详述。至一二四四年 Jerusalem 城永陷入于伊斯兰教徒之手。自后西部欧洲人虽有念及恢复圣城者，然至十三世纪末年，十字军之役，已可谓告终矣。

〔第四次以后之十字军〕

第五节　十字军之结果

西部欧洲人对于圣地有永久兴味者，至少有一种人，即意大利之商民是也，就中尤以 Genoa，Venice 及 Pisa 三城之商人为最。昔日圣地之能恢复者，意大利商人接济军需之力居多。为商人者本以贸利为务者也，故每陷一城，若辈必要求在城中划地一区为建设市场，船埠，教堂等之用。此种区域直辖于商人之母城。Venice 城甚至分遣行政官驻在 Jerusalem 王国中之各地。Marseilles 城

〔意大利商民之居留〕

在 Jerusalem 城中亦有独立之区域。至于 Genoa 则领有 Tripoli 伯国中之地。

东方奢侈品之输入　　此种新商业，大有影响于欧洲亚洲间之永久关系。东方印度及其他诸地之物产——如丝也，香料也，樟脑也，麝香也，珍珠也，及象牙也——均由伊斯兰教徒贩运至 Palestine 及叙利亚诸城；再由意大利商人运往法国、德国。东方奢侈之风，至是渐传人西部欧洲矣。

战术之变化　　而且十字军之影响于战术上者亦甚大。盖西部欧洲之兵士，自希腊人方面传人古代罗马人攻城之方法也。因之西部欧洲城堡之建筑为之一变，上已述及之。自十字军兴以后，纹章之学大盛。所谓纹章乃各团骑士所用之徽章，以自别于他人者也。

十字军之结果　　十字军之结果影响于欧洲者，读者观于上述之事，即可知其大略。法国人、德国人、英国人之远游东方者数以千计。若辈来自僻壤，除村落城堡以外，本一无所知。至是忽现身于巨城之中，厕身于不常见民族之内。必能激起其思想而予以新观念，可想而知。故十字军之役，无异一种教育之运动。十字军人所遇者之知识每在若辈之上，就中尤以亚拉伯人为最。同时并将奢侈之观念携归国中。

西部欧洲之进步不尽原于十字军　　西部欧洲所受十字军之赐，虽不为少，然亦有自 Constantinople 传入者，或自 sicily 及西班牙之伊斯兰教徒传入者，不尽皆由十字军人携归者也。而且当十二及十三两世纪时，欧洲城市已渐兴盛，工商诸业已渐发达，大学亦已渐建设。若谓无十字军之兴，即无此种种之进步，盖谬论也。故吾人可断十字军之东征，仅足以促进西部欧洲之进步而已，而西部欧洲之进步，则并不自十字军东征之后始。

第四卷
中古时代之一般状况

第四卷

中古期史外文二種補充

第十六章　中古时代之教会

第一节　中古教会之特点

在前数章中，吾人曾屡提及教会及教士。中古史而无教会，则将空无一物矣。盖教会为中古最重要之机关，而教会官吏实为各种大事业之动力。罗马教皇之兴起，及修道士之事业，吾人上已略述之。兹再略述十二、十三两世纪中极盛时代之中古教会。

中古教会之重要

中古教会与近世教会——无论新教或旧教——绝不相同。言其著者，可得四端：

中古教会与近世教会之异占强迫信教

第一，中古时代无论何人均属于教会，正如今日无论何人均属于国家同。当时人虽非生而即为教会中人，然一己之主张尚未定时，即受浸礼而为教徒。所有西部欧洲无异一宗教上之大组织，无论何人，不得叛离，否则以大逆不道论。不忠于教会者，不信教义者，即叛上帝，可以死刑处之。

第二，中古教会与今日教会之端赖教徒自由输款以资维持者不同。中古教会除广推领土及其他种种金钱外，并享有教税曰 Tithe 者。凡教徒均有纳税之义，正与今日吾人捐输国税同。

教会财产之富

教会握有政权 　　第三，中古教会不若今日教会之仅为宗教机关而已。教会虽维持教堂，执行职务，提倡宗教生活；然尤有进焉。盖教会实无异国家，既有法律，又有法庭，并有监狱，有定人终身监禁之罪之权。

教会组织之完备 　　第四，中古教会不但执行国家之职务而且有国家之组织。当时教士及教堂与近世新教不同，无一不属于罗马教皇。为教皇者有立法及管理各国教士之权。西部欧洲教会以拉丁文为统一之文字，凡各地教会之文书往来，莫不以此为准。

第二节　教　皇

教会之组织有同专制君主之政府 　　故中古教会之组织，可以称之为专制君主之政府。为教皇者大权独揽，无异专制之君主。彼为最高之立法者。无论大小之宗教大会，均不能立法以违反其意。大会之议决案，不得教皇之许可者，则效力不生。

法外施恩 　　而且教会法律不合于《圣经》时，即使由来甚古，教皇亦得废止之。教皇如视为正当时，得不受人为法律之束约；如允许嫡堂兄弟姊妹之婚娶，解除修道士之志愿等。此种例外，谓之"法外施恩"（Dispensations）。

教皇为最高司法者 　　教皇不但最高立法者。亦且为最高司法者。某名法学者曾言曰，西部欧洲，均属于最高法院法权之下，即罗马之教皇法院是也。无论教士与俗人随时可以上诉教皇以求其下最后之判决。此种制度之缺点，显然甚多。诉讼之事每有因道途遥远，事实未明，而罗马法院骤下判决者，不平之狱，在所难免。而且因道远费巨，故富人上诉之机会独多。

至于教皇之监督教士，其法不一。凡新选之大主教必誓 教皇有监督教
忠于教皇，受教皇所赐之领带后方得行使其职权。所谓领带 士之权
（Pallium）系罗马城中 St.Agnes 庵中女尼用羊毛织成，为
大主教职权之标志。凡主教及住持之选举，亦必须经教皇之
批准而后可。教皇亦有解决教会官吏选举争执之权利。有时
并可废其被选之教士，另选他人充之，如 Innocent 第三强迫
Canterbury 修道士选举 Stephen Langton 为大主教，即其著例。

自 Gregory 第七以来，教皇即享有任意废止及迁调主 教使
教之权。教皇统御教会之权因有教使而益巨。教使之权，
每甚巨大。气焰凌人，不可逼视。如教使 Pandulf 曾当英
国王 John 之面解除英国人忠顺英国王之义务，即其一例。

教皇既统治西部欧洲一带之教会，政务殷繁，可以想 教皇之朝廷
见，则设官分职之事尚矣。凡教皇内阁阁员及其他官吏合
而为"教皇之朝廷"（Curia）。

教皇既有王宫及官吏，则费用必巨。教皇之财源，不 教皇之财源
一而足。凡上诉教皇法院者，则征以重费，凡大主教收受
领带时，必有所输纳；主教住持之批准就任亦然。至十三
世纪时教皇渐有任命西部欧洲各地教会官吏之举。凡被任
者必以其第一年收入之半纳诸教皇。当宗教改革以前数百
年间，西部欧洲之教士及俗人，均怨教皇所征收之费及税
之太重云。

第三节　大主教主教及牧师

教皇之下为大主教。大主教之职本与主教无异，不过 大主教
其权力溢出主教教区之外，并有监督一省中其他主教之权。
大主教之最大威权为召集本省各主教开一省宗教大会之权

利。其法院能受自主教法院上诉之案。然就事实而论，则为大主教者，除享有名誉，居于巨城之中及其政治势力三者之外，其宗教权力与主教无甚差别也。

主教之重要　中古史中之阶级，吾人必须明白其地位者，莫过于主教。盖主教本以基督门徒之后起者自居，其权力亦以为上帝所赋予者。若辈在各教区中，代表统一之教会，群隶于其"长兄"，即罗马城之主教是也；而罗马城之主教则为基督第一门徒之承继者。主教之徽章为法冠及手杖。凡主教必有礼拜堂一，曰"大礼拜堂"（Catlledral），往往较其他教堂为宏大而美丽。

主教之责任　唯主教能委任新教士及免旧教士之职。唯主教能被净教堂，及为君主行傅油之礼。唯主教能行坚信之礼。除宗教上之义务外，为主教者并有监督区内所有教士及修道士之权。主教可以开庭审理教区内之讼事，并可巡行区内以视察乡区教堂及寺院。

主教之政治责任　此外为主教者，并有管理主教教区中一切领土及财产之权。而且为主教者每有政治上之职务。如在德国，每为君主之重臣。最后，为主教者每同时并为封建之诸侯而负有封建之义务。彼可有附庸及再封之附庸，而同时又为君主或诸侯之附庸。吾人使读当日主教之公文书，几不辨主教之究为教士或为诸侯也。总之，当时主教义务之繁重，正与教会本身无异。

主教之选举　教皇Gregory第七改革之结果，则主教之选举，付诸"主教教区教士团"（Cathedral chapter）之手。唯因选举主教之时，必先得君主之允许，故为君主者每有提出候补主教之举。如其不然，则君主每不愿给予领土及政治威权于新选之主教也。

教会最低之区域为牧师。教区之面积虽大小不一，教　牧师及其责任
徒之人数虽多寡不等，然皆有一定之界限。凡教徒之忏
悔、浸礼、婚礼、葬礼等仪节，均由牧师执行之。牧师之
收入有赖领土及教税。然此种收入每操诸俗人或附近寺院
之手，故牧师之收入每有为数甚微，不足以资其生活者。

牧师之礼拜堂，为村落生活之中心，而牧师每为村民
之指导者。例如严防恶人——异端，巫觋，癫病者——之
混入村中，即系牧师应有之职务。于此可见中古时代之牧
师，不但有监督教徒德育之责，并有防御传染病传入之
义也。

第四节　教会之仪节

中古教会权力之宏大，不仅原于组织之完备而已。吾　教会得势之他
人而欲明了教会势力之所以根深蒂固。不能不知当日教士　种原因
地位之高贵及基督教会之教义二者。

教士与俗人相异之点，不一而足。凡高级教士——主　教士地位之高
教、牧师、助祭、副助祭等——终身不得婚娶，故无家室　贵
之累。而且教会中人以为高级教士既经授职之后，即受有
一种玄妙之性质，终身不能磨灭。尤要者，即唯有教士得
执行各种仪节（Sacraments）是也。而教徒灵魂之得救，
实唯仪节是赖云。

教会中人虽深信各种仪节为基督所创设，然至十二世　Lombard 所 著
纪中叶，其仪节方明白规定。Peter Lombard（一一六四年　之意见
卒）为巴黎之神学教师，曾根据教会信条及神父著作著有
《意见》（Sentences）一书，风行一世，盖此书发现之日，
正神学兴味中兴之时也。

七种仪节　　　　　教会中之七种仪节，实由 Peter Lombard 所规定。彼之主张虽根据于《圣经》与神父之意见。然彼之解释及定义，实建中古神学之新基。当 Peter Lombard 以前，所谓仪节者，本玄妙之意；如浸礼也，十字架也，四旬斋也，圣水也，等皆是。然 Peter Lombard 以为教会之仪节有七：即浸礼、坚信礼、傅油礼、婚礼、忏悔礼、授职礼，及圣餐礼是也。凡经过此种仪节者，则无德者有德，有德者增加，失德者复得，如思被救，非经过此种仪节不可。

浸礼
坚信礼
傅油礼婚礼忏
悔礼授职礼圣
餐礼

教会因执行仪节之故。故与教徒有终身之关系。经过浸礼之人，则所有人类之罪过，因之洗净；唯有浸礼，可予人以入圣之门。行坚信礼时，主教以圣油及香膏为香德之代表，涂诸青年男女之额，以坚其信仰基督之心。假使教徒一旦染有危疾，牧师以油傅病者之身以解除其罪过而清洁将死者之精神。至于婚姻必经牧师之手方为确定，不能解除。教徒虽经浸礼而罪过或有未净除者，则可行忏悔礼以再与上帝复合而免堕入地狱之危。凡牧师曾经授职之礼者，则可得赦人罪过之特权。同时并享有执行圣餐礼之特权。

第五节　忏悔礼与圣餐礼

忏悔礼　　　　　忏悔礼与圣餐礼二者，在历史上尤为重要。当主教授职以予牧师也，必告之曰："尔其受圣灵：凡尔赦人之罪过，则罪过即被赦；凡尔留人之罪过，则罪过即被留。"牧师因此遂得有天国之钥。凡俗人之有罪过者，除请牧师解除外，别无解救之法。凡藐视牧师之教务者，虽有极诚之忏悔，在教会中人视之，其罪过仍不能赦。牧师于未行免罪之先，有罪过者必先自供其罪过，并须表示其痛恨罪过之心及不再行恶之意。盖牧师必先知所犯罪过之性质如何，而后方有解除之可言也。有罪过者亦必先表示其悔过之忱；而后可望罪过之解除也。故自承与忏悔，实为解除罪过之初步。

解除罪过之举，并不能除净所有罪过之结果。故解除罪过，仅能解除灵魂之死罪，使之不受永远之刑罚而已。至于暂时之责罚，则仍不能免者也。此种暂时之责罚，或生时由教士执行之。或死后入"炼罪所"（Purgatory）以火烧净其罪恶。

炼罪所

牧师所规定之责罚，曰"悔罪之苦行"（Penance）。苦行之形式不一：或斋戒，或祷告，或朝谒圣地，或禁止娱乐等。而朝谒圣地之举视为可以代替忏悔之失部。然教会中往往允悔罪者纳款以代其苦行，以其款为办理宗教事业之用，如造教堂，救济贫病之人等事。

悔罪之苦行

为牧师者不但可以解除罪过，而且有执行圣餐礼之特权。基督教徒久已有庆祝圣餐（Mass Lords Supper 或 Holy Eucharist）之礼；对于圣餐之性质，本早抱有种种不同之观念。日久之后，渐以为祭神所用之面包与果酒，一经供奉，即变为基督之肉体与血液。此种变化，名曰"变质"（Transubstantiation）。教会中人以为行此礼时，基督再献其身为上帝之牺牲。此种牺牲之礼，无论对于生者或死者，与祭者或不与祭者，均有实效。而且以为基督以面包之形式受人崇拜，最为诚敬。此种形式凡遇荒灾或大疫时，必迎之游行于通衢之上以求天祐。

圣餐礼
变质之理

以圣餐为基督牺牲之观念，其结果甚为重要。圣餐之礼，遂为牧师最高尚之职务，而为教会职务之中坚。除为

牺牲观念之结果

人民行公共圣餐礼外，私人圣餐亦时时举行，尤以为死者超度为多。时人每有捐助基金专备牧师为死者或死者之家族执行圣餐礼之用者。亦有以财物布施教堂或寺院，求其每年为施主行圣餐礼者。

第六节　教士之势力

教士势力之来源

屏诸教会之外及停止教堂教务之权

教会之威权既巨，组织又复完备无伦，加以拥有巨资，均足以使教士为中古时代最有势力之阶级。天国之钥，若辈实司之，不得若辈之援助者，则无上登天国之望。教会有驱逐教徒于教会以外之权，其被逐者，不但被屏于教门，亦且不齿于社会。教会又有下令教士停止执行教务之权，使全城或全国之人民无有以宗教自慰之地。

教育之专利

而且当时唯有教士为曾受教育之人，故势力尤大，自西部罗马帝国瓦解以来，六七百年间，教士以外，存有研究学问之心者甚寡。即在十三世纪时，凡罪人欲自承为教士者，只需诵书一行以证明之；盖其时之法官，以为无论何人与教会无关者必不能读书者也。

教士为智识界之领袖

因之中古时代所有之书籍，类皆出诸教士及修道士之手，而教士遂为知识，美术及文学之领袖。加以各国政府之公文及布告，端赖教士之手笔。教士与修道士无异君主之秘书。故教士中每有列席于政务会议，俨同国务大臣者；事实上，行政之责任，亦多由教士负之。

教会官职之公开

教会中之官职，无论何人均有充任之希望。教皇中颇有出身微贱者。故教会中之官吏有推陈出新之象，无世袭冈替之习。教会势力，历久不衰，良非偶然。

凡服务于教会之人"即无室家之累，教会即其国与家。　中古教会势力
教会之利害，即彼之利害。凡道德上，知识上及物质上之　之雄厚
力量，在俗人之中，多为爱国心、自利心、顾全妻子心所
分裂，而在教会之中则合之以求达其唯一公共之目的。此
目的之成功，人人可望受其利，同时人人确有生活之资而
无筹画将来之虑"。故教会之为物，无异"驻扎于基督教
国土中之军队。处处有哨兵，受极其严肃之训练；抱一种
公共之目的，各个军士均有不可侵犯之甲胄，手执巨大之
武器以杀灵魂"。

第十七章　异端及托钵僧

第一节　教会之利弊

中古教士之性
质问题

据前章所述，则当时教会势力之宏大，实无伦匹。试问为教士者其能永远与恶人奋斗耶？教士之权力既大，财产又富，其能始终不为外物所诱耶？若辈果能利用其地位以宣传耶稣之教义耶？抑或若辈存自私自利之心，假耶稣之教义以济其私，徒失人民之信仰耶？

教会之功

欲回答此种问题，实非数言可尽。吾人既深知中古教会势力之雄厚，及其影响之宏大，实不愿量其利弊之轻重。教会之有功于西部欧洲可谓毫无疑义。除以宗教提倡道德之一事不计外，吾人亦曾提及教会中人之如何感化蛮族，使之日进于文明；如何以《上帝休战条约》减削当时之争斗；如何维持教士之教育，使一线文明，不致扫地以尽；此皆显而易见者也。他如保护贫苦之人，安慰伤心之辈，其功尤伟。

教士之不德

然吾人试读当日之教会史，则教士之不德而滥用职权者，亦正不一其人。主教及牧师中每有荡检踰闲与近世夤缘奔走之政客无异者。

世人对于教会
之流弊每有言
过其实之病

唯历代以来之记载，其痛骂教会者，每有吹毛求疵之习，而抹杀教会之功，此不可不知也。研究宗教制度，尤其如此，盖既属宗教本不应有流弊也。吾人对于无数牧师之道德，每不注意，而对于一主教之恶劣，则每为之惊心。然吾人试平心静气披览十二、十三两世纪之记载，则主教、牧师、修道士中，亦正有恶劣不堪者，而教会中之弊窦，亦正不一而足焉。

Gregory 第七以为教士中而有恶人，实因君主及诸侯强任其嬖倖之臣为教士之故。然吾人须知教会之所以堕落，实源于教会财力与权力之雄厚。权力既巨，除非圣人，难免不滥用；财力既巨，亦除非圣人，难免不为私欲所诱。教会中之官职，与政府中之位置同，便于中饱。吾人试读十二、十三两世纪之记载，则知当时所谓教士者，实与今日之政客无以异。

教士堕落之原因

第二节　教士之腐败

吾人而欲明白异端之所由起，不能略述当时教会之腐败情形。异端之兴起，始于十二世纪，卒酿成十六世纪新教革命之举。至于托钵僧（Friar）之兴起，亦可谓渊源于教士之腐败，并可征当日教会改革之必要。

教会腐败之处

第一，当时教会中有卖官鬻爵之弊，根深蒂固，牢不可破，故 Innocent 第三有不可救药之言，此层前已述及之。凡得有力戚友之援引者，则虽无知之少年，亦有被选为主教及住持者.封建诸侯每视主教教区及寺院为其幼子维持生活之机关，至于长子则本有诸侯之封土可传也。主教与住持之生活，实与世俗之诸侯无异。如教士而好武也，则尽可招募军队以凌辱四邻，与当时好勇狠斗之诸侯，绝无区别。

卖官鬻爵

除卖官鬻爵及生活腐败以外，教会中尚有种种不德之处足以使教会之名誉，日形堕落。当十二、十三两世纪时，

高级教士生活之腐败

为教皇者类多善人而具有政治才力者，一心以提高教会之声誉为事。然教皇法院之法官，则享有腐败之盛名。当时人均以为教皇法院视贿赂之多寡为断定曲直之标准。故富人无不胜之诉，而贫民则每有败诉之虞。主教法院之压抑教徒，亦复如此，盖主教之收入，罚金居其大部分也。故每有一人同时被法院数处所传者，势难遍到，则法院必因其不能到庭而处以罚金之罪。

牧师之腐败　　　　至于牧师之不德，亦正不亚于主教。据宗教大会之议决案观之，则知牧师每有将其住室改为商铺以售酒者，而且为教徒行各种应行仪节时——如浸礼、忏悔礼、婚礼、葬礼等——每征收用费以增加其收入。

修道士之腐败　　　十二世纪之修道士，除少数人外亦皆不能补世俗教士之缺点。不但不能以身作则，教训人民；其道德之堕落与声名之狼藉，正与主教及牧师无异。唯当十二世纪时已有新设之修道士团体以实行改革为目的。

教会中人之自承　　教士之自私及其堕落，当时之记载多道及之——如教皇之信礼，圣人如 st.Bemard 辈之劝告，宗教大会之议决案，及诗人之吟咏等。对于教士之不公正、贪婪及不顾职务诸恶行，无不一致痛骂之。St.Bernard 曾言曰："在教士之中，尔能告余有谁能不以勒索教徒之金钱而以减除若辈之罪恶为务者乎？"

第三节　异端之兴起

俗人之批评教会　　教士之腐败，教会中人既公然自认，则俗人之注意及批评，势所难免。然教士中之优良者虽有改革之主张，始终无反对基督教义及仪节之心。而在俗人之中，则颇有宣言教会为魔鬼之"犹太人会堂"者。以为无论何人，不应依赖教会之援救；所有仪节较无用尤恶；所谓圣餐礼，圣水，遗物等，无非恶劣教士欺人敛钱之方法，断不能使吾人上升天国，此种论调之附和者，当然不一其人。盖当时已有怀疑恶劣教士所执行之仪节不足以援助有罪过之人，而教徒之痛恨教税过重者，亦正大有人在也。

当时教会中人对于怀疑教会之主张及叛离教会者，均以异端视之，罪在不赦。正宗教士以为反对基督所创之罗马教会者，即与反对上帝无异，罪莫大焉。而且怀疑教会，不仅一种罪过而已，实一种对于当时社会中最有力之制度之反抗。盖当时教士虽有不德之人，而西部欧洲一般人民之对于教会，则始终尊敬也。十二、十三两世纪中之异端，及教会摧残异端之事迹，实中古史上一段奇离而且残酷之记载。　　**异端**

异端凡有二派。其一，不过誓绝于罗马教会之一部分习惯及其教义，同时仍为基督教徒，竭力模仿耶稣及其门徒之简朴生活。其二，则主张基督教为假者伪者。若辈以为宇宙间有二大原理：曰善曰恶，二者永久争雄。又以为《旧约全书》中之耶和华（Jehovah）实为恶力，故基督教会所崇奉者，实恶力也。　　**异端分二派**

第二派之异端，其来甚古，即昔日之 St.Augustine 当年幼时亦曾为其所惑。至十一世纪时，此派复盛于意大利，附和者颇众。至十二世纪时，乃盛行于法国之南部。此派人自称曰 Cathari，即纯洁之意，而历史家则多以 Albigense 派名之，此名因南部法国 Albi 城得名，此城之异端，为数甚多故也。　　**Albigense 派**

Waldensian 派
　　至于属第一派者，则以 Waldensian 二派为最著。此派之创始者为 Lyons 城之 Peter Waldo 其人。其同志多弃其财产，从事于门徒贫苦之生活。四出宣传《福音》及《圣经》，每以各地方言译之，信者甚众。至十二世纪末年此派中人已散布于西部欧洲一带。

教会反对异端之原因
　　教会对于模仿耶稣及其门徒之简朴生活者，本不反对。然此类俗人自以为有传道及代人忏悔之权利，而且以为在卧室中或马厩中所行之祷告，其效力与在教堂中行者无异。此种主张，显然与教会为唯一救济人类机关之信仰，互相抵触，教会之势力不且大受其影响？

扑灭异端之开始
　　至十二世纪末年，世俗君主渐有注意异端时。一一六六年，英国王 Henry 第二下令在英国无论何人不得隐匿异端，凡容留异端之居室，以火焚之。一一九四年 Aragon 王下令凡听 Waldensian 派之说法者，或予以食物者，均以叛逆论，籍没其财产。此种命令实开十三世纪诸国君主虐待异端之端。盖教会与政府，均以异端为有害于其安宁，当视为穷凶极恶，以火焚之。

当日视异端为叛逆之徒
　　吾人处信教自由时代，对于十二、十三两世纪以迄于十八世纪时人何以独惧异端实难索解。其时一般人以为教会之为物，不但为救济人类之机关，而且为维持秩序及文明之利器。当时批评教士之腐败者，本甚普通，然此非异端也。无论何人固可信教皇或主教为恶人，然不定即怀疑教会之存在及教义之真确；异端教徒实中古时代之无政府党。若辈不但痛骂教会之腐败，并谓教会较无用尤恶，使人民叛离教会，不再服从其法律及命令。故教会与政府均以异端为社会及秩序之敌。加以异端之传播，迅速异常，故当时君主无不尽力以驱逐之。

第四节　扑灭异端之方法

摧残异端之方法，不一而足。第一，教士性质之改良及教会流弊之改革，定可以减除不满教会之心。一二一五年 Innocent 第三曾有召集宗教大会于罗马城以谋改革教会之举，然终归失败。嗣后教会内容益形腐败。

其二，则组织十字军以歼灭之。此种政策，仅可行于异端较多之地。其在法国之南部，Albigense 派及 Waldensian 派二派人甚多，在 Toulouse 地方尤夥。当十三世纪之初，此地异端竟有公然藐视教会之举，甚至上流社会中人亦有赞成异端之主张者。一二〇八年教皇 Innocent 第三曾有兴军入征法国南部之主张。Simon de Montfort 自北部法国入征其地，杀尽异端。法国最开明地方之文化因之被阻，而此地之元气亦复为之大伤。

第三种最永久之方法，莫过于教皇所建设之法院，专以审判异端为目的。此种法院曰神圣之异端裁判所（Holy Inquisition），此种机关创始于远征 Albigense 派之后。二百年后，此种法院在西班牙方面尤为盛行。其审判之不公及其刑罚之残忍——如长期监禁，及刑讯以逼罪人之自供等——使异端裁判所之名，遗臭于后世云。唯吾人须知异端裁判所中之法官，类皆公平正直之辈。审判方法较当时世俗法院之方法并不较虐也。

凡犯信奉异端之嫌疑者，虽矢口不认，并无益焉。盖以为罪人，必不自承其有罪也。故一人之信仰，端赖其外表之行动以断定之。因之与异端交谈者，失敬教会之礼节者，或被邻人诬控者，每为异端裁判所中人所逮，此实异

教会内部之改良

异端裁判所

—

端裁判所最可怖之方面。每轻信他人之告发，入人于罪，处以残酷之刑。

异端所受之刑　　凡异端自承其罪并誓绝于异端者，则赦其罪而允其重为基督教徒；其有罪者则处以终身监禁之刑，俾自省其罪过。如不自悔，则"交诸俗人之手"。盖因教会法律禁止流血，故交诸世俗政府以火焚而杀之，不必再经审判矣。

第五节　St.Francis

兹将述较和平而且较有力之反对异端方法，此种方法，实始于 Assisi 之 St.Francis。彼之主张及其生活之模范，极能维持当时人民忠顺于教会之心，其力量之大，远驾异端裁判所之上。

托钵僧之兴起　　吾人前曾述及如何 Waldensian 派中人思以简朴之生活及《福音》之传布以改良世界。嗣因教会中人之反对，故此辈人之传道事业，未能公然进行。然当时人之有天良者，均以为世界之堕落。实原于教士之懒惰及无行。St.Francis 及 St.Dominic 思另创一种新教士曰"托钵僧"者，以应付当日之需要。为僧者应行主教及牧师应行之事，如牺牲一己之神圣生活，保护正宗信仰以反抗异端，提倡人民之精神生活等。托钵僧制度之建设，实中古事实之最有兴味者。

St.Francis 之世家　　历史上最可爱之人物，莫过于 St.Francis。彼约在一一八二年生于中部意大利之 Assisi 地方。其父从商而多资，故 St.Francis 年少时颇浪费以行乐。彼尝读当时法国之传奇，极慕勇敢骑士之为人。所交之友虽多粗野之辈，而彼独温文而任侠。他日彼虽自愿为乞丐，仍不失其诗人与侠士之风格。

St.Francis 鉴于一己之快乐及穷人之困苦，早生悲悯
之心。当彼年约二十时忽染大病，快乐生活因之中辍，并
得自省之机会。乃忽恶昔日之快乐，渐与苦人为伍，尤悯
有癞病者。Francis 本世家子，对于贫困之人，本所厌恶，
然彼强以吻接若辈之手，洗其疮口，以朋友视之。因之彼
竟战胜一己，尝谓昔日吾视为苦者，至是每变为甘也。其
父颇不喜乞丐之流，故父子间之感情日趋疏远。最后其父
竟以不与遗产恫吓之。Franois 遂愿放弃其承受遗产之权利，
去其华服以交其父，披园工之破衣，出家为僧，专心修理
Assisi 附近之教堂。

一二〇九年二月某日，Francis 躬与圣餐之礼，牧师偶
向渠而读《圣经》曰，"尔去讲道谓天国已近……在尔袋
中不得有金，银，或铜，旅行之时，毋携行囊，无二衣，
无鞋，亦无杖；因工作者必有食物也"。Francis 闻之，恍
然有所悟，意谓此乃显然耶稣予以指导也。彼遂弃其杖，
行囊及鞋，决意实行门徒之生活。

彼乃开始讲道，不久富商某尽售其所有以济穷人而追
随 Francis 之后。日后同志日增，自称为"上帝之诗人"
（God's troubadonrs），飘然一身，尽脱家室之累，赤足
空手，往来于意大利之中部以讲演《福音》。有愿谛听者，
有嘲笑者，或有问"尔辈何自来乎？属于何种团体乎"？
若辈每答之曰："吾辈乃悔罪者，Assisi 城人。"

至一二一〇年 Francis 有同志十余人，求教皇承认其
传道之方法。教皇 Innocent 第三犹豫不决。彼不信无论何
人可以绝对清贫而可谋生活者；而且此种衣服破烂之乞丐，
与安富尊荣之教士既不相同，难免有反对教会之举动。然
假使不承认此种托钵僧，则将有反对耶稣指导其门徒之嫌。

最后彼决意口允之，许其继续其使命，得薙发如僧，归罗马教会管辖。

第六节　Francis 派之托钵僧

传道事业　　七年之后，同志大增，传道事业因之大盛。德国、匈牙利、法国、西班牙、甚至叙利亚，均有若辈之踪迹。不久英国编年史家亦述及此种赤足僧之入英国，穿破衣，腰围绳索，不念明日，以为若辈所需者上帝深知之。

St.Francis 无组织团体之意　　此种僧侣长途跋涉，每受他人之虐待，故请教皇致函于各地教徒，加以优待。此为托钵僧享有各种特权之权舆。然 St.Francis 极不愿见其同志之变为巨而有力之团体。彼预知若辈必将不再以清贫自守，必变为野心家，或且拥有巨资。彼尝谓："吾，小弟 Francis，极愿仿耶稣之生活及贫困，坚持到底；吾请尔并劝尔始终坚持最神圣之贫困生活，断不可听他人之劝告及主张而放弃此种生活。"

Francis 清规　　Francis 不得已再编订新规以代旧日所用之《福音》，为指导僧侣之用。嗣经多次之修正以迎合教皇及教皇内阁阁员之意旨，Francis 清规遂于一二二八年由教皇 Honorins 第三批准实行。照其规定。"凡同志不得有财产，不得有居室，不得有马，不得有其他物件；若辈应以世界上之信徒及生人自居，清贫谦和以侍奉上帝，以求他人之布施。若辈亦不必引以为耻，因救主曾为吾人之故，特为贫苦之人也。"唯为僧者如能工作，及义所当为者，则当实行工作。凡工作者，可得报酬，唯不得收受钱币耳。如不能赤足而行者，亦可穿鞋，可用麻布或其他破布以补其衣服，须绝对服从其尊长，不得娶妻，亦不得离其团体。

一二二六年 St.Francis 去世，此派僧侣已不下数千人，颇多清贫自守者。然其新领袖及一部分之同志，颇以为人民既愿以财产相赠，亦正不妨利用其财力以行善事。以为团体不妨有美丽之教堂及宏大之寺院，而个人仍可不名一钱，清贫自守。故不久若辈即建筑一宏丽之教堂于 Assisi 为安葬 St.Francis 遗体之地，并设钱柜一座以受他人之布施。

St.Francis 死后之同志

第七节　Dominic 派之托钵僧

St.Dominic 为另一派托钵僧之创始者，约生于一一七〇年。彼本教士，曾在西班牙某大学中习神学十年。于一二〇八年当远征 Albigense 派异端之际，彼偕其主教入法国之南部，目睹异端之盛行，颇为惊骇。当彼在 Toulouse 时，其居停主人适为信 Albigense 派之异端，St.Domimic 尽一夕之力以感化之。自此彼遂壹意于异端之扑灭。就吾人所知者，彼实具有决心与自信心者，维持基督教极具热忱，而同时又和气盎然令人生爱慕之念。

St.Dominic 之家世

至一二一四年，西部欧洲一带之同志，多闻风兴起以与 Dominic 合，求教皇 Innocent 第三承认其团体。教皇犹豫未决，相传彼忽梦见罗马教堂摇动将倾，幸 Dominic 以肩承之，得以不倒。教皇遂念及 Dominic 辈将来或能援助教皇，乃批准其团体。Dominic 急遣其同志十六人四出传道。至一二二一年此派僧侣组织完成，西部欧洲一带已有寺院六十处。"赤足游行于欧洲各处，无间寒暑，不受金钱，只求粗食，忍受饥寒，不念明日，始终专心于救济人民之灵魂，使若辈脱去日常生活之累，救其疾病，以一线天光

Dominic 派之创设

照若辈黑暗灵魂之上"——此当时人民所以爱敬 Francis 及 Dominic 两派之托钵僧也。

第八节　托钵僧之事业

托钵僧与修道士之异点　　凡托体僧与 Benedict 派之修道士不同，不但受寺院住持之管束，而且受全团"将军"之监督。凡为僧者与兵士同，随时可以调遣。若辈亦以基督之兵士自命。若辈与修道士不同，每不从事于精神之修养，专与各级人民互相往还，必须勇敢受苦为救己救人之事。

Dominic 派与 Francis 派之异点　　世称 Dominic 派之僧为"布道僧"（Preaching Friars），故多研究神学为答辩异端之备。教皇每令若辈执事于异端裁判所中。若辈并早伸其势力于大学之内，十三纪时之二大神学家 Albertus Magnus 及 Thomas Aquinas，即系此派中人。至于 Francis 派中人每怀疑学问，且每较 Dominic 派中人为能以清贫自守。然就大体而论，两派僧侣，类皆收受他人所布施之财产，并以学者贡献于当时之大学。

托钵僧之重要及其势力之宏大　　教皇不久即知此种新团体之重要。故陆续予若辈以特权，使之不受主教之约束，最后并宣言若辈仅受本派规则之限制。特权中之尤为重要者，则凡为牧师者，教皇并予以随地可行圣餐礼之权，并得执行普通牧师之职务。僧侣多散居各地以代各区之牧师，当时俗人每以僧侣较教士为纯洁而神圣，以为若辈所行之仪节，亦必较教士所行者为有力。故当时几乎无城无灰衣僧（Francis 派）或黑衣僧（Dominic 派）之寺院，凡君主至少几皆有僧侣一人为其行忏悔礼之人。

僧侣之势力既巨，世俗教士颇猜忌之。若辈屡请教皇废止其团体，或至少阻止若辈不得夺牧师之权利。然教皇多置之不顾，曾向内阁阁员，主教及下级教士之代表，宣言若辈之所以痛恨僧侣，实因若辈生活之浮夸及欲心之浓厚；至于僧侣，则每能利用其财产以供奉上帝，不浪费于快乐之中云。世俗教士之反对

托钵僧中颇有能人及学者一学者如 Thomas A qIlirlae，改革家如 Savonarola，美术家如 Fra Angelico 及 Fra Bartolommeo，科学家如 Roger Bacon。当十三世纪时，救世最力者，莫过于托钵僧。然若辈飘然一身，不受教会之监督，又复拥有财产，道德堕落之事，遂所难免。当 Bonaventura 于一二五七年为 Francis 派领袖时，曾谓当时人因僧侣之贪婪、懒惰及不德，颇为不喜，而且行乞频繁，其可厌较盗贼尤甚云。唯当时人对于僧侣始终视教士为优；而城乡各地宗教生活之维持与提倡，亦复僧侣之功居多也。托钵之堕落

第十八章　乡民及市民

第一节　中古时代乡农之状况

中古人民生活
不甚可考

　　自经济学发达以来，研究历史看渐多注意中古时代农民商人及工人之状况与习惯。不幸自蛮族南下以后五六百年间之人民生活状况，已不甚可考。中古时代之编年史家每不记载普通之状况，如农民生活及耕种方法等。若辈所注意者，伟人与大事而已。唯关于中古时代之封邑及城市，吾人所有资料，颇能窥见当日状况之一斑，而为研究通史者之重要事实。

中古初半期之
人民生活不甚
重要

　　当十二世纪以前，西部欧洲一带几无所谓城市之生活。罗马时代之城市，在日耳曼民族未入侵以前，人口日形减少。蛮族入侵以后，城市益为之衰落，大部分且因之消灭。其留存者及新兴者，则据当日之记载，在中古初年，实不甚重要。故吾人可以断定自 Theodoric 时代至 Frederick Barbarossa 时代，英国、德国及法国北部中部之人民，类多散处四乡居在封建诸侯、住持及主教领土之内。

封土

　　中古时代之封土曰 Vill 或曰 Manor，与罗马时代之 Villas 正同。封土之一部分，由地主保留而自用之；其余则画成长方形分诸农夫，为农夫者类皆佃奴，所耕之地，虽非己产，然佃奴而为地主作工并纳租税者，则每得永种其地，无再被夺之虞。佃奴终身附属于所耕之地，随其地以易主人。为佃奴者有代种地主之地及代其收获之义务。不得地主之允许者，不能婚娶。其妻子于必要时有扶助地主之谊。如纺织、缝纫、烘面包及酿酒诸事，类皆由佃奴之女为之，故村中之日用必需品，每无事外求也。

　　吾人试读旧日之记载，即可知当日佃奴之地位如何。例如 Peterborough 之住持，有封土一区，由佃奴十八人分种之。各人每年每周须代地主作工三日，唯耶稣圣诞、复活节及圣灵降临节，得各休息一周，各佃奴每年纳小麦半斛，雀麦十八束，母鸡三翼，公鸡一翼于地主，遇耶稣复活节，须各纳鸡子五枚。凡佃奴售马得十仙令以上者，须予地主四便士。此外尚有佃奴五人，其所耕之地仅得前十八人所得之半，故应纳诸物，亦只半数而已。 **佃奴之义务**

　　有时在封土中之自由民每居少数。封土与牧师教区之界限，每相符合，故必有牧师一人有领土数亩，其地位当然在其地人民之上。此外有设磨坊者，年纳租税于地主，以代人磨麦为务，故其景况亦较其邻舍为佳，铁匠亦然。 **封土中之自由民**

　　当时封土最显著特点之一，即离世界而独立是也。封土之中，应有尽有，可与外界不相往来而不虞生活之无资。农民每以工作及农产代其租税，故无使用钱币之必要。农民间有无相通，故无交易。 **封土之独立**

　　乡间佃奴大都无改良一己状况及生活之机会，故世世生生，依然故我。农民生活，不但兴味索然，而且异常困苦，食品粗劣，种类简单，盖当时农民每不愿从事于园蔬之种 **乡农生活之困苦**

植也。居室类仅有房一间，只有小窗一，无烟突，故光线不足，空气恶浊。

封土中之法院　　封土内之居民因互相扶助之故，故具有相爱互助之精神。盖若辈不但与外界隔绝，而且当工作于田亩之时，互通声气，所赴之礼拜堂同在一处，所服从者同是一人。封土之中所谓"法院"，为佃奴者必均赴焉。凡排难解纷、罚金、重画经界等事，均在法院中举行之。

佃奴工作之拙劣　　为佃奴者类皆不善于种地及工作之人，耕种土地，纯用旧法，收获不丰，故佃奴制度之存在，纯赖地广而人稀。然当十二、十三两世纪时，西部欧洲一带人口颇有增加，食粮因之不足，佃奴制度，自然衰歇。

钱币交易代昔日以货易货之习　　至十二、十三两世纪时，工商各业，渐渐中兴，钱币之为用亦广，均足以破坏封土之制度。昔日以货易货之习惯至是渐不通行。他日地主与佃奴均渐不满于旧日之习惯，为佃奴者每售其农产于邻近之市场以得钱币。不久遂以金钱纳诸地主以代工作，俾得专心从事于一己之事业。至于地主，则亦乐受其佃户之金钱以代徭役。盖既有钱币，可用之以雇工人而购奢侈之品也。为地主者渐放弃其监督佃奴之权，佃奴乃渐与自由民无甚区别。有时佃奴并可遁走城中以复其自由之身。如过一年一日后，不再被地主追回者，即为自由民。

佃奴制度之废止　　西部欧洲佃奴制度之消灭，实始于十二世纪。当一七八九年法国革命时，法国虽尚有少数之佃奴，然释放之举，实始于十三世纪之末造。英国较迟，德国尤慢。Luther 改革宗教时代，德国佃奴尚有叛乱之举，直至十九世纪初叶，普鲁士方有释放佃奴之举也。

第二节　中古时代城市中之状况

西部欧洲一带城市生活之复现，为吾人研究历史者最有兴趣之问题。古代希腊、罗马之文明，均以城市为中心，今世生活、文化及商业，亦以城市为焦点。假使城市不兴，则乡间生活，亦必大受其影响，吾人之状况，必且一返昔日 Charlemagne 时代之旧。

据纪元后一〇〇〇年时之记载，则知中古城市大部分起源于诸侯之封土中或寺院与城堡之邻近一带地。法文称城曰 Vile 即从封建时代封土之名而来。至于城之所以有墙，殆所以资保护邻近乡民之避难于城中者。观于中古城市之建设方法，尤可信此言之不谬。城中人民较罗马城中为拥挤，居室亦然；除市场外，极少空旷之地，无戏院，无浴场，街道狭窄，两旁房屋之上层多突出街中，几乎相触。城墙高而且厚，故不若近世城市发展之易而且速。

当十一、十二世纪时，除意大利诸城之外，其他城市，规模狭小，而且与外界之交通甚少。城中所产，足以自给，所需者农产而已。假使城市之权，操诸其地封建诸侯或寺院之手，则城市发展之希望绝微，市民虽居于城中从事工业，然其地位与状况，与佃奴无甚区别。若辈仍须纳税于地主，抑若尚为封土中之佃奴者然。欲谋城市生活之自由发达；非市民自由，另建自治政府不可。

商业发达之后，市民之希望自由，遂具热忱。盖自东南诸地新美商品输入西北部欧洲以后，城市中之制造业，渐受激动，以备交换远地物产之用。然一旦市民从事于工业及与外界通商，即晓然一己地位有类佃奴，租税既繁，

城市生活之重要

中古城市之起源

城市之内容

市民本系佃奴

商业发达之影响

限制又密，欲谋进步，几不可能。故当十二世纪时，市民之叛其地主者不一而足，类皆要地主给予宪章以规定地主与市民之权利。

城市自治团体　　其在法国，城中市民多组织城市自治团体（Commune）以获得独立为目的。当时地主视此种团体为一群佃奴合力以反抗主人之举动。为地主者每以武力平定之。然亦有深知市民如脱去苛税而自治者，则城市状况，必有日臻隆盛之象。至于英国城市之特权则多用金钱向地主购得之。

城市之宪章　　城市之宪章，无异地主与自治团体或商人同业公所之契约。一面为城市发生之证明，一面为市民权利之保障。宪章中由地主或君主允许承认同业公所之存在，限制地主传市民赴其法院及罚金之权利，并列举地主可以征收各税之种类。旧日之租税及徭役，则废止之，或以金钱代之。

市民之权利　　英国王 Henry 第二曾允 Wallingford 城之居民以权利如下："无论何处，若辈以商人资格往来于吾之领土中如英格兰，Normandy，Aquitaine 及 Anjou，由水道，由海滨，由森林，由陆道，若辈均无须纳通过税及关税等；如有留难者，则处以罚金十磅之刑。"彼又允 Southampton 城以权利如下："在 Hampton 城之吾民，均得组织同业公所及享各种自由及习惯，无论在水或在陆，其善、和、公、自由、平静、可敬，均与吾祖父 Henry 时代若辈所享有者同；无论何人不得伤害之或侮辱之。"

城市之习惯　　据宪章中所表示者，则知当日之习惯，甚自简陋。一一六八年法国 St. Omer 城宪章中有条文如下：凡犯杀人之罪者，不得藏匿于城中。如畏罪远扬者，则毁其居室，籍没其财产；罪人而欲返居城中者，须与死者家属讲和，并须纳金十磅，以其半予地主之代表，其一半则缴诸城中自治政府为建筑城市炮台之用。凡在城中殴人者则罚铜币（Sou）一百枚，凡拔他人之发者罚铜币四十枚。

自由城市中每有钟楼，昼夜均有瞭望者一人，遇有危 **城市之建筑** 险之事，则鸣钟以示警。城中并有会议厅一，为开会之地，又有监狱一。至十四世纪时，各城多建市政厅，其宏丽几可与大礼拜堂相埒，至今尚有存者。

中古时代城市中人每以工而兼商；往往在商铺制造商 **同业公所** 品，即陈列于铺中而售之。城中除原来自治团体外，并有各种同业公所（Craft guild）。同业公所之规章，当推一〇六一年巴黎城中烛匠所定者为最古。行业之种类及多寡，各城不同，然其目的则一——即禁止未入某种同业公所之人，不得从事于某种职业是也。

凡少年欲习一业者，必须经数年之学习，住于店主家 **公所制度** 中，唯无工资。既出师，乃得为工匠，得领工资。凡较简之职业，习三年即可竣事，至于金匠则动需十年之久。店主收受学徒之数每有极严之限制，以防工匠人数之太多。各业学习之方法均有一定之规则，每天工作之时间亦然。同业公所之制度每足以阻止工商业之进步，然到处均能维持其一致之功能。假使当日无此种机关，则为工人者将永无获得自由及独立之日矣。

第三节　中古时代之商业

中古城市之发达及其隆盛，实源于西部欧洲一带商业 **中古初半期商** 之兴起。当昔日蛮族南下时，道路不修，秩序大乱，商业 **业之衰微**

遂随之衰落。中古时代，绝无念及修复罗马时代之道路者。昔日罗马帝国时代之道路，东自波斯，西至英国，无不四通八达，至是国土分裂，交通遂塞。北部欧洲一带之人民，无复有奢侈品之需要，商业遂衰。其时钱币甚少，人民亦无奢侈之习惯，盖当时贵族，类皆蛰居于粗陋城堡之中者也。

意大利诸城与东方之通商

然在意大利方面，商业并不中绝。Venince，Genoa，Amalfi 及其他诸城，当十字军兴以前，已发展其商业于地中海一带之地。其商民当十字军东征时，曾供给军需于十字军之兵士以攻破 Jerusalem 城。意大利商民每因具有宗教热忱之故，运载基督教徒东征圣地，再载东方之出产品以归。诸城商民多设商场于东方，与东方之驼商直接贸易。法国南部诸城及 Barcelona 亦与北部非洲之伊斯兰教徒往来贸易。

商业发达激起工业

南部欧洲之商业，既有进步，北部欧洲一带，亦渐如昏迷之初醒。因有新商业，遂产出工业上之革命。假使封土之制度犹存，人民之需要甚少，则外界往来，通商交易之事，断难发生。一旦远地商民以奢侈之品，陈诸市场，投时人之所好；则人民必多产物品，逾其所需，以其所余，易其不足，此理甚明。商民在工匠渐尽其力以产生自己所需者及他人所无者，除自给外，并以有易无。

东方奢侈品之输入

据十二世纪时传奇之所载，可知当日西部欧洲人民极喜东方之奢侈品——纺织品也，地毯也，宝石也，香品也，药物也，中国之丝及茶也，印度之香料也，埃及之棉花也等。Venice 自东方传人丝织之业及制造玻璃之业。西部欧洲人渐知制造丝绒之方法及棉麻之纺织品。东方之颜料，输入西部欧洲巴，黎城不久亦有仿造挂壁毛毡之举。

Flanders 诸城多以毛织品，意大利诸城则多以酒类，输入东方为交易之用。然西方钱币之流入东方者，源源不绝。盖其时西部欧洲一带所产之物品，尚不足以抵其输入之数也。

北部欧洲之商民，大都与 Venice 交易最繁，携其商品越 Brenner 岭沿莱茵河而下，或由海运至 Flanders 而分配之。至十三世纪时，渐有商业之中心，至今犹有存者。Hamburg，Lubeck 与 Bremen 诸城多从事于 Baltic 海及英国之商业。德国南部之 Augsburg 及 Nuremberg 因位置介于北部欧洲及意大利之间，故为重镇。Bruges 及 Ghent 两城之工业亦盛。至于英国之商业，在当时尚不如地中海一带之盛也。

商业中心

第四节　中古时代商业之障碍一

中古时代商业上之障碍甚多，兹再略述其大概。第一中古时代，钱币甚少，而钱币实为交易之媒。西部欧洲之金银矿甚少，故君主与诸侯每不能多铸钱币以资民用。而且当时之钱币，粗陋不整，故商民每剪所用之钱币以为利，此种"剪截"（Clipping）行为，为法律所禁，而人民仍违法以行之达数百年之久。当时绝无商业上之自由，无批发之商人。凡积货以求善价者曰垄断之人（Forestaller）。当时人均信凡物必有"公平"之价格，所谓公平之价格，即其数足以抵其原料之成本及所需之工资是也。凡售货超过公平之价格者，视为暴乱之行，不问需要之急切与否也。凡制造家均须自设商铺以便零售其货物。凡居于城市附近者，得售其货物于城中之市场，唯以直接售诸消费者为限。

剪截钱币之陋习

公平价格

凡货物不得销售于一人，盖恐为一人所有，将有居奇之虞也。

贷款取利之禁止　　除反对垄买外，时人并有反对利息之成见。以为钱泉之为物，死而无生，无论何人不能因贷钱而得利。且因利息及系富人乘他人窘迫时勒索而得者，实系恶劣之物。货钱取利者，为当时教会法所严禁。宗教大会会议决凡贷钱取利不自悔过者，不得以教会之葬礼葬之，其遗嘱亦属无效。故中古贷钱取利者，唯犹太人优为之，盖若辈本非基督教徒也。

犹太人专营贷款之业　　犹太人最有功于欧洲经济之发达。然欧洲基督教徒以若辈为杀死耶稣之人，故虐待若辈极烈。然西部欧洲人虐杀犹太人之举，至十三世纪以后，方渐普通，盖至是凡犹太人均须戴一种特异之便冠或徽章以别于常人，凌辱之事，遂因之数见不鲜也。他日诸城中有指定一区专备犹太人居住者，谓之犹太区（Jewry）。犹太人既不得加入各种同业公所中，故遂专行贷钱取利之业。盖凡基督教徒均不得从事于此种职业也。时人之所以痛恨犹太人，货钱一业，亦为其一大原因。当时君主每许犹太人贷钱以取高利，Philip Augustus 曾允诺辈得取利息百分之四十六。不过国库空虚时，君主有向犹太人索款之权耳。其在英国，则利息之率为每周每磅一便士。

银行及汇票　　当十三世纪时，意大利人始创银行之业，汇票之应用大增。银行贷款，多不取利，唯届期不还者，则向假款者索损害赔偿。资本家亦每愿投资以从事于兴业，只求盈余不求利息。因此昔日反对利息之成见，渐形减少。而商业公司亦渐成立于意大利一带云。

第五节　中古时代商业之障碍二

此外尚有足以为中古时代商业之障碍者，当推商民沿　税制之繁杂
途所纳之无数通过税。不但行道有税，过桥有税，过渡有税。
即沿河一带，亦复城堡林立，商船经过，非税不行。所征
之数，虽不甚巨，然沿途留难，商民所受之损失及骚扰，
定必不堪。例如介于海滨及巴黎间，有某寺焉，凡渔民运
鲜鱼入市中者必治其船于寺旁，任寺中之修道士选择价值
三便士之鱼以去，其余鲜鱼任其凌乱不顾也。又如运酒之
船溯 Seine 河以入巴黎者，Poissy 地方诸侯之代表得以锥
穿三桶之酒以尝之，择其味美者以去。货物既抵市场之上，
又须纳各种租税，如假用地主之秤及尺，均须纳费也。此
外当时流通之钱币，种类复杂，交易上之不便可想而知。

至于海上商民，亦有其特异之困难，不仅限于狂风巨　海上之危险
浪，暗礁沙洲而已。北海一带，海盗出没其间。若辈有时
颇有组织，每由高级贵族统率之，不以盗劫之事为耻。此　海盗及搁浅律
外又有所谓搁浅律（Strand laws），凡货船被难或搁浅者，
即变为该地主人之物。灯塔及礁标甚少，故航海甚险。加
以沿海海盗每假设航标，误引商船，以便实行其劫掠之举。

其时从事商业之城市，多组织同盟以自卫。同盟中　Hansa 同盟
之最著者，允推德国诸城所组织之 Hansa 同盟。Lubeck
城始终为同盟之领袖。然七十处同盟城市中如 Cologne，
Brunswick，Dantzig 等城，均甚重要。同盟出资购地于伦
敦（伦敦桥附近之 Steelyard）Wisby，Bergen 及露西亚内
地之 Novgorod 等处。Baltic 海及北海一带之商业，均为该
同盟所独占。

同盟之势力

　　同盟诸城曾与海盗战，海盗之势为之稍杀，海上商船，每结队而行，另以战船一艘护之。该同盟曾因丹麦国王有干涉之举，与之宣战。又曾与英国宣战而屈服之。美洲未发现以前二百年间，西部欧洲之商业，大都握诸该同盟之手；然在东西印度航路未开以前，该同盟已现衰零之象矣。

当日之商业为城市间之商业非个人或国家间之商业

　　吾人须知十三、十四及十五世纪之商业，乃诸城间之商业，而非诸国间之商业。为商民者亦非独立而自由者，乃系同业公所中之会员；故每受城市或城市所订条约之保护。凡某城商民负债不还者，债主得逮与负债者同城之人。其时各城之人，虽同在一国之中，亦视同异族。日久之后，城市方渐与国家混合。

商民之得势

　　商民既拥有巨资，在社会中之地位渐形重要。所受教育，不亚教士，尊荣安富，不让贵族。若辈渐注意于读书。十四世纪初年，出版之书籍，颇有专备商民诵习之用者。各国君主亦召集城市之代表，商议国政及要求其输款以裕国库。中流市民阶级之发生，遂为十三世纪中最大变化之一。

第十九章　中古时代之文化

第一节　近世各国语言文字之起源

中古时代之兴味，并不仅限于君主及皇帝之政才及其成败，教皇及主义之政策，及封建制度之兴衰等而已。凡此种种，虽甚重要，然假使吾人不研究当日之智识生活及美术，当时人所著之书，所设之大学，及所造之礼拜堂，则吾人对于中古时代之观念，必不完备。 研究文化之必要

中古时代之语言文字，与今日不同，普通多用拉丁文。当十三世纪时代，及以后时代，凡研究学问之书籍，皆用拉丁文；大学教员之讲授，朋友信礼之往来，及国家之公文书，莫不用拉丁文。当时各种民族，多行各地之方言，唯拉丁文可以通行无阻，故学者多习之。教皇之能与西部欧洲教士时相往来，学生托钵僧及商民之往来无阻，殆皆原于拉丁文之应用。欧洲近世各国语言文字之兴起，实中古时代之一大革命也。 拉丁文之通行

吾人欲知当日拉丁文与各地方言何以通行于西部欧洲一带，不能不先知欧洲近世语言之由来。近世语言可分为二系：即日耳曼系与罗马系是也。 欧洲近世话言文字之由来

中古日耳曼民族之居于罗马帝国国境之外者，或并不深入罗马帝国国境之内者，每沿用其祖先之方言而不改。 日耳曼系

近世之德国文、英国文、荷兰文、瑞典文、挪威文、丹麦文及冰岛文，皆自日耳曼民族方言而来者也。

罗马系　　第二系之语言文字，发达于罗马帝国国境中，凡近世之法国文、意大利文、西班牙文及葡萄牙文皆属之。近世研究文字学者，已证明此派之语言文字均源于拉丁语。拉丁语本与复杂富丽之拉丁文不同。拉丁语之文法较拉丁文为简单，而且各地不同——如 Gaul 人之音，与意大利人异，而且语言中所用之字，与书籍中所用之字，每不一致。例如拉丁语中之"马"为 Caballus，而拉丁文中之"马"则为 Equus，西班牙，意大利及法国文字中之"马"字（Caballo，Cavallo，Cheval）均从 Caballus 一字而来。

拉丁文与扫丁语之分离　　日久之后，语言与文字，愈趋愈远。拉丁文变化复杂，文法谨严，故研究不易。罗马各省之人民及入侵之蛮族，多不注意于文法。然自蛮族入侵以后数百年，方有将语言变为文字者。假使当时不学之人而能了解拉丁文，则当时语言本无变为文字之必要。然当 Charlemagne 时代，语言与文字已甚为不同，故 Charlemagne 下令嗣后凡讲道者均须用各地之方言，可见当时已无人能识拉丁文者。Strasburg《誓言》，殆为近世法国文最古之例。

第二节　德文英文之起源

最古之日耳曼文字　　至于日耳曼语，则罗马帝国未瓦解以前，至少已有成文者一种，当 Goth 种人尚居于 Danube 河以北，Adrianople 战役以前，曾有罗马东部之主教名 Ulfilas 者三八一年卒传基督教于蛮族之中。为实行其事业起见，彼曾以希腊字母代表 Goth 音将《圣经》大部分翻成 Goth 文。

除此以外，则 Charlemagne 时代以前，再无日耳曼种之文字。不过日耳曼民族中本有不成文之文学，口授相传者凡数百年。Charlemagne 曾下令搜集咏日耳曼蛮族南下时英雄事业之古诗多篇。相传 Louis the Pious 因此种诗篇，多带异教之色彩，故下令毁之。至于著名之日耳曼叙事诗曰 Niebelung 歌者，至十二世纪末年，方由语言变为文字。

英国文字之最古者曰 Anglo-Saxon 与今日之英国文字 **古代英文** 大异。吾人所知者，则 Chartemagne 以前一百年，英国已有诗人 Caedmon 其人，与 Bede 同时。Anglo-Saxon 文所著之最古文稿，至今尚存者，为一篇叙事诗曰 Beowulf，约著于八世纪之末年。英国王 Alfred 之注意英国文，吾人曾述及之。Anglo-Saxon 文字通行至 Normandy 人入侵以后；Anglo-Saxon 编年史纯用 Anglo-Saxon 古文，即编至一一五四年为止者也。自有以后，渐有变迁，渐与今日之英国文相近。虽 Henry 第三时代之公文书，尚不易明了，然至其子在位时之诗章，吾人披览之余，即可成诵也。

英国文学，他日颇能激起欧洲大陆人民之赞美，而在欧洲大陆诸国文学上并生甚大之影响。然在中古时代，西部欧洲方言中以法国文为最重要。法国当十二、十三两世纪时代，国语文学，层出不穷，影响于意大利文、西班牙文、德国文及英国文所著之书籍上者甚大也。

第三节　法国之传奇

法国语言自脱离拉丁语后，凡有二种：在法国北部者 **法国语言分二** 曰法国语，在南部者曰 Provencal。其界线西自大西洋岸之 **种** La Rochelle 东向渡 Rhone 河以至 Alps 山。

中古法国之传奇　　　　一一〇〇年以前法国文著作之留存者，至今甚少。西 Frank 种人当然早有吟咏其英雄——如 Clovis Dagobert 及 Charles Martel——之事业者。然此辈日后均为 Charlemagne 所淹没。中古时代之诗人及传奇家多以 Charlemagne 为其吟咏之材料。当时人以为彼实享寿一百二十五岁，著有奇功。例如当时人以为彼曾有率十字军东征之举。凡此种种，皆系稗史而非事实，著成乐府为 Frank 民族文字之最古者。此种诗文及冒险小说，合以养成法国民族之爱国精神，视法国为天之骄子。

Roland 歌　　　　故法国人类视此种乐府之最佳者为民族史。所谓最佳者即 Roland 歌，约编于第一次十字军之前。歌中所述者系 Charlemagne 自西班牙退归时，其军官 Roland 在 Pyrenees 山谷中阵亡之事。

Arthur 及圆桌骑士诸传奇　　　　至十二世纪后半期，英国王 Arthur 及其"圆桌骑士"（Knights of the Round Table）诸传奇出世。西部欧洲一带，传诵一时，至今未已。Arthur 为何许人，历史上已不可考，相传为 Saxon 种人入侵后之英国王。当时乐府中亦有以 Alexander Caesar 及其他古代名人为其中心人物者。著作家每不顾历史上之事实，且每以中古骑士之性质视 Troy 及罗马之英雄，可见中古时代之人，实不知今古相异之理。此种传奇，大抵皆形容冒险精神及骑士之忠勇与若辈之残忍及轻生。

短篇小说及寓言　　　　除长篇叙事诗及以韵文与散文所著之传奇外，尚有以韵文所著之短篇小说（Fabliaux），类皆叙述日常生活之近于诙谐者。又有寓言一类之文学，以 Reynard the Fox 之故事为最著，系讽刺当日习惯之著作，对于牧师及修道士之恶习，攻击尤力。

第四节　法国南部诗人与骑士制度

至于南部法国之文学，则有南部法国诗人（Trouba-
dours）所著之诗歌，颇能表示封建诸侯宫中娴雅之习俗。
当日君主对于诗人，不但加以保护，自且加以提倡；甚至
希望一己亦得置身于诗人之列。凡唱此种诗歌者，类和以
乐器，而琵琶之用尤广。凡仅能口唱而不能自著者曰"伶人"
（Jongleurs）。诗人伶人往来于各宫廷之间，其足迹不仅
限于法国而已，并将法国之诗歌及习惯，向北携入德国，
向南携入意大利。一一〇〇年以前，吾人已有南部法国文
所著之诗歌。然自一一〇〇年以后，诗歌之著作，不可胜数，
诗人中亦多负盛名于诸国间。征伐 Albigense 派异端之十
字军兴以后，南部法国诗人之群聚于 Toulouse 伯旁者，多
被陵虐。然南部法国诗文之衰落，则并不始于此时也。

历史家对于法国北部之叙事诗及法国南部之诗歌，颇
饶兴趣，盖因此种著作颇足以表示封建时代之生活及志
趣故也，此种生活及志趣为何，即骑士制度（Chivalry 或
Knigothood）是已。骑士制度之性质，吾人仅能就此种诗
歌中研究得之。中古时代传奇中之人物，骑士实为其中坚；
而当时法国南部之诗人，又多属骑士阶级中者，故多以骑
士之行为为其吟咏之资料。

骑士制度并非一种正式之制度，亦无一定时期之可言。
其起源与封建制度同。自然发现于西部欧洲一带，以应付
当日之需要与欲望。Tacitus 曾谓其时之日耳曼种人视青年
武士初受武器之举为一生大事。"此为少年人之标志；此
为彼之第一荣名。"骑士制度之观念，或源于此种感情之
留存，亦未可知。凡贵人子弟既熟练驰马、使刀、放鹰诸术，

法国南部诗人

骑士制度

骑士制度之起
源

乃由年长骑士为彼行升为骑士之礼，并有教士参与其间。

骑士制度之性质　　　所谓骑士，乃一种信基督教之兵士，自成一种阶级而具有行动上之高尚目的者。然骑士团中，既无官吏，又无宪法。此种团体乃一种理想上之社会，为君主及公者类皆以得为骑士为荣。人有生而为公与伯者，而不必生而为骑士，欲为骑士非身经上述之礼不可。人可生而为贵族，而不必属于骑士团，而出身微贱者，则因著有功绩之故，每可升为骑士。

骑士之品性　　　凡为骑士者必系基督教徒，而且必须服从教会，并保护之。凡遇孤弱无助者，必哀矜而怜恤之。对于不信基督教者，必始终与之战，虽败不降。所有封建义务，必须实行，忠于其主，无谎言，重然诺。凡遇贫苦之人，必救济之不稍吝。对于主妇；必始终敬爱，尽力保护其身体及荣誉。凡遇不平或压制之事，须代为排解。总之，骑士制度为纯粹基督教中游侠之团体也。

理想上之骑士　　　在英国王 Arthur 及其"圆桌骑士"诸传奇中，曾有一段文字将理想上之骑士，描摹尽致。当 Lancelot 死后，其友曾赞之曰："尔乃持盾骑士中之最娴雅者，尔乃乘马人中之最忠于情人者，尔乃世人中之真能爱女人者，尔乃持刀人中之最和蔼者，尔乃骑士中之最良善者，尔乃与贵妇同宴人中之最优柔而温文者，尔乃战场上骑士中之最严酷者。"

德国之爱情诗人　　　德国人对于当日之文学亦有贡献。十三世纪时之德国诗人世称之为 Mirmesinger，若辈与法国南部诗人同类，皆吟咏男女相悦之迹。德国文中之 Minne 字，其义为"恋爱"，故世称此辈为"爱情诗人"。就中最著名者为 Walther von der Vogelweide（约卒于一二二八年），其诗歌淫靡可诵，

Parsifal 歌　　　而爱国之忧溢于言表。Wolfram yon Eschenbach（约卒于

一二二五年）著有长歌曰 Parsifal，系叙述一骑士因欲访求"圣杯"——储基督之血者——曾经多年之跋涉并受种种之苦痛。盖唯有思想，语言，与事业，均甚纯洁之人，方可望目睹此杯也。Parsifal 因对于某苦人，未曾以同情之言慰藉之，遂受长期之苦痛。最后彼方悟唯有悲天悯人笃信上帝者，方有觅得圣杯之望。

Roland 歌及法国北部之诗歌，类皆描写反对异端及忠顺于封建诸侯之骑士。至于 Arthur 传奇及南部法国之诗人，则以描摹温文勇敢之骑士忠于情人为主。十三世纪以后之传奇，大都与后者之主旨相近。盖是时十字军已告终止，已无人再作宗教战争之想矣。 骑士观念之变迁

第五节　中古时代之科学

假使所有书籍，均赖手录以传，则其数必不能甚多。上述之文学，类由专家朗诵之。当时人均以耳听而不用曰读。歌人往来于诸地，或谈故事，或唱诗歌，闻者必众，时人之谙拉丁文者，每昧于历史。当时又无希腊、罗马名人著作之译本。若辈之历史知识，类由当日传奇中得来，而传奇中之英雄事业，又类皆先后倒置者。至于当时之历史，亦往往将法国古代史与其余欧洲诸国史混而为一，不可究诘。著作之士每以 Frank 王 Clovis 及 Pippin 辈之事迹，误为 Charlemagne 之功业。用法国文所编之历史，当首推 Villehardouin 所著之十字军人攻陷 Constantinople 之记载，彼盖目击此事之人也。 中古时人历史知识之幼稚

当时绝无吾人所谓科学上之著作。当时虽有一种以韵文编辑类似百科全书之著作，然荒谬之处，不一而足。当时人均信世间果有异兽，如犀牛、龙、凤之类，并信真正 中古时代之科学

动物之奇习。试观下举之例，即可见十三世纪时所谓动物学者为何。

火蛇　　　　　"有小动物，似蜥蜴，堕入火中，可以灭火。其体甚寒，故着火不烧，此物所在，亦无大害。"此物无异笃信上帝之圣人，"不致为火所伤，即地狱亦不烧其人。……此物别有名——其名曰火蛇——往往栖于苹果树上，毒其果，如堕入井中，则其水有毒。"

鹰　　　　　　"鹰之温度极高，其卵中混有极冷之石，故孵化时，其卵不至为热气所伤。吾人之出言亦然，当吾人出言太形激烈之时，应加考虑以调和之，以便他日可与受吾言唐突之人言归于好。"

从动物习惯中　　当时以为动物之习惯，均有玄妙之意义。而为人类之
得来之教训　教训。吾人并须知此种观念，自古相传。已非一朝一夕。莫须有之事，往往世代相传，竟无人起而究诘者。当时有名学者，亦往往深信星占之学及草木宝石之奇质。例如十三世纪时之著名科学家 Albertus Magnus 亦以为青玉可以愈疡肿，置钻石于牡鹿血中。则其质变柔，如以酒与芜荑饲牡鹿，则其血化钻石之力尤巨。

人种及似人动　　中古时代之著作家，自罗马及古初教会神父之著作中，
物之观念　得种种人种及似人动物之观念。十三世纪时代之辞典中，有下述一段之文字："半人半羊之神，颇似人，其鼻曲，额前有角，其足似山羊。St. Anthony 曾于旷野中见之。……此种异兽，种类甚多；有一种名 Cynocephali，因其首似猎犬，故其形近兽约不近人；有一种名 Cyclop，因仅有一眼，且在额中，故名；亦有无首无鼻而眼在肩上者；有面平无鼻孔，其唇甚长，可以上伸掩其面以避太阳之热者。其在 Scythia 地方，则有两耳甚巨，足以盖其全身者，名曰 Panchios……。"

　　"此外在 Ethiopia 亦有此种怪物，有一足甚巨，当太阳甚热时，则卧于地上以其一足掩其全身；而且行走甚速，有同猎犬，故希腊人名之为 Cynopodes。亦有足趾在腿后者，足有蹄八，多居于 Lybia 沙漠中。"

　　自十三世纪以来，欧洲旧学之复盛者有二种：即星占学与炼丹术是也。

　　星占学之根据，在于深信星宿与吾人之一生及命运极 星占学
有关系。昔日希腊哲学家——Aristotle 主张尤力——以为万物均不外土、气、火、水四质所合而成。星占家乃窃其学说，以为各人为四种原质之特别混合物。当吾人出世时，星宿之地位，足以断定四质混合程度之比例。

　　吾人若知各人四质之混合为何，即可断定其一生之成败，以趋吉而避凶。例如人受金星之影响而生者，应免去激烈之爱情，而习与成衣或装饰有关之职业。如受火星之影响而生者，应习制造军器或马鞍之职业，并可入伍当兵。当日大学之中，多授星占之学，盖以为习医者，若检吉星高照之日以治病，则无往不利也。

　　所谓炼丹术，乃一种化学，其目的在于变贱金属，如 炼丹术
铅与铜，为贵金属，如金与银。炼成金丹，食之可以不老。炼丹家虽不能达其目的，然无意中发现多种物质之变化，为近世化学之开端。炼丹术由来甚古，十三世纪之欧洲人，传自回教徒，而回教徒又传自希腊者。

第六节　中古时代之美术

　　吾人不但可在中古文学中，窥见中古人民思想及生 画饰
活之一斑，即在美术上亦可得其梗概。中古时代之绘画与今日绝不相同，大都皆书籍中之插画，谓之画饰

（Illumination）。当时书籍，既系手抄，故书中图画，亦皆以毛笔绘成，五光十色，美丽夺目，而金色尤为时人所喜。抄书之事，类皆由修道士为之，故当时之绘画者，亦系修道士。有画饰之书籍，类以教会中所用之书为多，如《日课圣》《圣诗篇》《时刻书》之类。所有图画，当然属于宗教者居多，如圣人图像及《圣经》中之事迹等。此外并绘天堂地狱之苦乐以提倡时人之道德。至于普通之书籍，间亦有插图者。有时绘农夫之耕田，屠人之割肉，玻璃匠之制玻璃等；然亦有绘奇形怪状之人兽及建筑者。

中古美术家之据守成规　中古时人之爱符号与作事之循规蹈矩，观于画饰尤信而有征。各种彩色，各有特别之意义。描摹各种性质及感情，均有一定之态度及不变之陈规，世世相传，莫能更改，故个人无尽情写实之机会。同时此种小画，用笔每甚工整，亦颇有合于实物者。

彩色字母　除上述之图画外，中古时人并有以美丽彩色之字母冠诸篇首之习。此种绘画，每能舒展自如，不落旧套，往往参以栩栩若生之花鸟等。

雕刻附属于建筑　中古时代之雕刻，远较绘画为优美而风行。唯当时之雕刻，不若今日之以表现人形为主，大都系"装饰之雕刻"（decorative carving）为建筑术之附属品。

建筑为中古之主要美术　中古美术上最名贵而且最永久之事业，当以英国、法国、西班牙、荷兰、比利时及德国诸地之大礼拜堂及礼拜堂为第一。近世之美术家，虽竭尽毕生之力，亦难与之比伦。当时无论何人均隶属于教会，而教会同时亦隶属于个人。故礼拜堂之建筑，人尽关心，不但可以满足其宗教之热忱；亦且足以慰藉其地域之争胜心与美术之渴望。所有美术及工艺，莫不以教堂之建筑及装饰为依归，而教堂同时亦无异吾人今日所有之美术馆也。

十三世纪初年以前，西部欧洲教堂之建筑，类皆仍罗马式之旧。此种建筑，取十字形，中通廊路一，两旁廊路二，较中路狭而低，各廊之间，介以巨大之圆柱，上支圆穹，联以桥环，桥环之窗，类皆甚小，故室内不甚明亮，望之宏大而简朴。然此式建筑，在后半期颇有加以雕刻为装饰者，大都几何画诸多。

当十一及十二两世纪时代，门窗上尖顶之桥环，偶尔用之而已。至十三世纪初年，其用渐广，未几遂代昔日之桥环而为新建筑式曰 Goth 式者之特点。此种尖形之建筑其结果甚大。建筑家每能造高下相同而广狭不一，或高下不一而广狭相同之桥环。圆形之桥环，其高度仅能及其广度之半，至于尖顶者则高低广狭，可以计划自如。日后有飞壁（Flying buttress）之发明。Goth 式之建筑，益为促进。因有此种支撑之柱，厚墙所受之重量，为之减少，故得开巨窗，室内遂不若旧日之黑暗矣。

窗户既大，光线太多，故当时人每以极美丽之彩色玻璃为饰窗之用。中古时代大礼拜堂中之彩色玻璃，以法国所制者为最精美，实中占美术之光荣。此种美术品，大都销毁，至今留存者，世人多视若奇珍，尽力以保存之，盖中古时代美术家之绝技也。近世最佳之彩色玻璃所造之窗饰，尚不若以中古之残缺玻璃所补缀者之光耀美丽。

Goth 式之建筑，既甚发达，建筑家之艺日精，其胆亦日壮，所建教堂，美丽无伦，而仍不失其雄壮之气象。雕刻家每以极美之创作品点缀之。九嵌线、柱头、讲台、神坛、歌诗所之屏、教士及歌诗者之座，无不雕有叶、花、鸟兽、怪物、圣迹及日常生活等。在英国 Wells 大礼拜堂中，有一柱头，上雕葡萄，中有童子一，作拔足

罗马式之建筑

Goth 式之建筑

尖形桥环

飞壁

彩色玻璃

建筑物上之雕刻

上之刺状。面带苦楚之容。又有柱头上雕农夫一，面现怒容，手持草叉追逐窃葡萄之贼。中古思想并有嗜好奇异之物之特点。如半鹰半狮之动物也，形似蝙蝠之动物也，或藏于屏上草木之间，或横目于墙柱之上，或蹲踞于屋顶凹槽之中。

Goth 式之雕刻　　Goth 式中之特点，在于大门之上，刻有多数之门徒、圣人及君主之石像，在正门上尤多。此种石像之材料，与造屋之材料同，故视之有若建筑物之一部分。此种雕刻与后日之雕刻相较。虽近于板滞无生气，然与建筑物之全部，极其相称，其佳者亦极美丽而宏大。

世俗之建筑物　　吾人以上所述者，仅限于教堂之建筑，盖中古时代最重要之美术也。至十四世纪时代，世俗之建筑物，亦渐有以 Goth 式造之者。就中最重要者，当推各业公所及市政厅。然 Goth 式之建筑，实最适于教堂。高廊广厦，桥环高耸，似引人眼以向天。四边窗户，五光十色，极足以代表所谓极乐园。凡此种种，皆足以培养中古时代教徒信教之热忱者也。

城堡　　至于诸侯城堡之建筑，前已述及之。然此种城堡，与其称之为居室，不如称之为要寨，以坚固不易攻破为主。厚墙，窗小，石铺之地，阴森之厅，与今日居室之安适，实有天渊之别。同时此种建筑，亦足以表示当日习尚之简朴及起居之艰苦，是又非今日欧洲人所可能者矣。

第七节　中古时代之大学

十一世纪以前之学校　　西部欧洲一带，自罗马皇帝 Justinian 下令停闭国立学校以后，至德国皇帝 Frederick Barbarossa 时止，数百年间，除意大利及西班牙两地以外，绝无如吾人今日所有之大学及专门学校。当日之主教与住持，虽能遵皇帝 Charlemagne 之命令，建设学校，维持永久；然就吾人之所知者而论，则所有科目之讲授，实甚简陋。

当一一〇〇年时，有热心求学之少年名 Abelard 者，离其故乡 Brittany 远游各地，以冀研究论理学及哲学。据彼所言，当日法国各城中，颇有教师，在巴黎尤多。类皆能吸收多数学生来听论理学、修辞学及神学之演讲。不久 Abelard 竟屡屡辩胜其师，遂自设讲席以授徒，听讲者以千计也。

彼著有极有名之教科书一曰《是与否》（Yea and Nay），将教会神父意见之有似矛盾者，包括其中。令学生以一己之理想调和之。盖 Abelard 以为求知之唯一方法，莫过于发问之一途也。彼对于师说，尽情研究，故为当时人所不喜，St. Bernard 尤与彼为难。然不久学者多有自由讨论《圣经》原理之习，并根据 Aristotle 论理学之规则而成神学上之理论。Peter Lonabard 所著《意见》一书之出世，盖在 Abelard 死后未久云。

昔日曾有人以为 Abelard 实始创巴黎大学之人，其实非是；不过神学问题之讨论，其端彼实开之，而彼之教授有方，又足以增加学者之人数耳。吾人试阅 Abelard 一生苦境之记载，颇可窥见当日研究学问兴味之一班，而巴黎大学之起源，亦可略知其梗概也。

当十二世纪末年，巴黎之教师人数甚多，乃有增进利益起见组织公会之举。此种公会以当时法团之通称名之为 Universitas，此西部欧洲大学名称所由来也。各国君主及罗马教皇，类皆力助大学，每以教士之特权给予教师及学生，盖数百年来之教育界，多限于教会中人，故时人以教士视当日之教师及学生也。

外注：
Abelard

是与否

巴黎大学之起源

大学名称之由来

Bologna 大学之研究法律　　当巴黎教授组织公会之日，正 Bologna 大学渐形发展之秋。巴黎大学专讲神学，而 Bologna 大学则偏重罗马法律与教会法律之研究。当十二世纪初年，在意大利方面，已见罗马法律中兴之端倪，盖罗马法律之在意大利，本未尽忘也。约在一一四二年时，有修道士名 Gratian 者，著有《教会法》（Decretum）一书，其目的在于将宗教大会及罗马教皇所定法律之抵触者融会而贯通之，并备常人研究教会法律之用。西部欧洲学子之赴 Bologna 研究法律者，接踵而至。因人地生疏之故，故组织团体以谋自卫，声势宏大，竟能力迫教师服从其规则。

其他各大学之创设　　英国之牛津（Oxford）大学，创于英国王 Henry 第二在位时代，殆系英国教师及学生不满于巴黎大学之故，返国组织者。英国之剑桥（Cambridge）大学，与法国、西班牙、意大利诸国之大学，均蔚起于十三世纪；至于德国之大学，至今名满世界，建设较迟，大抵皆始于十四世纪之后半期及十五世纪。北部欧洲大学，多仿巴黎，而南部欧洲大学，则多以 Bologna 大学为模范。

大学学位　　凡大学学生，经过数年之修业，乃受教授之考验，如成绩优美，则得加入教师团而为教师。今日欧洲美洲大学之"学位"（degree），在中古时代实不过一种得充教师之资格。自十三世纪以后，虽无意充当教师之人，亦颇以获得"硕士"或"博士"之学位为荣，而"硕士""博士"等名称，实均拉丁文中教师之意。

教授法之简单　　中古时代大学中之学生，年龄不一，其幼者十三岁，其长者四十岁，间或有四十岁以上者。当时大学无校舍，其在巴黎，则教师讲授多在稿街之拉丁区，盖当日租用之教室每以稿铺地，备学生踞坐听讲之用，故名其街当稿街

大学之迁徙　　云。当时无实验，故为实验室。学生所需者，Gratian 之教

会法及《意见》各一部。Aristotle 之著作一种，及医书一册而已。为教师者，仅就教科书逐句讲解，学生围而听之，有时亦作笔记。老师及学生既无一定之校舍及校具，故往来自由，绝无拘束，如不满于某城之待遇，则群迁居于他城。英国之牛津大学及德国之 Leipzig 大学，皆此种迁徙之结果也。

中古文科课程，在巴黎凡修业六年而毕业，可得硕士学位。研究之科目为论理学，各种科学——如物理、天文等——Aristotle 之著作，哲学及伦理学。无历史，亦无希腊文。拉丁文固属必修者，然不甚注意罗马时代之名著。至于各地之方言，则以为无学习之价值，且是时以近世各国文字所著之名著，皆尚未出世也。

大学之科目

第八节　中古时代之哲学

中古时代哲学中讲授学问之特点，莫过于尊崇 Aristotle 之一事。教师所讲授者大都在于解释 Aristotle 各种著作之一部分——物理学也，形而上学也，论理学也，伦理学也及其关于灵魂天地等著作也。Abelard 当时所知者，仅 Aristotle 之论理学而已。至十三世纪初年 Aristotle 之科学著作，或自 Constantinople 或自西班牙之亚拉伯人传入西部欧洲。拉丁文之翻译本，每残缺而不明，为教师者加以解释，再旁及亚拉伯哲学家之意见，最后乃将其学说与基督教义调和之。毕生之力，盖尽于此。

Aristotle 著 作之西传

Aristotle 当然非基督教徒。彼对于死后灵魂存在之说，本不深信；彼本不知有所谓《圣经》，亦不知有基督救人之说。在当时基督教徒眼中观之，宁有不加排斥之理？然十三世纪时代之学者，极喜研究其论理学，而崇拜其学问

中古时人崇拜 Aristotle 之 热 心

之渊博。当日之神学大家，如 Albertus Magnus（一二八〇年卒）及 Thomas Aquinas（一二七四年卒）辈，竟评注其著作而不疑。当时人均称 Aristotle 为"唯一之哲学家"；群以彼之学问之渊博，殆出诸上帝之意，俾世人有所折中。故 Aristotle 之地位，在当时与《圣经》、教会神父、教会法律及罗马法律等，合为人类动作及各种科学之指导。

学校哲学　　　中古教师之哲学、神学及讨论方法，在历史上称之曰学校哲学（Scholasticism）。此种哲学，既不研究希腊、罗马之文学，在今日视之，无异一种硗瘠无益之求学方法。然吾人试披诵 Thomas Aquinas 之著作，即知学校哲学家亦每具有精深之眼光及渊博之学问，自承识见之短绌，而具表示思想之能力。当时人所受论理学之训练，虽不能增加人类之知识，然学者每能辨别一切，条理井然，则皆研究论理学之效也。

Roger Bacon 之抨击学校哲学　　当十三世纪时代，已有人批评端类 Aristotle 以求知识之非是。此种批评家之最著者，当推英国 Francis 派之修道士名 Roger Bacon 者（约一二九〇年卒）其人。彼谓即使 Aristotle 为最智之人，然彼仅种知识之树而已，而此树"尚未生枝，亦未产果"。"假使吾人之生命无涯，吾人断难达到知识完全之城。至今尚无人能完全了解天然，以描写一蝇之特点。蝇之色何以如此？蝇之足何以限于此数？尚无人能道其理由。"Bacon 以为求真方法，与其苦心研究 Aristotle 之不良翻译本，远不若用实物试验之为愈。尝谓："假使如吾之愿，吾必尽焚 Aristotle 之著作，盖研究此种著作，不但徒费光阴，而且产生谬误及增加愚昧也。"吾人即此可知虽在大学中学校哲学盛行时代，亦已有人隐开近世实验方法之端矣。

第九节　中古史初半期之回顾

吾人以上所述者，乃中古初半期八百年之历史，自五世纪起至十三世纪止，中间变化之重大，与近世史中所见者初无少异。

就表面观之，日耳曼民族之南下，除扰乱秩序外，绝无贡献。以 Charlemagne 之英明，亦仅能暂时约束扰乱之分子而已；一旦去世，则其子孙有分裂国土之事，而北蛮，匈牙利人，Slav 种人及回教徒有侵入之举，西部欧洲之状况，遂一返七八世纪之旧。

Charlemagne 卒后二百余年，西部欧洲方面，方有进步之象。十一世纪之状况，吾人所知者有甚鲜。当日之著名学者虽多湮没而不彰，然十一世纪之时代实为十二世纪开明时代之先声——故 Abelard 及 St. Bernad，律师、诗人、建筑家及哲学家，莫不骤然出世也。

故中古史可以显分为二期。Gregory 第七及 William the Conqueror 以前之时代，四方云扰，人民蒙昧，西部欧洲虽有重大之变化，然称为"黑暗时代"，实非过当；至于中古时代之后半期，则人类事业，皆有进步之观。至十三世纪末年，种种进步，已肇其基。近世欧洲状况与罗马帝国时代之不同，实始于是时。言其著者，则有下列之各端：

第一，民族国家，蔚然兴起，以代昔日之罗马帝国。封建诸侯之势渐衰，而中央政府之力日大，西部欧洲统一之局，至是绝望。

第二，教会以教皇为首领而握有政权，隐然为罗马帝国之继起者。组织完备，俨同专制之王国，实可谓为中古

变化之重大

黑暗时代

十二十三两世纪之进步

民族国家之兴起

中央政府之得势

时代最有势力之国家。当十三世纪初年教皇 Innocent 第三在位时，实为教会极盛之时代。至十三世纪末年，民族国家之政府渐恢复其应有之政权，而教会及教士渐以宗教之职务为限。

平民之出现　　第三，社会上除教士及贵族外，另有新阶级发生，渐形得势，因佃奴解放，城市建设，商业兴盛之故，工商界中人，广拥巨资，遂占势力，近世之社会，乃造端焉。

各国语言文字及教育之发达　　第四，近世之语言文字，渐形发达。自日耳曼民族入侵以后，五六百年之间，凡学者皆用拉丁文。自十一世纪以后，各国文字乃起而代之。至是虽不谙拉丁文者，亦能读法国文、南部法国文、德国文、英国文、西班牙文及意大利文所著之传奇及诗歌矣。当日教育之权，虽尚握诸教士之手，然俗人之著书求学者，渐形增多，学问遂不为教会中人所独有。

各种学问之研究及大学之建设　　第五，一一〇〇年时，即有人研究罗马法律及教会法律、论理学、哲学及神学等。Aristotle 之著作，备受当时学者之研究，引起学问之热忱。大学制度，亦日形发达，为近世文明之特点。

实验科学之发端　　第六，学者对于 Aristotle 之著作，渐生不满之意，有独立研究之趋向。Roger Bacon 辈诸科学家，实肇近世天然科学之首基。

美术之进步　　第七，审美观念，渐形发达，发泄于十二、十三两世纪教堂建筑之上。此种建筑，实当时美术家所创造，非古代建筑之依样葫芦也。

第五卷
学问复兴

第二十章 百年战争

第一节 百年战争前之英国

十四、十五两世纪之欧洲史，吾人依下列之次序而叙述之。第一，英国王有要求法国王位之举，且有百年间之战争，二国之纷乱及其改革，颇有互相关联之处，故英国法国两国史，用合叙之法。第二，再述教会及其改良之计划。第三，继述文明之进步，尤重意大利诸城，盖诸城固当日文明之领袖也。并旁及印字机之发明，及十五世纪后半期地理上之非常发现。第四，再继述十六世纪初年西部欧洲一带之状况，使读者了然于宗教改革之由来。

十四、十五两世纪之欧洲史

兹先叙述英国之情形。Edward 第一（一二七二年至一三〇七年）以前之英国君主仅领有大 Britain 岛之一部分。在英国之西者，有 Wales，为土著 Briton 种人所居之地，其地多山，日耳曼种人不能征服也。在英国之北者有苏格兰王国，独立以与英国对峙，其王偶然有承认英国为上国者。Edward 第一即位以后，竟能永远征服 Wales，暂时征服苏格兰。

Edward 第一以前之英国领土

数百年来，英国人与 Wales 人每有边疆之战事。Williamthe Conqueror 不得已在 Wales 边境之上，设伯爵封

Wales 及其诗人

土数处为防御之用，Chester，Shrewsbury 及 Monmouth 诸城，皆昔日 Normandy 人驻兵之地也。Wales 人屡有骚扰英国边境之事，故英国王有屡次用兵之举。然欲永久征服之，实不可能。盖 Wales 人往往败退入山，英国兵士一无所得，每废然而返故也。Wales 人之力能抵抗英国人之侵入者，虽地势有险可守使然，然其地诗人提倡爱国热忱之功，亦正不少。若辈每以为其同胞将来必有恢复英格兰之一日。

Edward 第一征服 Wales

英国王 Edward 第一既即位，令 Wales 亲王 Llewellyn 来行臣服之礼。Llewellyn 本桀骜不驯者，不奉命，英国王乃率兵征之，凡二次而败之。Llewellyn 于一二八二年阵亡，Wales 遂入附于英国。Edward 第一分其地为区，传人英国之法律及习惯，其调和政策，颇著成效，故百年之间，仅叛一次。Edward 第一不久封其子为 Wales 亲王，此种称号至今尚为英国王太子所沿用。

Edward 第一以前之苏格兰高区及低区

苏格兰之征服，较 Wales 尤难，苏格兰之古代史，极其复杂。当 Anglo 及 Saxon 种人入侵英格兰时，Forth 湾以北之山国，有 Celt 种人曰 Pict 者居之。当时在苏格兰西岸者有小王国为哀尔兰之 Celt 种人所建，其族名曰 Scot。十世纪初年，Pict 种人承认 Scot 种人之王为其主，编年史家渐以 Scot 种人之地名其王国，故有苏格兰之称。他日英国王每以边疆之地予苏格兰王，其地介于 Tweed 河及 Forth 湾之间，即今日之"低区"也。此区之人种及语言皆与英国同，至于"高区"则仍属 Celt 种，而用 Gael 语言。

低区居民之性质

苏格兰王居于低区而以 Edinburg 为其首都，在苏格兰史上极为重要。William the Conqueror 入侵英国以后，英国人及 Normandy 贵族之不满于英国王者，多遁入苏格兰之低区，而成他日之望族，如 Balliol 及 Bruce 等，均能力

争苏格兰之自由。当十二、十三两世纪时代，苏格兰因受
Angle 种人及 Normandy 人文明之影响，颇为发达，在南部
尤甚，城市亦日形发达。

至 Edward 第一在位时代，英格兰及苏格兰之战争方
始。当一二九〇年苏格兰之王统中断，其时要求王位者不
一其人。若辈为免除内乱起见，故折中于英国王。英国王
允之，唯要求新王须承认英国王为其天子。苏格兰人无异
议，英国王乃决令 Robert Balliol 为苏格兰王。然 Edward
第一忽有逾分之要求，苏格兰人怒，其王并宣言不再为英
国王之附庸。而且苏格兰人并与英国王之敌法国王 Philip
the Fair 同盟。嗣后英国法国间每有争端，苏格兰人必援
助英国之敌。

Edward 第一之
干涉苏格兰
苏格兰与法国
之联盟

一二九六年 Edward 第一有亲征苏格兰之举，以平其
地之叛乱。宣言 Balliol 既有叛逆之迹，故没收其封土以
直隶子英国王，并迫其地贵族之臣服。英国王为巩固其权
利起见，故将苏格兰王行加冕礼时所用之石座曰 Scone 石
者，携之归国。苏格兰屡叛，Edward 第一思有以合并之。
遂开此后三百年间英格兰与苏格兰间之战祸，至一六〇三
年苏格兰王 James 第六入英国为王，称 James 第一
时方止。

Edward 第一合
并苏格兰之计
划

苏格兰之能维持其独立者，Robert Brace 之功居多，
彼能合贵族与人民而为一，自为其首领。当一三〇七年时
Edward 第一率兵北上，以平 Bruce 之叛，卒因年老力衰，
中道去世。其子 Edward 第二柔弱无能，承继王位。苏格
兰人乃承认 Bruce 为王，败 Edward 第二于 Bannockbnm 地
方，时一三一四年也。然英国人至一三二八年方被迫而承
认苏格兰之独立。

苏格兰之独正

苏格兰之民族
与英国不同

当英国与苏格兰战争时，低区之苏格兰人渐与北部高区之人民联合。又因苏格兰独立之故，故英国与苏格兰两国之民族，遂有互异之点。吾人试读苏格兰诗人如 Burns，小说家如 Scott 及 Stevenson 辈之著作，即可想见苏格兰人特性之如何。

第二节　百年战争之开始

百年战争之原
因

所谓百年战争者，为英国法国君主间之战事，为期虽久，而屡次中辍。其起源约如下述：英国自其王 John 有不德之行，失去欧洲大陆之 Normandy 及其他 Plantagenet 朝领土之一部分。然英国王仍保有 Guienne 公国，而承认法国王为天子。此种状况，当然非产生困难不可。盖法国王正在压制国内诸侯以伸张其王室权力故也。为英国王者当然不愿法国王有直辖英国领土 Guienne 之举，而法国王 Philip the Fair 以后诸君，则正当有此种要求，两国冲突之举，遂不能免。

一三二八年法
国之王位承继
问题

英国与法国之战争本不可免，至 Edward 第三要求法国王位后，其势益迫。盖 Edward 第三之母 Isabella 为法国王 Philipthe Fair 之女。一三一四年 Philip the Fair 死后，其三子相继即位，然均无嗣，故 Capetian 朝之直系，至一三二八年而中绝。法国人宣言据法国成法，女子不得入即王位，并不得传其位于其子，故 Edward 第三之要求实不正当。法国人乃以 Philip the Fair 之侄 Philip 第六为王，是为法国 Valois 朝之始。

英　王　Edward
第三之要求法
国王位

其时英国王 Edward 第三年尚幼稚，故对于法国王位之解决，并无异议，并为领有 Guienne 之故，愿为法国王之附庸。然不久英国王知 Philip 第六不但有伸其势力于 Guienne 之举，并有遣兵援助苏格兰人之事，乃提出入继法国王位之要求。

英国王既宣布其要求，Flanders 诸城，颇表示援助之意。盖法国王 Philip 第六曾力助 Flanders 伯平定诸城之叛乱，以阻止其独立之建设也。至是诸城闻英国有要求法国王位之举，莫不思叛法国以助英国王。当是时也，Flanders 工商业之发达，实为西部欧洲之冠。Ghent 城之工业，Bruges 城之商业，莫不独步一时。然诸城之兴盛，大都有赖于英国羊毛之输入，纺之织之以销售于各国。一三三六年 Flanders 伯，或系受 Philip 第六之指使，下令监禁英国人之在 Flanders 者。英国王亦下令禁止羊毛之输出与纺织品之输入以抵制之，同时并保护 Flanders 工匠之来英国者，使之居于 Norfolk 一带地，从事纺织之业。于此可见 Flanders 人之希望 Edward 第三入王法国，原在于维持其与英国通商之关系。若辈曾劝英国王入侵法国，至一三四〇年英国王并以法国王徽百合花加诸英国王狮徽之上。

Flanders 诸城与法国英国之关系

Edward 第三虽无骤然兴兵之举，然英国之海军屡败法国之舰队于海上。至一三四六年，英国王率兵在 Normandy 地方登陆，既蹂躏其地，乃沿 Seine 河而上几达巴黎，中途为法国军队所阻，不得已北退而驻于 Crecy 地方，与法国军队大战于此。英国军队大胜；世人乃晓然于曾经训练之步兵，如设备完全行动一致者，必能战胜封建时代之骑士。法国之骑士，虽能勇往直前，然不能进退自如，故英国兵士箭飞如雨，法国军队不能支，死者无算。是役也，英国王太子功独大，因身穿黑色之甲胄，故世称之为“黑太子”。

英王 Edward 第三入侵法国（一三四六年）Crecy 之战（四六年）

英国人攻陷
Calais 城　及
Poitiers 之战

英国王既败法国军队，遂围 Calais 城，不久陷之，逐其地之居民而以英国人实之。此城嗣后附属于英国者凡二百年之久。十年之后，战事重启，黑太子再大败法国军队于 Poitiers；法国王 John 被虏，英国王携之入伦敦，时一三五六年也。

第三节　百年战争中英法两国之状况

法国全级会议
监督政府之计
划及其失败

法国军队既屡败于 Crecy 及 Poitiers，国民均归罪于君主及朝廷官吏之无能。故第二次战败之后，全级会议有实行监督政府之计划，盖是时法国王因增加军费，不得不求国民之允许，故有召集国会之事也。全级会议中之有城市代表，始于 Philip the Fair 时代，至是人数较教士及贵族尤多，乃提出改革之案，就中最重要者为全级会议，无论法国王召集与否，开会须有定期；国帑之征收及支出，不应尽由法国王处置之，应受国民之监督。巴黎人民闻之喜，乃起而援助之，然因举动过于激烈，反阻改革计划之实行，而法国遂一返昔日君主独裁之旧。

法国英国两国
国会之异点

此次法国政治改革之失败，有可注意之端二：第一，此次改革党之目的及巴黎暴民之举动，与一七八九年之革命颇为相仿。第二，法国全级会议之历史，与英国国会之历史决然不同。法国王遇需款时，每有召集全级会议之举，然其目的在于征求同意以便易于征收而已。为法国王者始终主张君主有不征民意而征税之权利。至于英国，则自 Edward 第一以后，为英国王者每承认征收新税须得国会之同意。至 Edward 第二时，则凡关系国家安宁之事，无不征求人民代表之意见。故当法国全级会议渐形失势之日，正英国国会渐形得势之秋。每遇英国王有征收新税之举，则国会必申改革秕政之请，英王之政策，因之遂受国会之拘束矣。

英国王 Edward 第三深知黑太子虽著战功，法国王虽为俘虏，然欲征服法国，实不可能。故于一三六〇年与法国订 Bretigny 之约，规定英王不但不再要求法国之王位，并不再要求 Normandy 及 Loire 河以北之旧日领地。同时法国王以 Poitou，Guienne，Gascony 诸地及 Calais 城于英国，许英国王不必再承认法国为上国。英国王领土之在法国者，至是占有法国领土三分之一。

Bretigny 条约
（一三六〇年）

然此次和约，实难持久。黑太子奉其父命统治 Guienne，横征暴敛，大失民望。当法国王 Charles 第五（一三六四年至一三八〇年）入侵英国领土时，势如破竹；盖是时英国王 Edward 第三年老力衰，而黑太子又复大病垂危也。故当一三七七年 Edward 第三去世时，英王领土之在法国者，仅留 Calais 一城及 Bordeaux 迤南一带狭长之地而已。

Edward 第三未
死以前英国领
土之丧失

Edward 第三死后三十年间，英国法国间之战事，实已中止。法国所受之损失，较英国为巨。第一，所有战争，均在法国领土中行之；第二，自 Bretigny 和约以后，法国兵士多赋闲无事，流为盗贼，奸淫掳掠，人民苦之。Petrarch 曾于此时游历法国，尝谓不信此时之法国竟凋零至此。"吾所见者可怖之荒凉及极端之贫困，荒芜之田地及颓废之居室而已。即在巴黎附近一带，亦多见火焚兵劫之迹。路上无人，通衢生草。"

法国状况之困
苦

战争之后，加以一三四八年之黑死病疫。是年四月，疫传至 Florence；至八月而入法国与德国；再传入英国自西南而北，在一三四九年英国全部均受其害。此种疫疠与

黑死病疫
（一三四八年
至一三四九
年）

天花、霍乱诸病同，均自亚洲传入。染病者二三日即死。欧洲人之染疫而死者，其数不可知。相传法国某地之人民，生存者仅得十分之一，又某地则十六分之一；巴黎某医院中日死五百人云。至于英国则染疫死者约占全国人口二分之一。Newenham寺中本有修道士二十六人，仅存住持一人及修道士二人，死者既众，故地价大落。

第四节　英国佃奴制度之废止

英国工人之状况　　当是英国之农民颇有不满政府之意，盖原于染疫而死者之为数太多，而英国政府又有重征于民为继续战争之举也。是时为农民者大都隶属于封土，负有封建之徭役及租税。其时自由农民之得以自由工作者为数本不甚多。自经黑死疫以后，工人之数大减，工资骤增，而自由工人逐渐形重要。故工人不但有要求加薪之举，而且有随时易主之行也。

一三五一年后之工人律　　此种增薪之要求，在当时甚以为异，政府有下令禁止要求加薪之举，凡工人不愿领大疫以前所定之工资而工作者，则处以监禁之刑。一三五一年颁发工人律，嗣后百年间同样法律之颁发者不一而足，然遵守者盖寡。佃奴与工人之要求增薪者，仍时有所闻。即此可见国会干涉供给与需要之定律，固难望其成功也。

采邑制度之渐废　　旧日之采邑制度，至是渐废。旧日之佃奴，多往来各地，自谋生活。渐疾视昔日之徭役及租税。一三七七年，地主中曾有向国会请愿者，谓佃奴已不愿纳其习惯上之租税及尽其佃奴之义务云。

农民不满之原因　　人民不满之象，渐普及于全国。试读农夫《Piers之幻想》一诗，即可见当日农民状况困苦之一斑。此不过一例而已。当日以韵文及散文所著之小册著作不一而足，均以描摹人民苦况为主。工人律之实行益增地主与工人之恶感。加以征收新税，人民益恨，盖一三七九年时，英国政府规定凡年在十六岁以上者，均须纳丁口税；次年又有征税以备与法国战争之举也。

一三八一年，Kent 与 Essex 两地之农民叛，决意向伦敦进发，沿途农民及工人之加入者，不一而足。不久英国之东南部，群起叛乱。地主及教士之居室，颇有被焚者，凡丁口税册及封建租税清册，尤尽力销毁之以为快。伦敦城中之表同情于叛党者开门以迎，官吏有被执者，叛党杀之，平民中有思拥少年英国王 Richard 第二为其领袖者。英国王殊无援助之意；唯出与叛党遇，允废佃奴制度，叛党遂四散。

农民之叛（一三八一年）

英国王虽食言，然佃奴制度，骤形衰败。为佃奴者类以金钱代工作，佃奴制度之特点，至是消灭。为地主者或佣人以耕其地，或租其地以与人。租地而种者，每不能迫令其地中之租户纳封建之租税。故英国自农民之叛以后六七十年，佃奴类皆变为自由民，佃奴制度，废止殆尽。

佃奴制之消灭

第五节　百年战争之后半期

英国王 Edward 第三死后三十年间，英国法国间之战争，几乎中辍。黑太子之幼子 Richard 第二，继其祖父之王位，国内贵族争雄，迄无宁岁。英国王不得已于一三九九年被逼退位。Lancaster 族之 Henry 第四（一三九九年至一四一三年）入承大统。新王殆因得位不正，故不敢放纵；至其子 Henry 第五（一四一三年至一四二二年）时，方有与法国继续战争之举。其时法国内部纷扰，故英国王

英王 Henry 第四之即位

英王 Henry 第五之要求法国王位（一四一四年）

于一四一四年有要求法国王位之事。

法国之内乱　　　　法国王 Charles 第五，英明有为，恢复国土于英国人之手，至一三八〇年卒。Charles 第六即位，不久即染疯疾，王族中人群起以争王位。其时国内分二党：其一以 Burgundy 公为领袖，雄踞德国法国间之地。其二以 Orleans 公为首领。一四〇七年 Orleans 公为 Burgundy 公所惨杀，两党之间遂起内乱。而 Orleans 公入侵英国之计划，亦为之中辍。

英王 Henry 第五之地位 Agincourt 之 役（一四一五年）　　　　英国王 Henry 第五之要求法国王位，本无真正之根据。Edward 第三之与法国开战，一因法国王有侵犯 Guienne 及援助苏格兰之举，一因英国王得 Flanders 诸城之援助也。至于 Henry 第五之与法国开战，纯欲立功国外以冀得国民之欢心而已。然其第一次战役于一四一五年在 Agincourt 地方大败法国军队，其光荣不亚 Crecy 或 Poitiers 之二役。英国之步兵手携弓箭，再败法国之骑兵。英国军队乃征略 Normandy 一带地，再向巴黎而进。

Troyes 条 约（一四二〇年）　　　　法国 Burgundy 党及 Orleans 党，鉴于英国人之得势，正有携手言和之意，不意 Burgundy 公方跪而与王太子之手接吻时，为仇人所刺而死。其子 Philip the Good 袭其父爵，以为其父之被杀，太子实与谋，故与英国人合以反攻太子。法国王不得已于一四二〇年与英国王订 Troyes 和约，规定法国王 Charles 第六卒后，法国王位必传诸英国王 Henry 第五。

英王 Henry 第六为法国北部之王　　　　二年之后，英国王 Henry 第五及法国王 Charles 第六均先后去世。Henry 第五之子 Henry 第六，生仅九阅月；据和约彼当承继英国与法国之王位。然其时法国人之承认 Henry 第六为王，仅北部之地。幸其叔 Bedford 公统治有方，故不数年间，英国人竟征服法国 Loire 河以北之地；至于南部之地，则仍属 Charles 第六之子 Charles 第七治下。

法国王 Charles 第七尚未加冕，故法国人仍以太子称 Arc 之 Joan
之。优柔而骄慢，既不能力阻英国人之侵略，亦不知激
起人民爱国之热忱。未几法国东境某村中有女子曰 Arc 之
Joan 者出。此女本天真烂漫，与常人无异者，然鉴于国家
大难之方殷，忽发悲悯之想。彼常见幻象及音声，令其出
而勤王，携太子赴 Rheims 行加冕之礼。

当彼以彼之使命告人时，莫或之信，彼欲见太子，亦 Joan 解 Orleans
莫或为之先容。然彼自信极笃，卒排除各种疑虑及障碍， 之围（一四
得法国王之信任，率兵驰赴 Orleans 以解其地之围。此城 二九年）
本为南部法国之锁钥，英国人围困之者已数阅月，城中人
已力尽不能支。Joan 乘马披甲而往，勇往直前，士气大壮，
遂大败英国人，Odeans 之围乃解，彼乃挟太子至 Rheims
在大礼拜堂中行加冕之礼，时一四二九年七月十七日也。

Joan 至是以为大功告成，急欲引退。法国王不允，不 Joan 之 被 杀
得已再继续从军。然因战功太著，忌者渐多，即其所率之兵 （一四三一年）
士，亦颇以居女人下为耻。当一四三〇年五月中 Joan 防守
Compiegne 时，忽落于 Burgundy 公之手，遂售诸英国人。英
国人恨甚，思有以报复之，乃宣言 Joan 实女巫，与鬼为伍
者。由教士审判之，判以信奉异端之罪，焚之于 Rouen 城，
时一四三一年也。此女之勇敢及其沉毅，见者无不心折，即
行刑者亦为之感动。英国兵士某曾大呼曰："吾人失败矣——
吾人焚死一圣人。"英国人在法国之势力，果自此失败，盖
有 Joan 之精神及模范，法国军队中之士气为之复壮也。 英国领土之丧

英国国会因英国军队屡次失败，不愿再予政府以军费。 失及百年战争
Bedford 本治国有方者，至一四三五年去世；Burgundy 公 之终了（一 |
Philip the Good 遂脱离英国之同盟复与法国王 Charles 第 四五三年）

七合。Philip 新得 Netherlands 之地，领土大增，实力雄厚，既与法国王和好，英国人战胜法国之举，益无希望。自此以后，英国人在法国之势日衰。一四五〇年失 Normandy。三年之后，南部法国之英国领土亦入于法国王之手。百年战争至是告终。英国人虽尚保有 Calais 城，然英国人之不能再伸其势力于欧洲大陆之上，则已不成问题矣。

第六节　英国之玫瑰战争

玫瑰战争　　　英国自百年战争告终之后，即继以玫瑰战争，盖王族争夺王位之战也。英国王 Henry 第六所属之族曰 Laneaater，以红色玫瑰为徽，至于 York 公之族人，思夺王位者，则以白色玫瑰为徽。两族各有富而有力之贵族援助之。此期之英国史，无非贵族间争胜、阴谋、叛离、暗杀等陈迹之记载。为贵族者每因遗产或婚姻种种关系，广拥领土。国内公伯，每与王室有密切之关系，故遇王室纷争之日，若辈即混入政潮中也。

扈从　　　　当时王族之势力，已不再依赖其附庸。若辈与君主同，每募兵以自卫。其时国内之游民甚多，只求有室可居，有酒可饮，莫不趋之若鹜，而为贵族之"扈从"（Retainer）。其主人凡遇扈从有困难时，有援助之义务，而为扈从者则对于有害主人利益之人，有恫吓或暗杀之责任。百年战争终止之后，社会中之不良分子，返国而为贵族之扈从，极为当时人民之患。威吓司法之官吏，操纵国会议员之选举，均若辈之职务也。

Edward 第四之　　　此次战争之陈迹，吾人不必细述之。战端启于即位　　　一四五五年，至 Tudor 朝之 Henry 第七即位时止，先后迁延凡三十年之久。数战之后，York 族之领袖 Edward 第四于一四六一年即英国之王位，国会承认之，并宣布 Henry 第六及其先人为僭主。Edward 第四精明强悍，故能维持其王位为一四八三年去世时。

Edward 第四卒，其子 Edward 第五（一四八三年）冲龄即位。其叔 Gloucester 公 Richard 摄政。不三阅月而有篡位之举，称 Richard 第三（一四八三年至一四八五年）。Edward 第四之二子，均被杀于伦敦塔中。此种暗杀之举，大失人望。其时有觊觎王位者，又有阴谋篡夺之举。Richard 第三于一八四五年在 Bosworth Field 战场之上战败阵亡。英国王位遂入 Tudor 朝 Henry 第七之手。Henry 第七虽其母为 Edward 第三之后，然对于英国王位，初无要求之权利。彼乃急求国会之承认，并娶 Edward 第四之女为后，遂合 Lancaster 与 York 种族而为一。

Edward 第五 Richard 第三 Bosworth Field 之役及 Henry 第七之即位

玫瑰战争之结果，极其重要。国内极有势力之贵族，均因参与战争之故，或阵亡，或被戮，死者大半。国王之权力，因之益大，竟能操纵国会，使为己用。此后百余年间，Tudor 朝之君主无不大权独揽，唯其意之所欲为。昔日 Edward 辈及 Lancaster 朝诸君所建之自由政府，因之暂行停顿矣。

Tudor 朝诸君之专制

第七节 百年战争后之法国

法国自百年战争之后，君主有常备军之组织，故权力大增。当时封建制度中之军队，早已废止。即在百年战争以前，法国贵族之从军者，已领有相当之军费，不再负供给军队之义务。然当时之军队，虽由君主所命之官吏统率

法国始设常备军（一四三九年）

之，而其实则无异独立。盖军饷发放无定期，故为兵士者每有掳掠之举。战事将终，兵士之骚扰尤烈，其勒索方法，残酷备至，故人民至以"剥皮之人"称之。一四三九年，全级会议赞成法国王消灭此种恶风之计划。规定此后凡不得君主许可者，不得招募军队，凡军官由君主任命之，至于兵士之人数及军器之性质，亦由君主规定之。

法国之税制为国会失策之最　全级会议承认法国王得征收一种永久之税曰 Taille 者，为边防军费之用。此实国民代表失策之尤。盖君主此后不但拥有常备军，而且有征收赋税之权利也。故法国王与英国王异，不必时时向国民代表求其许可，而政府收入，自然源源而来也。

封建新制　法国王如欲组织强有力之国家，非先消灭国内诸侯之势力不可，盖若辈广拥封土，每与君主分庭抗礼也。旧日之封建诸侯，在十三世纪时，大部分为法国诸君所削夺，St.Louis 之功业尤盛。然 st.Louis 及其子孙，每分封行省与其王子为"食邑"，以抵制异姓之诸侯。因此法国之旧封建制未尽废止，而新封建制又复发生，巨室如 Orleans，Anjou，Bourbon Anjou 及 Burgundy 诸侯，莫不威震国中。吾人试观当日之地图，即可知当日法国君主伸张势力之不易。贵族之权力，虽早就减削，如贵族不得铸币，拥常备兵及征税；中央司法之权力亦已伸入诸侯之领土中。然巩固中央政权之事业，至 Charles 第七之子 Louis 十一（一四六一年至一四八三年）在位时，方告厥成功也。

十五世纪时 Burgundy 公之领土　法国王附庸中之最有势力者，莫过于 Burgundy 公 Philipthe Good（一四一九年至一四六七年）及其子 Charles the Bold（一四六七年至一四七七年）法国王 Louis 十一即位前百年，Burzundv 公绝嗣，一三六三年，法国王 John

第二以其地封其幼子 Philip。嗣因婚姻关系及种种意外之事，领土大增，至 Philip the Good 时代，Burgundy 之领土已包有 Franehe-Comte，Luxembourg，Flanders，Artois，Brabant 及其他在荷兰、比利时之城市等。

Charles the Bold 当其父未去世以前，曾与国中其他之附庸联盟以反抗法国王 Louis 十一。称公之后，乃一意于二事之实行。第一，征服 Lorraine，盖此地介于 Franehe-Comte 与 Luxembourg 之间，中分其领土为二部也。第二，拟建国于法国德国之间，而自王其地。 Charles the Bold 之野心

此种雄心，当然为法国王及德国皇帝所不愿闻。Louis 十一尽其力以破坏其计划；而德国皇帝则当 Charles the Bold 前赴 Trier 加冕时，竟不愿代为举行。然 Charles the Bold 所受之耻辱，尤有较甚者。彼因瑞士人有助敌之举，思有以报之，不意为瑞士人所败者再，时一四七六年也。 Charles the Bold 为瑞士人所败

次年 Charles the Bold 又有强占 Nancy 城之举，未成功而死。传其领土于其女 Mary，不久即赘德国皇太子 Maximilian 为婿。法国王 Louis 十一本已占有 Burgundy 公国，至是乃大为懊丧。此次联姻之结果在于 Netherlands 地方入于奥大利。其重要至皇帝 Charles 第五时代而益著。 Mary 与 Maximilian 之结婚

Louis 十一之功业，尤有较摧残封建诸侯与恢复 Burgundy 领土为尤巨者，即伸张王权是也。彼设法以承继法国中南两部——如 Anjou，Maine，Provence 等——之领土，至一四八一年诸地均入于法国王之手。凡昔日与 Charles the Bold 联盟之诸侯，彼皆一一克服之。拘禁 Alencon 公；杀 Nemours 公。法国王之政治目的，固甚可佩；然其方法则殊卑鄙，有时颇似以奸雄之奸雄自豪也。 Louis 十一之功业

英国、法国，经百年战争之后，莫不较昔为强。两国 英国法国中央政府之得势

之君主，皆能扫荡国内之巨族，封建制度之危险，因之排除殆尽。中央政府之权力，日渐扩大。工商诸业，渐形兴盛，中央之军政各费，有所取资，故能维持全国之秩序，实行中央之法律。为君主者不必再有赖于诸侯。总而言之，英国与法国，至是渐成为民族之国家，人民皆具民族之感情，承认君主为其行政之元首。

教会所受之影响　　君权巩固，其影响遂及于中古教会之地位。盖当时教会不仅一种宗教机关而已，而且具有政治职权之国际国家也。兹故再述十三世纪末年至十六世纪初年之教会史。

第二十一章 罗马教皇与宗教大会

第一节 法王 Philip tIle Fair 与教皇之争权

中古时代教会与教皇之势力所以能远驾当时政府之上 者，一部分原于当日无强有力之君主，能得人民之援助以 与之对垒也。当封建制度风行时代，欧洲实无政府之可言， 故维持秩序，施行法律，保护懦弱，提倡学问诸责，均由 教会负之。然一旦近世国家有发达之象，种种困难，随之 而起。为教士者当然不愿弃其久享之特权，而信此种权力 为若辈所应有。至于国家方面，既有统治之能力，自能保 护其国民，对于教士及教皇之干涉，渐不能忍。俗人之有 学问者渐形增加，为君主者不必赖教士以进行其政务。故 君主不愿教士之独享特权，亦不愿教士之广拥财产。此种 状况，卒引起教会与国家关系之问题，欧洲人之解决此问 题，实始于十四世纪，至今尚未完全解决也。言其要者， 有下列数端：

（一）选举主教与住持之权，应属于教皇乎？抑应属 于国王乎？教皇与国王，当然均愿援引其戚友以厚一己之 势力，而且教皇对于教士，每可令其输款；为国王者，当 然存嫉妒之心。

政教关系问题

教士选举问题

征税于教产问
题

（二）国王征税于教会财产，其限制如何？教会财产常有增加，对于国库，可无贡献乎，教会中人，以为财产虽富，然办理教育，执行教务，维持教堂，救济贫苦等，所费甚巨。唯据教会法律之规定，国用极窘时，教士得自由"乐助"耳。

司法权限问题

（三）此外国家与教会，又有关于司法上之争执。盖当日教会有法院，而教士则独隶于教会之法庭者也。尤为不堪者，则教徒可上诉于教皇，而教皇每一反国王之判决是也。

教皇干涉政治
问题

（四）最后又有教皇干涉各国内政之问题。盖当时人均知教皇之权力甚巨，然究竟有无限制，则虽教会中人，亦复不明。

英 王 Edward
第 一 与 法 王
Philip the Fair
征 税 于 教 士

教皇与皇帝之争权，吾人上已略述之矣。至于教会维持权力之困难，以法国王 Philip the Fair 与教皇 Boniface 第八之争权为最著之例。Boniface 第八于一二九四年就任，抱有雄心，且具有能力者也。教会与君主之争执，始于英国与法国君主之征税于教士。盖其时君主既征税于犹太人及城市之民，而封建之租税，又复搜罗已尽，则其注意于拥有巨资之教士，亦势所必至者。英国王 Edward 第一因国用不支，于一二九六年有征收教士不动产五分之一之举。法国王 Philip the Fair 则始有征收教士及俗人财产百分之一之举，俟又改为征收五十分之一。

Boniface 第 八
之 命 令 （ 一
二九六年）

教皇 Boniface 第八对于此种教士俗人不加区别之征税方法，提出抗议，即一二九六年之有名教皇命令曰 Clericis laicos 者是也。宣言俗人本常有仇视教士之举，法国王此举，实忘其无管理教士及其财产之权，而足以表示此种仇视之态度。故教皇下令凡教士，包括修道士在内，不得教皇允许者，无论有何理由，不得以教会之收入或财产之一部分纳诸君主。同时禁止君主或诸侯不得征税于教士，否则逐之于教会之外。

当教皇下令禁止教士纳税于国王之日，正法国王Philip the Fair下令禁止金银输出国外之秋。教皇收入之大源为之中断，盖法国教会因之无从输款于教皇也。教皇不得已乃放弃其逾分之主张。次年彼乃宣言彼实无意干涉教士之纳其封建租税于国君或贷款于政府。 教皇之退步

是时教皇虽有与国王争执之事，然教皇劳力之宏大，实莫逾于此时，观于一三〇〇年教皇Boniface第八所举行之百年庆典，即可见其梗概。相传是年欧洲各地人民之赴罗马城观礼者有二百万人，城中街道虽已加广，而拥挤毙命者颇不乏人。人民之布施金钱于St.Peter墓前者不计其数，故教皇不得已佣二人手执草耙以拾之。 一三〇〇之庆祝大典

然不久Boniface第八即知基督教诸国虽仍视罗马城为宗教之中心，而民族国家则已不承认教皇为政治之元首。当彼遣使赴法国命其王Philip the Fair释放Flanders伯时，法国王宣言教皇使者之出言不逊，罪同叛逆，竟遣法学家一人赴罗马请教皇削其使者之职而惩戒之。 法王Philip the Fair与教皇之冲突

Philip the Fair多任法学者为廷臣，故法学者实统治法国。若辈研究罗马法律有素，故极慕罗马皇帝之专权。以为世界之上，唯政府为独尊，教皇有傲慢之行为，理宜加以惩戒。Philip the Fair乃于一三〇二年召集全级会议以讨论之，代表中不但有教士及贵族之代表，而且并包有城市之代表。全级会议既闻政府之报告，乃决议力助政府。 全级会议之召集（一三〇二年）

Philip the Fair之法学顾问中，有名Nogaret者，愿往见教皇。既抵意大利乃募兵向居于Anagni之教皇Boniface Nogaret之侮辱教皇

第八而进。当教皇正拟驱逐法国王子教会之外时，Nogaret 率兵侵入教皇之宫中，加教皇以侮辱。罗马城中人迫 Nogaret 于次日退出城外，然教皇之气已为其所夺，不久去世，时一三〇三年也。

教皇 Clement 第五之屈服于法王

Philip the Fair 思永除教皇之患，于一三〇五年阴使人选 Bordeaux 大主教为教皇，唯教皇机关须移入法国。新教皇乃召教皇内阁员赴 Lyons 城，加冕称 Clement 第五（一三〇五年至一三一四年）。Clement 第五始终居于法国，往来于各寺院中。奉法国王命，不得已行审判已故教皇 Boniface 第八之举，定其有罪，废止其命令之大部分。凡昔日曾攻击教皇者均赦免之。不久教皇 Clement 第五为取悦于法国王起见，又有审判神庙骑士团之事，废其团，

教皇移居 Avignon

没收其在法国之财产以予法国王。于此可见国中而有教皇，利益殊大。一三一四年教皇 Clement 第五卒。以后之教皇遂移居当时法国边境外之 Avignon 城。建宏大之皇宫于其地，教皇居此者先后凡六十年。

第二节　移居 Avignon 之教皇与 Wycliffe

巴比伦俘囚

教皇之离罗马城而久居于外，自一三〇五年起至一三七七年止。世人因教皇远居，教会受祸甚巨，故名之为"巴比伦俘囚"（Babylonian Captivity）。此期中之教皇，类皆良善而诚恳者；然皆法国人为之，且因其居处与法国朝廷相去不远之故，故人多疑教皇为法国王之傀儡。加以教皇宫中，颇染奢淫之习，教皇之信用，益形堕落。

教皇之筹款方法

教皇既移居 Avignon，其意大利领土中之收入，当然较居罗马城时为少，不敷之数，不得不取资于赋税之增加，

而教皇宫中之费用，为数尤巨。教皇筹款之方法不当，尤为时人所不满，如以教会中之要职予其近臣；凡要求教皇之"法外施恩"者，及主教授职时或大主教收受领带时，莫不征收巨费，凡上诉于教皇法院者亦然。

教会中之位置如主教及住持等，每年收入，甚为可观，故教皇为增加其收入起见，每尽力于收任命权为己有。又遇教会官吏出缺时，教皇每保留补充后任之权。彼有时欲市恩于某人，则先许以某地主教或住持之位置，俟现任者去世时则实授之。凡用此法被任之人曰"候补者"（ provisors ），极为时人所不喜。此辈每系外国人，故人民均疑若辈之目的在于巨大之进款而已，初无热心教务之意也。

教皇之任命教
士权

反抗教皇之暴敛者以英国为最力，因当时英国法国间正在战争之中，英国人皆以教皇为赞助法国者也。一三五二年，英国国会通过议案，规定凡夤缘教皇而得教会中之位置者均以不法之徒论，无论何人，均得自由加害之。受害者既为君主及国家之敌，不得要求赔偿。英国虽有此：种法律之规定，然终不能阻止教皇之任命教会官吏。英国教士之输款于 Avignon 教皇者仍源源不绝也。一三七六年英国国会曾宣言教皇在英国所征之税，实五倍于英国王之收入。

英国之候补者
议案

是时批评教皇及教会政策之最著者，为牛津大学教员 John Wycliffe 其人。彼约生于一三二〇年；至一三六六年教皇 Urban 第五因英国王 John 曾誓愿为教皇之附庸，故有要求英国入贡之举，吾人方知有 Wycliffe 其人。英国国会宣言国王之举动，并未经国民之同意，无束缚人民之权利。Wycliffe 乃始尽力以证明英国王 John 与教皇所订之契约为无效。十年之后，彼主张如教会财产有滥用时，国家

John Wycliffe

有处置之权，教皇除根据《福音》而行动外，别无他种权利，教皇闻之乃下令反对之。不久 Wycliffe 竟进而攻击教皇机关，赎罪券，朝拜圣地及崇拜圣人等；最后并反对变质原理之真确。

朴素牧师

　　然 Wycliffe 之事业，并不以攻击教士之主张及行动为限。彼创设"朴素牧师"（simple Priests）团，往来行善，且以身作则以挽回一般教士之堕落。

Wycliffe 为英国散文之粗

　　Wycliffe 急欲传播其思想于人民之中，并养成其高尚之精神生活，故有翻译《圣经》为英国文之举。彼并用英国文著法谈多篇。彼为英国散文之始祖，曾有人谓"其文句短而健劲，其情感之绮靡，讽刺之尖刻而雅致，与其热忱之豪勇颇足以弥补英国文之不足，至今尚令读者生一种美感也"。

Wycliffe 之影响

　　时人多以 Wycliffe 之其"朴素牧师"有煽动人民之嫌，卒酿成农民之叛。此种论调无论其正确与否，而 Wycliffe 之贵族同志则渐有离异之迹。然彼卒能于一三八四年善终。其同志虽受虐待，然其主张竟由 John Huss 传入 Bohemia 为他日教会之患。欧洲学者之攻击教皇及教会，当推 Wycliffe 为首。彼死后百五十年，方有 Martin Luther。改革宗教之举。

第三节　教会之分离与 Pisa 宗教大会

教皇返驻罗马城（一三七七年）

　　一三七七年教皇 Gregory 十一返驻罗马城，教皇之远居外国者，至是盖已七十年，教皇之势力及威信，大为减少。然教皇返驻罗马城后所失之威信，较居于 Alvignon 时所失尤有大者。

Gregory 十一返罗马城后一年而去世，内阁员乃有集会选举教皇之举。阁员中法国人居多。若辈一面目击罗马城中状况之萧条及秩序之紊乱，一面又念及 Avignon 之安乐，颇为惆怅，乃决意选一愿居于 Avignon 者为教皇。当若辈在教皇宫中密室内讨论之时，罗马城中人之围聚宫外者，大声要求选举罗马城中人，或至少意大利人，为教皇。阁员不得已选举意大利之修道士 Urban 第六为教皇，以为彼必能孚阁员之希望也。

Urban 第六之被选为教皇（一三七八年）

不意新教皇并无移居 Avignon 之意。对待阁员，甚为严厉，并提议改革若辈之恶习。诸阁员不能忍，乃退入罗马附近之 Anagni 城，宣言若辈因受罗马城中人之威胁，故不得已而选出可厌之 Urban 第六。诸阁员乃另选新教皇，称 Clement 第七，仍移居 Avignon。Urban 第六对于阁员之叛离，并不介意，竟另任二十八人为阁员。

Clement 第七之被选为教皇

此次两教皇之选举，实为"大分离"（Great Schism）之始。此种状况，延长至四十年之久，教皇之地位，益受世人之攻击。昔日教皇二三人并存之事，不止一次，然皆由皇帝拥戴之，谁为正统之教皇，极易辨别。至于此次之选举，欧洲人对于阁员被迫而选 Urban 第六之言，颇难断定其真伪，故无人能断定二人之中，谁系合法之教皇。同时所谓教皇内阁团者，又有二组。因之意大利人则赞成 Urban 第六，而法国人则服从 Clement 第七，英国人则因恨法国人之故而承认 Urban 第六，苏格兰人则因与英国为仇之故而援助 Clement 第七。

大分离

教皇二人，似均有同等之权利，各以基督之代表自命；各欲享教皇之特权，互相痛骂，互相废立。教皇既现分离之象，主教住持亦遂有分裂之情，每有主教二人各得一教

教会之分离及其结果

皇之承认者，彼此纷争，莫衷一是。教会内容，益不堪问。种种弊窦，至是益著，益于攻击教会者如Wycliffe辈以口实。时人目击此种情形，实难再忍，议论纷起，不但对于教会分离之补救方法，有所讨论，即教皇机关之性质及应否存在，亦成问题。教会分离四十年间之讨论，遂成十六世纪新教革命之先声。

宗教大会观念之发生　　　二教皇与两方内阁员之间屡有彼此协商之举，然当时人鉴于二方之自私自利，结果毫无，逐渐生召集大会以资解决之想。以为宗教大会既代表西部欧洲基督教之国家，则其地位当然居于教皇之上也。此种大会，当罗马帝国末造，在东部已屡次举行，始于皇帝Constantine时代之Nicaea大会，规定教皇之原理及教徒教士应守之法规。

宗教大会与教皇之地位尊卑问题　　　当一三八一年时，巴黎大学已主张召集大会以解决二教皇之纷争，使西部欧洲之教会仍合为一。因此遂生出宗教大会之地位是否居于教皇之上之问题。主张宗教大会之地位应在教皇之上者，以为教皇内阁员选举教皇之权本由教会中人全体所赋予；今阁员既有分裂教皇机关之举，则教会全体，当然有干涉之权；且全体宗教大会系受圣灵之陶铸，其权力当然在教皇之上。其时反对此种主张者，则谓教皇之权力直接受诸基督，故其地位在教会全体之上；而且教皇虽不常行使其最高之职权，曾予大会以自由，然教皇自始即有最高之权力。故宗教大会不得教皇之承认者，不得视为大会，盖大会无教皇，断不足以代表基督教徒全体也。更有进者，教皇本系最高之立法者；教皇得取消大会之议决案与前任教皇之命令；教皇可以判断他人，而不受他人之判断。

二教皇间之交涉及讨论，为时甚久，卒无结果。二方之阁员不得已于一四〇九年决定在 Pisa 地方开宗教大会以解决之。其时教士之赴会者虽不一其人，各国之君主虽亦颇为关切，然大会之举动，仓促无方。大会议决召一四〇六年所选之罗马教皇 Gregory 十二及一三九四年所选之 Avignon 教皇 Benedict 十二前赴 Pisa。不意二教皇均不应召而至，大会乃定以违命之罪议决废之。再由大会另选新教皇一人，不期年而卒，乃以素著恶名之 John 二十三为教皇。大会所以选彼为教皇者，以彼著有勇武之名故。以为教皇而欲保护其领土以抵抗 Naples 国王，非教皇雄武不可，盖当时 Naples 国王曾宣言欲夺教皇之领土也。不意被废之二教皇，均不遵大会之议决，自称教皇如故。故 Pisa 大会不但不能解决教会之分离，而且反使教皇增出一人，成鼎足三分之势云。

Pisa 大会（一四〇九年）及第三教皇之发现

第四节　Cortstance 宗教大会

Pisa 大会既失败，乃不能不另开宗教大会。教皇 John 二十三听皇帝 Sigismund 之劝告，不得已允开宗教大会予德国皇城 Constance 地方。Constance 大会于一四一四年秋间开会，为最有关系之一国际公会。开会凡三年，当日欧洲全部人民无不注目。与会者，除教皇与皇帝外，有数皇阁员二十三人，大主教及主教三十三人，住持一百五十人，公伯一百人，其他下级教士与贵族无算。

Constance 大会（一四一四年）

此次大会应解决之问题有三：（一）废立三教皇另选一人以统一教会，挽救分离。（二）Bohemia 一带因受 Huss 主张之影响，异端之势颇盛，足为教会之患，应设

大会之三大目的

法以扑灭之。（三）教会流弊，甚为显著，应加以一般之改革。

教会分离之救济　　（一）此次大会之成功，当以挽救教会之分离为最重要。教皇 John 二十三在大会中极形局促。彼深恐大会中不但有废立教皇之举，或且有调查一己过去劣迹之事。乃对次年三月间，微服遁走，留其阁员于大会中。大会中人闻教皇遁走，大为惊恐，盖恐教皇脱身走，必有解散大会之举也。大会乃于一四一五年四月六日颁布其最有名之议决案，宣言大会之地位应在教皇之上。以为宗教大会之权力，直接受自基督，无论何人凡不奉大会之命者，应受相当之惩罚。

三教皇之处置　　大会中宣布教皇 John 二十三之罪状并议决废止之。John 二十三因孤立无助，不得已而屈服。罗马教皇 Gregory 十二，事理较明，故自愿于七月中辞职。至于 Benedict 十三则较为刚愎，竟不允辞职。其时援助 Benedict 十三者仅有西班牙人，至是大会中人令西班牙人叛其教皇，并遣代表赴大会。一四一七年七月 Benedict 十三被废。是年十一月，大会中之教皇阁员，选举新教皇称 Martin 第五。教会分离之事至是乃告终止。

Johrl Huss　　（二）Constance 大会开会第一年，即有扑灭异端之讨论。先是英国王 Richard 第二于 Wycliffe 未死以前娶 Bohemia 之女公主为后，英国与 Bohemia 之交通因之颇为繁密，英国改革家之著作遂多流传于 Bohemia 中，为其地之宗教改革家所注意。Bohemia 地方之改革家以 John Huss（约生于一三六九年）为最著，彼对于 Bohemia 之利害及教会之改革，极具热忱，故在 Prague 大学中，势力甚大。

Huss 主张基督教徒对于有罪过之教士，不能自登天堂 　Huss 之主张
者，不应服从之。此种主张，当然为教会中人所不容，以
为有破坏秩序之险。反对 Huss 者，则谓凡正式任命之教士，
为教徒者均应服从之，盖教士之统治教徒，以法律为根据，
不能问其贤否也。总而言之，Huss 不但辩护 Wycliffe 之主
张，而且宣传危及政府与教会之议论。

Huss 自信必能使大会中人信其主张之正当，故自愿前 　护照
赴 Constance。彼以赴会以前，曾领有皇帝 Sigismund 所
予之护照，说明无论何人，不得加害于 Huss 之身，并许
Huss 得随时离开 Constance。不意一四一四年十二月，彼
竟被大会所拘禁。即此可见中古时代对于异端态度之一斑。
皇帝 Sigismund 提出抗议，大会乃答以凡异端均不在君主
法权之内，故法律不能承认给予异端之护照。大会并宣言
对于有害教会之信誓，均不应遵守之。盖当时人以为异端
之罪，甚于杀人，袒护异端，实为大恶，故虽以皇帝之尊，
亦不能庇一 Huss 也。

大会对待 Huss 之方法，在吾人视之，虽甚严酷，然 　Huss 之审判——
在大会中人视之，则已甚宽大。大会特允公开审判，颇望
Huss 取消其主张，而 Huss 终不允。大会乃依当日之习惯，
要求 Huss 自承其主张之谬误，取消其主张，而且宣传与
其主张相反之原理。大会中对于彼之主张之是非，并未加
以深究，仅决定其主张是否与教会见解相同而已。

最后大会定 Huss 以异端之罪。一四一五年七月六日 　Huss 之 定 罪
置 Huss 于城门之下，再予以悔过自新之机会。彼仍不 　及 其 被 焚
顾，乃褫其牧师之职，交诸政府。政府中人不再加审讯， 　（一四一五年
以火焚而杀之。投其尸灰于 Rhine 河中，以免为其同志所 　七月）
崇拜。

Huss 被焚之影响　　　Huss 之被焚，反促进 Bohemia 地方异端之传布。自一四一九年至一四三一年间，德国人有屡次兴兵进攻 Bohemia 之举。两种民族间之恶感，因之大增，至今尚未消解。Bohemia 之异端，类皆勇武善战，不但败退德国人而且侵入德国境内。

大会改革教会之机会　　　（三）Constance 大会之第三件大事，为教会内部之改革。大会自教皇 john 二十三遁走后，曾有改革教会之议决。当时欲改革教会。虽不可骤冀，而教会流弊之减少，则机会甚好。盖大会本一甚大之代表机关，而当时人又极望大会之能实行改革教会之举也。其时抨击教士陋习之小册书籍，不一而足。所举恶行，类皆多年之积习，前数章中已述及之，兹不再赘。

教会改革　　　然当时虽人人承认教会之流弊，而大会迄无救济之方法。讨论研究者，凡三易寒暑，大会中人渐生厌倦之心，知改革

计划之失败　之无望。最后于一四一七年十月九日，通过议案，宣言昔日因不能常常召集宗教大会之故，以致教会之中，弊端百出，故嗣后每十年应开宗教大会一次。以为如此则教皇之大权有所限制，与英国王之权力为国会所限制相同也。

大学所举之流弊　　　此外并条举教会中流弊之应改革者，提交新教皇与大会中一部分会员研究而实行之。就中如教皇阁员之数目，性质及国籍；教皇有权任命之教士；教皇法院得以审判之案件；废立教皇之理由及方法；扑灭异端之方法以及"法外施恩"之赎罪券等。

大会之结果　　　总而言之，Constance 大会，除恢复教会之统一以外，无甚结果。Huss 虽被焚，而异端并不因之而消灭。改革教会之事，虽讨论三年，卒无实行之能力。日后教皇虽有下令改革之举，而教会之腐败亦并不因之稍减也。

第五节　Basel 及 Ferrara 宗教大会

Bohemia 之异端有竭力抵抗武力征服之举，遂激起西部欧洲一带之注意及同情。一四三一年最后之十字军为 Bohemia 之异端所败。教皇 Martin 第五不得已召集宗教大会筹议扑灭之方法，即史上之 Basel 大会是也。此次大会之会期，延长至十八年之久。最初大会之势力甚巨，实驾教皇之上，至一四三四年大会并有与 Bohemia 异端中之温和者媾和之举，其势力可谓已达极点。然大会始终与教皇 Eugene 第四为难，教皇乃于一四三七年下令解散之，并另召集大会于 Ferrara。Basel 大会遂议决废教皇另选一人以继之。此种举动，颇失时人对于大会之信用。大会之威信渐渐丧失，至一四四九年仍复承认旧日之教皇为正统。

Basel 大会（一四三一年至一四四九年）

同时 Ferrara 大会于一四三八年开会，专心讨论东西两教会合一之问题。其时东部罗马帝国因有 Ottoman 土耳其人之入逼，危在旦夕。政府中人力劝东部皇帝急与西部罗马教会言和，以为如此，则罗马教皇必能设法供给军械与军队以资防御。当东方教会代表赴 Ferrara 大会时，两方对于教义上之不同，无甚出入，然教会领袖当属何人，则争持难决。最后东方教会竟承认罗马教皇为首领，唯东方主教之权利及特权，应属例外。

Ferrara 大会（一四三八年至一四三九年）东西两教会之合一

罗马教皇 Eugene 第四有复合东西两教会之功，极受西部欧洲人民之赞颂。而希腊教士东归后，则备受东部人士之唾骂，以为此种让步，罪同忤逆。此次大会之结果，言其重要者如下：（一）罗马教皇虽经 Basel 大会之反对，乃恢复其宗教上领袖之地位。（二）希腊学者中颇

大会之结果

有留居西部欧洲者，西部欧洲人研究希腊文学之热忱，
益为之激起。

此后之教皇　　　　　　此后终十五世纪之世，再无宗教大会之召集，为教皇
者亦类皆专心于教皇领土之整理。自教皇 Nicholas 第五
（一四四七年至一四五五年）以后，多能以提倡文化为己任。
自一四五〇年至宗教改革时前后凡十七年，实教皇最专心
于政治上之利害及罗马城之装饰之时代也。

第二十二章 意大利诸城及学问复兴

第一节 Venice 城

当英国法国间有百年战争之日，与德国内部小邦纷扰之秋，意大利实为欧洲文化之枢纽。意大利诸城如 Florence，Venice，Milan 及其余诸城，莫不景况隆盛，文物灿然，为西部欧洲诸国梦想所不到。诸城中文学美术之进步，有异寻常，故欧洲史中名此期为 Renaissance，即"复生"之意。当时意大利诸城，与古代希腊诸城同，实系小邦之性质，各城各有特异之生活与制度。吾人于研究学问复兴以前，不能不略述当日诸城之状况何似。

十四、十五两世纪意大利为文化之中心

十四世纪初年之意大利与 Hohenstaufen 诸帝在位之日同。可分为三部：南部有 Naples 王国。中部有教皇之领土，在教皇领土之西北者则为城邦林立之地，即学问复兴之中心也。

十四世纪时之意大利

意大利诸城中之最著名者，莫过于 Venice，其重要在欧洲史上与巴黎、伦敦相等。此城位置于 Adriatic 海上离大陆约二英里许一群小岛之上。岛外有狭长之沙洲，足障风浪。此种位置，本不宜于巨城之建设；然当五世纪中叶，意大利居民因其地荒僻而孤立，故多避匈奴人之难于此。

Venice 与东方之关系

日久之后，渐知此地实宜于商业，故当十字军未兴以前，Venice 已有与他国通商之迹。其势力渐向东发展，在东方一带获有领土。吾人试观有名之 st Mark 礼拜堂，其圆顶与装饰，颇似 Constantinople 之建筑，亦可见其与东方交通影响之一斑。

Venice 伸其势力于意大利大陆

Venice 之伸其势力于意大利大陆，实始于十五世纪初年。盖该城与北部欧洲之交通，端赖 Alps 山之栈道，若任其劲敌 Milan 城所独占，危险殊甚也。而且 Venice 或愿自邻近诸地输入食粮，不愿再仰给于海外之领土。加以当日意大利诸城，除 Venice 以外，莫不领有附郭一带地。Venice 名虽共和，然有少数人把持政权之倾向。约

贵族政治政府之组织

一三〇〇年时，城中人民，除少数望族外，均已不能参与代表人民之"大议会"（Grand Council）矣。

一三一一年，Venice 始设著名之"十人会议"（Council of Ten），会员任期一年，由"大议会"选举之。一切政务，无论外交内政，均由十人会议与公（doge）一人主持之，而对于大议会负责任。故城中政权实操诸少数人之手。十人会议之内容，极其秘密，绝不如 Florence 城之公开讨论，反足以引起无数之革命。盖 Venice 人类皆专心于商业，无参政之余暇。故十人会议之种种政策，虽近专制，绝不若其他诸城每有叛乱之倾向。Venice 之政府，自一三〇〇年至一七九七年为 Napoleon 所灭时，实无甚变更也。

第二节　Milan 城

Milan 城及其他专制政体之诸城

意大利诸城中，大都由专制僭主统治者居多，而以 Milan 城为最著。当十四世纪初年，曾经组织同盟以抵抗

Frederick Barbarossa 之诸城，颇有变成专制政体者。各城君主，互相征伐，迄无宁岁。Milan 城中僭主 Visconti 族之事迹，极足以代表当日意大利僭主之政策也。

Visconti 族之势力，实为 Milan 之大主教所建设。彼于一二七七年将当日城中握有政权之望族拘于三铁笼之中。乃设法请皇帝任其侄 Matteo Visconti 为皇帝之代表。不久 Milan 人承认 Matteo 为其统治者。Matteo 死，乃传其位于其子。Visconti 族中人之统治 Milan 城者，先后凡一百五十年。　　　　　　　　　　　　　　　　Visconti 族

Viseonti 族中最著名之僭主，首推 Gian Galeazzo（一三八五年至一四〇二年）。彼先毒杀其叔而得位。即位之始颇有征服意大利北部之势，然为 Florence 共和国所阻。不久 GianGaleazzo 亦死。吾人观于 Gian Galeazzo 一生之行动，实最足代表意大利僭主之特点。长于政治，能组织完备之政府；召集国内之文人，随侍左右；兴造美丽之建筑，足见其热忱美术之一斑。然彼之行事，绝无原理，凡城市之不能以武力征服或金钱购买者，则不惜用极卑劣之方法以得之。　　　　　　　　　　　　　Gian Galeazzcl

意大利僭主之性情残忍者不一而足。然吾人须知若辈本非正统之君主，故其势力之能否维持，以能否压制人民及能否抵抗邻城僭主之侵略为衡。因之诸城之僭主类多聪慧之人，治国有方，提倡文学与美术，不遗余力。然为僭主者，每树敌于中国，故猜疑之心极盛。盖彼深知一己之地位，甚为危险，随时可以被刺或被毒也。　　僭主之地位及性质

意大利诸城间之战事，类皆以雇佣之军队任之。战事将起，僭主即与备雇佣军队之领袖曰 Condottieri 者，预商筹资。此种军队对于战争，本无利害关系，故战斗不甚出力。　　　　　　　　　　　　　　　雇佣军队

盖两方之目的，仅在于虏人而已，初无虐待之必要也。

Sfolza

　　有时被雇之军官既得一城，每占为己有。如一四五〇年 Milan 城之事，即其一例。其时 Visconti 族已绝嗣，城中公民乃雇军官名 Francesco Sforza 者以抵抗 Venice 城之入侵。Sforza 既败 Venice 人，遂盘踞 Milan 城而不去，并传其位于其子若孙。

Machiavelli 所著之《君主》

　　吾人试读 Florence 城之历史家 Machiavelli 所著之《君主》（The Prince）一书，即可晓然于意大利僭主之地位及其政策之为何。Machiavelli 著书之意，殆备当日君主参考之用。关于僭主维持地位之方法，讨论极详。甚至僭主食言之程度及僭主可杀之人数，亦复加以研究。Machiavelli 以为不遵信誓及排除政敌之僭主，其所得利益每较具有天良之劲敌为优也。

第三节　Florence 城

Florence 城

　　意大利诸城中之最重要者，当推 Florence 城，其历史与 Venice 及 Milan 二城异。在 Florence 城，各阶级中人均有参政之权利。因之引起宪法上之变更及党争之纷纠。得势之政党，每逐其政敌于城外。盖 Florence 人视其城为其母邦，视被逐为最可痛心之刑罚也。

Medici 族

　　至十五世纪中叶，Florence 城之政权入于巨族 Medici 之手。族中人类皆开明之辈，每监视选举，稳操选择官吏之权。故人民虽有参政之名：而 Medici 族则握有政权之实。此族中之最有名者为 LorenZO he Magnificent（一四九二年卒）。在位之日，实 Florence 城中文学美术极盛之时代也。

吾人试游今日之 Florence 城，每得一种学问复兴时代之矛盾印象。城中巨族之宏大居室，雄踞道旁。其下层每用巨石造成，有同堡垒。窗牖之上，护以铁栅，则又似监狱。然试入其室中，则陈设每极其奢华而美丽。盖其时城中之秩序虽乱，而人类美术之发达，实以此时为最也。

Florence 城 文化之性质

Florence 实近世知识之城。其他民族之天才曾有胜于意大利人者。……然除希腊之 Athens 城外，唯有 Florence 之人民观念最富，天性最慧，眼光最锐，最机警，最精密。意大利人之细密精神实存于 Florence 人精气之中。Florence 之优胜即罗马人，Lombardy 人，及 Naples 人，亦莫不知之。……至于 Florence 人在文学上、美术上、法学上、学问上、哲学上及科学上之领袖地位，意大利人均承认之。

第四节　Dante

十三世纪实为欧洲人热心求学之一时代，吾人曾述及之矣。诸大学蔚然兴起，西部欧洲之学子，趋之若鹜，著名思想家如 Albertus Magnus，Thomas Aquinas 及 Roger Bacon 辈，皆著有宗教、科学及哲学之大著作。一般人民亦莫不乐闻各国方言所著之诗歌及传奇。建筑家发明新式之建筑，加以雕刻家之援助，宏丽无伦。然则吾人何以独称十四及十五二世纪为学问复兴，抑若西部欧洲一带至十四世纪方研究文艺耶？

学问复兴

案"学问复兴"四字，本系不明白十三世纪事业之著作家所创。若辈本极推崇希腊罗马之著作者，故以为不研究古文，则文化之程度，断不能达于绝顶。至于今日，则研究历史者，类皆了然于十三世纪之欧洲，实具有知识与

学问复兴四字之不妥

美术之野心。

吾人之学问复
兴观念

故吾人对于十四、十五二世纪学问复兴之见解，不能
不异于百年前之历史家。唯当十四世纪中叶时，西部欧洲
之思想、风尚、书籍、建筑、图书等，实发生一种重大之
变化，吾人实应仍称之为学问复兴。吾人欲明其性质如何，
莫若研究十四世纪时二大名家之著作，所谓二大名家，即
Dante 与 Petrarch 是也。

Dante

Dante（一二六四年至一三二一年）在历史上为著名之
诗人，故世人每与 Homer，Virgil，Shakespeare 辈相提并
论。然历史家之所以不能不研究 Dante，则并不在其设想
之新奇，与其声韵之悦耳。彼之学问，极其渊博；彼实一
学者与科学家，不仅为一诗人而已。吾人读其著作，即可
知一三〇〇年时思想家所见世界之状况如何，及当日思想
家知识范围之广狭。

Dante 应用意
大利文

Dante 与十三世纪之学校哲学家不同，并非教士。彼
实 Boethius 以后之第一世俗学者，能以知识灌输于不识
拉丁文之俗人，彼虽长于拉丁文，然其名诗 The Divine
Comedy，独用意大利文所著。意大利文为近世重要文字之
最后起者，殆因意大利之拉丁文为多数意大利人所深谙者
为时最久之故。然 Dante 以为纯用拉丁文为著作之用，在
当时已有矫揉造作之病。彼并信当日意大利人之仅谙意大
利文者，不但喜读其诗篇，并且喜读其科学之著作，故其
科学名著 The Banquet 亦用意大利文著成。

Dante 之学识

吾人试读 Dante 之著作，即知中古学者对于宇宙，并
不一无所知。若辈虽仍信宇宙以地球为中心，日月星辰四
面环绕，然亦习知天文现象上之重要者数种。若辈已知地
球为圆球形，并略知其大小。亦知凡物质之有重量者皆有

向心力。故人在地球之下面，可无下坠之虞。若辈并知地球此方为昼时，则彼方为夜。

Dante 虽颇喜研究当日风行之神学，并仍推崇 Aristlotle 为"唯一哲学家"（the philosopher），然同时极崇拜其他希腊、罗马之名著作家。当彼幻想游行阴世时 Virgil 实为其向导。被因得瞻古代异教名人之风采，并面觌名诗人 Horace，Ovid 及诗人泰斗 Homer 其人。当彼曲肱而卧于绿色草原之上时，并遇多数之古代名士——Socrates，Plato 及其他希腊哲学家，Caosar，Cicero，Livy，Seneca 及其他罗马之文人。彼因厕身于此辈名人之间，光荣逾度，故名人间之言论，彼竟嗒然无一字以传之。彼对于若辈之信奉异教，并不介意，彼虽以若辈为不能上登极乐之天堂，然若辈所居之地亦正既安且适，群现无忧无喜之色，互相谈论于其中。

Dante 之 崇 拜 古人

第五节　Petrarch

尊崇古代著作家之热心，始于 Dante，至 Petrarch 而益者，世人多称 Petrarch 为"第一近世人"（the first modern）。西部欧洲学者之完全脱离中古之学问，与使人赏识希腊、罗马之文学，当推 Petrarch（一三〇四年至一三七四年）为第一。当中古时代，大学中所研究者，以论理学、神学及 Aristotle 著作之训诂为主。十二及十三两世纪之学者，虽尝读古代拉丁之著作，然绝无赏识之能力，且不知以此种著作为高尚教育之根据。

Petrarch

Petrarch 尝谓当彼幼年读 Cicero 之著作时，虽不明其意为何，然爱其声韵铿锵，不忍释手。日后彼遂以搜集罗

Petrarch 之 搜 罗古籍

马古书为其一生之目的。彼不但为好学不倦之人，而且以身作则，具有激起他人求学精神之力。彼使学者生研究拉丁古文之兴味；而且始终尽力于搜罗散佚，以激起当时人藏书之热忱。

研究古籍之困难　　吾人须知 Petrarch 及学问复兴初年诸人所遇之困难，实属不一而足。其时希腊、罗马之著作，并无曾经校正之佳本。偶获断简残篇，即视同吉光片羽，引为生平幸事，而书中之是否舛谬百出，又无法可以证明。Petrarch 鉴于当日抄写古书之谬误过多，尝谓假使 Cicero 或 Iivy 有复生之日，披读旧作，必废然曰，此非吾之文也，此或某蛮人所著之文也。

Petrarch 之声名及其影响　　Petrarch 影响之遍及西部欧洲，当世实无伦匹，与后世之 Erasmus 及 Voltaire 同。彼不但与意大利之学者书札往还，讨论学问，即意大利以外之名士，亦复与之时相切磋。吾人试读其信札，颇可窥见当日之智识生活状况也。

Petrarch 不喜当日之学问　　据上所述，可知 Petrarch 不但提倡拉丁名著之研究，亦且有功于推翻当日大学中所通行之学问。彼之图书馆中，竟不愿藏有十三世纪学校哲学家之著作。彼与 Roger Bacon 同，极不喜当时学者崇拜 Aristotle 著作之谬误译本。至于论理学一科，彼以为少年人固可习之，若以成年之人而习此种学问，实为可厌。

Petrarch 与 Dante 对于意大利文态度之不同　　Petrarch 虽以意大利文所著之诗著于世，然与 Dante 不同，不信国语之可用。彼竟谓彼以意大利文所著之短诗，实彼幼年时所作之游戏文章，鄙不足道。盖彼本热心于研究拉丁文学著，其藐视国语，势所必至。在彼心目之中，意大利之文字语言，实属简陋，以之为普通人民日用之需固有余，若与拉丁文相提并论，则实有天渊之别。而且当日意大利之崇拜拉丁著作，正与今日英国人之崇拜 Chaucer 与 Shakespeare 著作同，颇有依依不舍之象。故十四、十五两世纪之意大利学者，不过仍奉古代本国之文学为其模范，尽力以模仿古文为事耳。

第六节　古文学者

中古文人之模仿古文者，始以罗马之文学为模范，继以希腊之文学为典型，后人称此辈为"古文学者"（humanists）。若辈不再研究 Peten Lombard 所著之《意见》一书。对于神学，兴味渐少，每专心研究 Cicero 之著作以求得文人雍容娴雅之习。 古文学者

自此以后，凡希腊、罗马之文学，总称之为"古文"（humanities）。自 Petrarch 卒后百年间，意大利人之研究古文者，有同宗教。吾人欲知当时何以重视古代之文学，必先知当日西部欧洲所有之名著本无如吾人今日所有之名著之多。今日欧洲各国各有以国语所著之文学，尽人能解。除译有古籍之佳本外，并有无数之名家著作，如 Shakespeare，Voltaire 及 Goethe 等，皆四百年前之所无。故吾人生于今日，虽不识希腊、拉丁之文，而古今之名著，不难接近。至于中古时代，则绝无此种之利益。一旦对于神学、论理学及 Aristotle 著作之研究生有厌心，则其热心研究罗马、希腊之文学为其文体与生活之模范，亦势之不得不然者矣。 热心研究古籍之原因

古文学者自私淑异教之著作家以后，对于中古时代此生与来世关系之见解，渐生排斥之心。若辈每向往 Horace 之主张，而以修道士之牺牲一己为可笑。以为人生行乐须 古文学者之异端趋向

及时，未来之世界正无庸鳃鳃过虑为也。有时古文学者，并公然攻击教会之主张；唯外貌上则多示忠顺教会之意，而古文学者之为教皇廷臣者，亦正不一其人也。

古籍成高尚教育之根据　　当日考古之精神既盛，所谓高尚教育之观念，大生变化。当十六世纪时，德国、英国、法国之学校，因受游学意大利者之影响，始以拉丁及希腊之文学为教授之根据，以代中古之科目。至十九世纪末年西部欧洲大学中，方渐以科学与历史等科目，代昔日之希腊文与拉丁文；而至今欧洲学者尚有以古文之价值远在其他科目之上者。

中古时人不谙希腊文　　十四世纪之古文学者，类不谙希腊文。西部欧洲方面希腊文之知识当中古时代虽不绝如缕，然始终不闻有人恩读 Plato, Demosthenes, Aeshylus, 或 Homer 诸人之著作者，而此种著作，亦为当时图书馆中所无。Petrarch 及其同志见 cicero 及 Horace 之著作中，尝有提及希腊文学之处，故对于希腊文学之兴味，遂油然发生。Petrarch 去世未几，Florence 城有聘请 Constantinople 人 Chrysoloras 来任该城大学希腊文教授之事。

希腊学问之中兴　　其时 Florence 城中有少年学生名 Leonatdo Bruni 者，闻 Chrysoloras 之将至也，曾有自问之言，传诸后世。"尔若不能领略 Homer, Plato, Demosthenes 及其他大诗人、哲学家与雄辩家之著作，尔宁不失去尔之最良利益耶？尔亦可与若辈相往还以若辈之智慧染尔之身。尔将任此种黄金机会之失去耶？盖意大利人之不谙希腊文学者已七百年，而吾人均知所有语言文字实来自希腊。尔亦知熟悉希腊文大有裨益于知识之增进与快乐之增加否耶？罗马法之教员，到处有之，尔毋虑无继续研究之机会，然教希腊文者，则仅有一人而已，尔若交臂失之，尔将无师可以受业矣。"

其时学子之习希腊文者甚多，Chrysoloras 乃著近世第一部希腊文法一书以备学生之用。不久希腊之名著，渐形普及，与拉丁名著不相上下。意大利人甚至有前赴 Constantinople 专习希腊文者；自东方教会为欲抵抗土耳其人起见与西方教会时相往还以后，希腊学者颇有前赴意大利者。当一四二三年时，有一意大利学眷携希腊书籍二百三十八册以抵 Venice，希腊文学至是遂迁入沃壤焉。当时手抄及校订希腊、罗马之书籍者不一而足；而宏丽之图书馆亦多建筑于此时。如 Mediei 族、Urbino 公及教皇 Nicholas 第五，莫不尽力于此。即在今日教皇图书馆中图书之丰富，尚名满世界也。

希腊文之普通

第七节　近世科学之发端

Roger Bacon 宣言，假使吾人专心研究普通之事物，而不习古书，则科学之发明，必能远驾于魔术所能者之上。彼谓将来人类，必能飞翔空际，有如飞禽；必有无马之车，其行甚速；必有无桨之船，其驶如飞；必能造桥，而不用支柱。

Roger Bacon 之识见

Roger Bacon 之言，至今已验。近世科学家及发明家之受赐于希腊人及罗马人者甚寡。希滕哲学家，虽亦有注意自然之科学者，然无意于实验，或发明仪器，以资研究之用。若辈对于自然律，知之甚少，而谬见甚多。Aristotle 以为宇宙以地为中心，日月星辰，环而绕之，永远不变。又以为重体下坠较轻者为速。世界万物，均由四质造成，即土、气、水、火是也。希腊人与罗马人，绝不知有所谓指

希腊罗马人对于科学无甚贡献

滴针、火药、印字机及水蒸气之用途，更无所谓机器。

十三世纪时代之发现

亚拉伯之数字

当十三世纪时代，人类史上，有种种大发明。自指南针发明以后，航海者多远游无虑。凹镜与凸镜之原质亦发明于此时。至十三世纪末，已有眼镜。吾人今日之望远镜，显微镜，分光器及摄影机之发达，莫不以凸凹镜为根据，有功于科学上者极巨。亚拉伯之数字，至是亦起而代昔日繁笨之罗马数字。Roger Bacon 已知硫黄，火硝与木炭之混合物，有炸裂之性。彼死后三十年，火药之用遂始。在 Florence 城中，有一三二六年时之文字一篇，详言铜炮及子弹之制造方法，至今尚存。至一兰五〇年，德国之火药厂至少已有三城有之。法国与英国之书中，亦尝提及火药之用途。

城堡建筑之变迁

然在一百五十余年后，火药方起代昔日之武器。至一五〇〇年时，诸侯之城堡已失其保卫之能力，遂一变而为君主之王宫与诸侯之别墅。昔日甲胄、弓箭、枪镖、城堡、城墙等，至是均无所可用。

印字机之发明

自指南针、凸凹镜、火药等发明以来，世界文明，为之一变。此外尚有一种发明，其关系甚大，即印字机是也。

中古抄书之工

十五世纪之意大利学者，颇能激起时人研究希腊、罗马古籍之热忱，从事于古书之搜集，抄传校订翻译，不遗余力。同时德国及荷兰之人士，则尽力于印字机之发明。希腊人、罗马人及中古时代人，欲得新籍，端恃手抄。抄书之专家，每能运用翩笔，舒展自如，笔迹精细整齐，与印刷者无异。然用此种方法抄书，进行定必甚慢，当 Lorenzo the Magnificent 之父 Cosimo 拟设立图书馆时，曾与书商约雇抄书者四十五人。二年之间，得书仅二百卷而已。

活版印字机之优点

而且印字机未发明以前，欲二书之形式一致，实不可能。抄书者虽极其谨慎，尚难免错误之虞，其不谨慎者，则亥豕鲁鱼，定必触目皆是。故当时大学中规定凡学生在教科书中见有错误之处，须报告于教师以改正之，以免读者之误会。自印字机发明以后，在短时间内能印出同样之书多册。故果能慎于排印，则同版所印之书，均校正可信矣。

自回教徒征服埃及之后，欧洲纸草之来源中断，故中古时代人多以羊皮纸（parchment）代之。唯因价值甚贵之故，故即使印字机早已发明，为用亦难甚广。唯自十三、十四两世纪以后，回教徒仿中国人造纸之法，传人欧洲，故欧洲在印字机未发明以前，已以普通之纸代昔日之羊皮纸矣。

造纸方法之传入

用印字机所印之大书，当以一四五六年在 Mayence 地方所印之《圣经》为最早。一年之后，有名之 Mayence《圣诗篇》印成，书上之印有年月者，此为第一。然小册书籍之以木刻活板印成者，尚有较此为古者。在德国诸城中，印书者仍沿用昔日抄书者所用之字体，谓之 Goth 体，或称"黑体"。至于意大利，则第一印字机实设于一四六六年，不久应用一种形似古代罗马碑刻之体。此体与今日普通所行用者颇同。意大利人亦发明一种斜行体（italic type）所占纸面空间较少，故一页之字数，能较普通体所印者为多。当时印书之人，颇能悉心从事，故其印工之精良，几与今日之佳本无异。

印字机所印最古之书

黑体

罗马体

斜行体

第八节　十四世纪之美术

学问复兴时代之意大利美术

当日之爱美精神及对于人与天然之兴趣，以学问复兴时代意大利之美术上所表现者为最著。中古时代美术上习惯之束缚至是打破。绘画家与雕刻家虽仍多从事于宗教上之作品，然十四世纪时代意大利之美术家，渐受古代美术残品之陶铸，并受生气勃发及美丽可爱之世界之影响。与昔日美术家尤异者，则十四世纪美术家之想象，远较昔日为自由。美术家本人之志趣及理想，渐成为作品上之重要原质，不似昔日之强行压制之。学问复兴时代之美术史，乃一变而为美术家史。

意大利之建筑 　　Goth 式之建筑，在意大利方面，始终无根深蒂固之观。意大利人建筑礼拜堂，仍沿用昔日之罗马式。故 Goth 式风行于北部欧洲之日，正学问复兴时代意大利之建筑家尽力于发挥罗马式之秋。若辈之细工，颇有仿自古代者，如柱头与飞檐等，而意大利建筑之淳朴与结构之美丽，则真可谓得希腊、罗马建筑之神髓。意大利既受古代文学之遗产，则其受古代建筑之影响，亦固其所。故学问复兴时代之建筑，以结构整齐，细工美丽著于世。

Pisa 之 Niccola 　　古代美术之影响，以及于雕刻上者为最早而最著。其时为新派雕刻之领袖者，当推 Pisa 之 Niccola（一二〇六年至一二八〇年）。彼曾悉心研究古代雕刻之残片——在 Pisa 地方所发现之石棺及大理石刻花瓶各一件。彼之杰作，首推 Pisa 浸礼堂中之讲台，其所刻之人物，直仿古人模范。唯雕刻之术，受古代美术之影响，虽称最早，而进步殊慢；直至十五世纪时，意大利之雕刻方向独立创造方面发展云。

壁画及画架画 　　学问复兴初年之绘画，大抵壁画居多；所谓壁画，即直接绘诸教堂或王宫石膏壁上之画。此外亦有画诸神坛周围之木板上者，唯为数甚少。至于用画架在布上或木板上所绘之画，则至十六世纪时方风行一世。

当十四世纪，意大利之绘画，非常发达，实第一大绘画家 Giotto（约一二六六年至一三三七年）提倡之功。当彼未出世以前，所有壁画类皆与手抄书中之画饰同，板滞无生气，自 Giotto 出世以后，绘画之术为之一变。其时古代绘画之品，本已不传，Giotto 实无所凭借，故不能不独立以研究绘画问题，而彼当然仅能开其解决之端而已。彼所绘之树木风景，有似讽刺画；所绘面貌，大致相同；所绘衣裳之褶纹，亦平直板滞。然彼之目的在绘前人所想不到之画——即绘有生气、有思想、有感情、之男若女是也。而且彼之材料亦不仅以《圣经》中之人物为限。彼所绘之画，以描写 st Francis 之一生为最著名，此种材料实最足以感动十四世纪时之人民与美术家者也。

Giotto 在十四世纪美术上影响之大，殆因彼不但以善绘著名，亦且长于建筑，有时并计划凸景备雕刻之用。以一美术家而兼习各艺，固学问复兴时代特点之一也。

当时美术家之特点

第九节　十五世纪之美术

十五世纪，世人称之为学问复兴之初期时代，其时意大利之美术，发达进步，稳而且速。至十六世纪乃达于最高之点。中古时代之陈规至是完全脱去，古代美术之模范，亦已研究无遗。艺术既日臻精美，故美术家理想之表示于作品上者，遂远较昔日为自由。

十五世纪之美术

Florence 城在十五世纪时，实为美术之中心。当时著名之雕刻家，大部分之绘画家与建筑家，或生于该城，或成其最佳之作品于此。当十五世纪初半期，雕刻术复为

Florence 城为美术中心

雕刻家

当时美术界之领袖。Ghiberti 在 Florence 所雕之浸礼堂铜门，约至一四五〇年方告成功，为学问复兴时代雕刻品中之最美者。Michael Angelo 宣言此种铜门实合极乐园门之甩。试与十二世纪 Pisa 大礼拜堂志门相较，则前后变化之迹，一望可知。与 Ghiberti 同时者，有 Luca della Robhia（一四〇〇年至一四八二年）其人，以善雕凸景于玻璃砖及大理石上著名，至今在 Ftorence 城中尚有存者。

绘画家

十五世纪初半期之有名绘画家，修道士 Fra Angehco 实居其一。彼在 San Marco 及他处寺院所绘之壁画，极足反照其一种爱美与乐道之忱。

第十节　十六、十七两世纪之美术

罗马城为美术
中心

Florence 城为美术中心后，至 Lorenzo the Magnificent 秉政时代，因提倡甚力之故，其美术遂达于极盛之境。一四九二年 Lorenzo 卒，Savonarola 继起，美术中心遂移入罗马城而为欧洲大都会之一。教皇 Julius 第二与 Leo 第七，性爱美术，用尽心力广延当日之著名美术家与建筑家，从事于 St.Peter 礼拜堂与 Vatican 皇宫之建筑及装饰。

礼拜堂及教皇
皇宫

以圆顶为礼拜堂之观念，极动学问复兴时代建筑家之心。此种观念之实现，至重修 St.Peter 礼拜堂而造于绝顶。重修之举，始于十五世纪，至一五〇六年教皇 Julius 第二再继其工作，终十六世纪之世，至十七世纪而工竣。主持工程者皆当日极有名之美术家，如 Raphael 及 Michael Angelo 皆在其内。其计划屡经变更，最后乃决用拉丁式之十字架形，上盖圆顶，其直径达一百三十八尺。规模宏大，望之令人生畏。昔日罗马教皇之居于 Lateran 宫中者，凡千余年。自教皇由 Avignon 返罗马后，遂废而不用。另于 st.Peter 礼拜堂之右，造 Vatican 官，为起居之所。宫中之室，大小凡数千间，以意大利名绘画家之画装饰之，或以古代偶像实之。吾人试游今日之 Venice，Florence 及罗马诸城，每得目睹当日美丽之建筑图画等美术品也。

当十六世纪时，学问复兴时代之美术，乃达最盛之域。此期中最有名之美术家凡三人——即 Leonardo Da Vinci，Michael Angelo 及 Raphael 是也。Leonardo 与 Michael Angelo 并长建筑，雕刻及绘画三种美术，而造诣极深。若辈作品之美丽重要，实非数言可尽。Raphael 与 Michael Angelo 之壁画与画品，至今遗留者尚多，Michael Angelo 并留有造像，吾人正不无赏鉴之资。至于 Leonard 之作品，完全传下者甚少。其影响之及于当时美术上者，殆较 Raphael 与 Michael Angelo 为尤大，盖彼之艺术，极其渊博，多出自心裁，且始终专心于新法之发明及应用。彼实一试验家也。

学问复兴时代之美术极盛时期

Florence 城虽已非美术之中心，而美术家则仍不一而足，就中尤以 Andrea del Sarto 为最著。然当十六世纪时，美术中心除罗马外，当推 Venice。Venice 绘画之特点，为光耀夺目之颜色。Titian（一四七七年至一五七六年）之画，实为代表。

Venice 派

意大利美术之名既大著于世，北部欧洲诸国之美术家遂多游学于意大利，学成而返国。Giotto 卒后百年间，有 Flanders 美术家兄弟二人名 Van Eyck 者，不但绘画之术，可与意大利人媲美，即其着色之方法，亦远在意大利人之上。不久，当意大利绘画达于极盛之日，正德国之 Albrecht Durer（一四七一年至一五二八年）及 Hans Holbein 与意大利之 Raphael 及 Michael Angelo 争胜之时。Durer 之艺术，

北部欧洲之绘画

尤以铜板之雕刻名于世，至今尚无人能驾而上之者。

当十七世纪时，Alps 山南之绘画，渐形衰替，而荷兰与 Flanders 之美术家则正从事于绘画之美术，就中以 Rubens（一五七七年至一六四〇年）与 Rembrandt（一六〇七年至一六六九年）为最著。又有 Flanders 之绘画家名 Van Dyek 者，以善绘肖像著名。至于西班牙，则在十七世纪时有名绘画家一，其艺术之精美，甚至远驾意大利最大美术家之上，其人为谁，即 Velasquez（一五九九年至一六六〇年）是也。其艺术与 Van Dyek 同，亦以擅长肖像著于世。

第十一节　地理上之发现

中古时人之地理知识　自印字机发明以后，大有利于知识之传播。不久又有多次之海上航行，引起他日地球全部之探险。西部欧洲之知识界限，为之大扩。古代希腊人及罗马人之地理知识，仅以欧洲南部、非洲北部及亚洲西部为限；至于中古时代人，则并此而忘之。十字军人曾远赴埃及与亚洲之叙利亚。当 Dante 生时，曾有二 Venice 商人 Polo 兄弟东游中国，备受元代君主之优待，第二次东游时，Polo 兄弟中有一人并携其子名 Marco Polo 者同行。游行亚洲凡二十年，至一二九五年返国。Marco 乃著游记行于世，读者莫不惊奇。书中虽盛称日本为黄金之岛屿及 Moluccas 群岛与锡兰岛之香料市场，然绝不能起西部欧洲人东游之兴趣也。

十四十五两世纪时葡萄牙人之地理上发现　约当一三一八年时，Venice 与 Genoa 直接由海道与 Netherlands 通商。商船往来，每经 Lisbon，因之激起葡萄牙人之商业热忱。至十四世纪中叶，葡萄牙之航海家发现 Canary 群岛、Madeira 群岛及 Azores 群岛。前此无人敢探非洲之海岸以达于 Sahara 瘠地以外者。非洲本不易探险者，既无良港，而当时又信热带之地难以居人。然至一四四五年，航海家忽于海边沙漠之外，望见一草木繁茂之区，遂名其地为"绿角"（Cape Verde）。非洲南部皆属沙漠之观念，至是消灭。

此后三十年间，葡萄牙人继续南向而进，以冀发现非洲之南端而觅得直通印度之航路。至一四八六年 Diaz 环绕好望角。十二年之后（一四九八年）Vasco da Gama 鉴于 Columbus 之发现新大陆，乃有环绕好望角渡通印度洋以达印度 Calicut 之举。

亚拉伯之香料商人，对于西部欧洲之航海家颇怀猜忌之意，盖深知欧洲人之目的，在于建设直通印度之航路也。前此地中海与南洋群岛间之香料贸易，本为回教徒所垄断，再由意大利商人转售于西部欧洲各国。然回教徒始终不能阻止葡萄牙人与印度土酋之缔约与商埠——如 Goa 及其他地方——之建设。一五一二年，葡萄牙之航海家抵 Java 与 Moluccas 群岛，并建炮垒于其地。至一五一五年，葡萄牙已成为海上商业强国之一，东方香料，源源输入 Lisbon。意大利诸城之商业，至是遂一蹶不振。

香料贸易

欧洲人全球探险之最大原因，莫过于获得香料之希望。因之航海家有多次之航行以冀得直达东方之路。有环绕非洲者，有一直向西而行者。自美洲发现以后，则有环绕美洲之南北两端者，甚至有环绕欧洲北岸者。当时欧洲人对于香料之热忱，何以如此之烈，吾人实难索解。实则当时食物运输既缓，冰之为用，又不通行，故保存之方，唯香料之是赖。且食物之腐败者、加以香料，即可入口。故欧洲人之视香料，有同珍宝，菲无故也。

香料与航海之关系

其时有思想之人，多以为向西航行，必可直抵印度。

西航观念

当时对于地球之大小及形式，仍以纪元后一五〇年间天文家 Ptolemy 之著作为标准。据彼之计算，地球之面积约小于今日吾人所知者六分之一。又因 Marco Polo 极道东游道途之遥远，故西部欧洲人以为向西赴日本，其路程必较近。

Columbus 发现新大陆（一四九二年）

　　第一次西航之计划，似始于 Florence 之医士名 Toscanelli 者其人，彼于一四七四年将其计划陈诸葡萄牙王。至一四九二年，有 Genoa 之航海家名 Columbus 者（生于一四五一年），航海之经验本甚丰富，得西班牙王之助，携船三艘向西而进，冀于五周后达日本。自离 Canary 群岛三十二日后，乃抵 San Salvador 岛，自信已抵东印度群岛中。再进而发现 Cuba 岛，以为此即亚洲之大陆。再达 Haiti 岛，误为日本嗣后 Columbus 虽西航三次，并沿南美洲海岸南下至 Orinoco 河口止，然至死尚自信为已直达亚洲也。

Magellan 环航地球

　　自 Vasco da Gama 及 Columbus 航海成功之后，英国人 Magellan 于一五一九年至一五二二年间有环航地球之举。欧洲人对于新地之状况，渐形明了。探险于北美洲沿岸一带地者，英国人居多，若辈之希望觅得西北航路以达香料群岛者，先后凡百余年。

西班牙人之征服美洲

　　自新大陆发现以后，西班牙人 Cortez 有征服美洲之举，而以一五一九年征服墨西哥之 Aztec 帝国为始。不数年间，Pizarro 建设西班牙之势力于秘鲁。欧洲人对待土人，极其残忍，每不以人类视之。至是西班牙遂继葡萄牙而雄霸海上。当十六世纪时新世界之财富源源输入西班牙，故西班牙之富强，为当日西部欧洲诸国之冠。至十六世纪末年，"西班牙大陆"一带（The Spanish Main）——即南美洲之北岸一带地——冒险者接踵而至，其性质乃商而兼盗者也。就中英国人居多，他日英国海上商业之发达，此辈人实肇其基。

第二十三章　十六世纪初年之欧洲

第一节　皇帝 Maximilian 第一与 Hapsburg 族领土之扩充

十六世纪初年，欧洲史上有重要之事实二。（一）因种种婚姻关系，西部欧洲大部分之领土，入于一人统治之下，即皇帝 Charles 第五是也。彼所受之遗产有 Burgundy 西班牙，意大利之一部，及奥大利之领土；至一五一九年被选为皇帝；领土之广，自 Charlemagne 帝国以后，此为第一。在其领土之中者，有 Vienna，Brussels，Madrid，Palermo，Naples，Milan 诸名城，甚至墨西哥城，亦在其内。其领土之创设与瓦解，实近世欧洲史上之大事。（二）当 Charles 第五入即帝位之日，正宗教革命开始之秋，其结果则教会破裂，分成二大派，新旧对垒，以迄于今。本章之目的在于说明 Charles 第五帝国之由来，范围及性质，以便读者了然于新教革命之影响于政治上者为何。

吾人于叙述 Charles 第五统一帝国之先，不能不注意二事：第一，须知 Charles 第五所属之 Hapsburg 族如何兴起；第二，此后之西班牙何以渐形得势于西部之欧洲。

十六世纪初年之二要事

德国不能建设强固中央政府之理由　德国诸君不能如法国王 Louis 十一与英国王 Henry 第七之建设强有力之国家。自称"皇帝"以来，名号虽尊，而困难实巨，吾人上曾述及之。一面皇帝欲合德国与意大利而为一，一面教皇与皇帝之敌联合以来攻，德国皇帝几有一败涂地之势。加以帝位不能世袭罔替，权力益弱。盖德国之帝位，虽有父子相传之迹，然新帝必经选举而后可。故国内诸侯每于选举皇帝时，必多方设法限制皇帝之权力，以免其干涉若辈之特权与独立。其结果则自 Hohenstaufen 族衰亡以后，德国国内，四分五裂，诸邦之中，无一大者，而有极小者。

Rudolf 得奥地利　德国经过一期之虚君时代，至一二七三年 Hapsburg 之 Rudolf 被选为皇帝。Hapsburg 族发祥于瑞士之北部，其城堡至今尚存。Rudolt 为该族之第一能者；自强占奥地利与 Styria 二公国后，其地位与势力，遂乃巩固，两地为他日奥地利领土之中坚。

帝号为 Hapsburg 族所世袭　Rudolf 去世百五十年后，德国之诸侯每选奥地利领土中之君主为皇帝，故德国帝位，事实上无异为 Hapsburg 族所世袭。然 Hapsburg 族之皇帝，类皆专心致志于本族领土之扩充，而对于徒有虚名之神圣罗马帝国，则颇为漠视。故 Voltaire 尝谓所谓神圣罗马帝国，已非"神圣"，亦非"罗马"，亦非"帝国"。

Maximilian 第一扩充领土　十六世纪初年之皇帝为 Maximilian 第一（一四九三年至一五一九年）专心从事于国外领土之扩充，不甚注意国内政权之巩固。彼与其先人同，必欲得北部意大利之地以为快。因与 Charles the Bold 之公主结婚，遂得 Netherlands 之地。较此尤为重要者，则 Hapsburg 族之势力及于西班牙是也。

第二节　西班牙之兴起及 Charles 第五之称帝

西班牙自被回教徒征服之后，其历史与西部欧渊其他各国大不相同。其最大结果之一，即为西班牙人民大部皆改奉回教。当十世纪时，西部欧洲一带，黑暗异常，独西班牙之亚拉伯文明，极其隆盛。其时西班牙之人种，有罗马人、Goth 种人、亚拉伯人及 Berber 种人，虽甚复杂，久已同化。农工商诸业以及艺术与科学，无不蒸蒸日上。Cordova 一城，人口有五十万众，有宏大之王宫，有大学，有回教礼拜寺三千处，有公共浴场二百处，规模宏大，实冠西部之欧洲。当西部欧洲教士仅能读书写字之日，Cordova 大学之学生，数以千计。然此种隆盛之景象，为期仅百年而止。至十一世纪之中叶，Cordova 之回教王国，土崩瓦解。不久非洲方面又再有入侵西班牙之举。

西班牙之回教文明

同时基督教之国家，仍存在于西班牙北部之山中，自一〇〇〇年以来，即有基督教小国——Castile，Aragon 及 Navarre——之建设。就中 Castile 王国尤能南向以排挤日就堕落之亚拉伯人，至一〇八五年恢复 Toledo 城。Aragon 亦合并 Barcelona 之地与 Ebro 河流域，国土大扩。至一二五〇年，基督教徒与回教徒经过多年之战争，Castile 之领土竟达西班牙半岛之南端，而包有 Cordova 与 Seville 诸大城。至于葡萄牙之领土，是时已与今日无异。

西班牙基督教国家之兴起

西班牙之回教徒世称为 Moor，此后二百年间，尚能维持其势力于 Granada 山国中与半岛之南部。盖当此期中，西班牙之王国以 Castile 为最大。国内有王位之争，同室操戈，无暇外顾也。

Granada 与 Castile

Castile 与 Aragon 之合并　西班牙君主中之第一有名者，当推 Castile 女王 Isabella 其人。彼于一四六九年与 Aragon 王太子 Ferdinand 结婚，其结果则 Castile 与 Aragon 两国合而为一，西班牙乃始为欧洲史上之重要国家。此后百年间，西班牙武力之强，实为西部欧洲各国之冠。Ferdinand 与 Isabella 颇能从事于半岛之征服。一四九二年攻陷 Granada 城。回教徒在西班牙之根据地，至是荡然无存。

西班牙之海外富源　同年 Columbus 得女王 Isabella 之助，发现新大陆，西班牙之海外富源，因之开辟。十六世纪之西班牙，富强甲天下，大都原于美洲金银之流入。Cortes 与 Pizarro 之劫夺墨西哥及秘鲁诸城，与新世界银矿之开拓，皆足以使西班牙之隆盛景况独步一时。

犹太人及回教徒之虐杀　不幸西班牙之基督教徒，有虐杀犹太人及回教徒之举，此二种人本皆以勤俭著名，而西班牙人之生活，实此两种人之工作有以维持之。Isabella 之排除异教徒，极具热诚，故有恢复异端裁判所之举。此后数十年间，异端之被逮者不知凡几。西班牙之恶名，遂因之与异端裁判所以共传。至一六〇九年，西班牙之回教徒，驱除已尽。虐杀之结果，则有用之国民为数大减，而国家元气亦为之大伤。十六世纪时富强之机会，因此坐失。

Charles 第五之遗产　德国皇帝 Maximilian 第一既得 Burgundy 之地，尚为不满。彼并令其子 Philip 娶西班牙 Ferdinand 与 Isabella 所生之女 Joanna 为妻。Philip 于一五〇六年卒，其妻 Joanna 忧郁过度，乃得疯疾，难继大统；其冢子 Charles 遂有继统之望。即他日之 Brabant 公、Antwerp 边防使、荷兰伯、奥大利大公、Tyrol 伯、Castile、Aragon 及 Naples 与西班牙美洲领土之王也。——此尚不过举其重要称号之一部分而已。

一五一六年，Ferdinand 去世，Charles 年仅十六岁，本生长于 Netherlands，至是人即西班牙之王位。西班牙人多骄慢丽猜忌，颇不喜 Charles 之官吏。西班牙诸邦中，颇示反对之意，盖是时西班牙本非统一之邦也。诸邦中均要求 Charles 先承认其权利并允许其改革之要求，方允承认 Charles 为王。

是时 Charles 欲为西班牙王，似甚棘手。然年未二十，又有较大之称号与责任，加诸其身。Maximilian 第一向抱有以其孙入继帝位之志。一五一九年，Maximilian 卒，诸侯乃选 Charles 为皇帝，法国王 Francis 第一曾欲入继帝统而不得。Charles 从未到过德国，且不谙德国语，而当彼入即帝位之日，又值 Luther 叛离教会之秋，国内纷争，不易解决。此后吾人改称西班牙王为皇帝 Charles 第五。

第三节　法王 Cilarles 第八之入侵意大利

吾人欲明了 Charles 第五在位时代之欧洲，与其一生之战事，不能不先明白当日各国君主所注意之问题。意大利半岛何以忽成为西班牙，法国，与德国之战场，吾人尤不能不加以研究。

法国王 Charles 第八（一四八三年至一四九八年）之政才，远不若其父 Louis 十一。彼抱有远征土耳其人以夺得 Constantinople 之雄心。因欲实现其计划，乃先着手于 Naples 王国之占领，以为 Naples 虽属于 Aragon，于理应为其父之遗产，遂率兵入意大利。意大利虽不愿有强国入占其半岛之南部。然诸小邦实无联合御侮之倾向。而意大利诸邦中，且反有怂恿 Charles 第八之入侵者。

Savonarola 与
Charles 第八

假使 Lorenzo the Magnificent 尚存，则彼或有组织同盟从事抵抗之举，然彼已于一四九二年去世，正当 Charles 第八人侵之前二年。Lorenzo 之子不能维持其父之权力；其时有 Dominic 派之托钵僧名 Savonarola 者，因热心传道之故，在 Florence 城中，颇占势力。彼自以为先知者，宣言意大利之罪恶甚大，上帝不久有惩罚之举；又谓如欲逃上帝之怒，莫如从速放弃罪过与快乐之生活。

当 Savonarola 闻法国王有人侵意大利之举，以为此即"上帝之鞭"，虽足为教会之患，然亦足以澄清教会之流弊。至是彼之预言，似乎已应，闻者莫不惊惶。Charles 第八将近 Florence 之时，城中人群起作乱，劫掠 Lorenzo 之王宫，逐其三子而出之。建设共和，Savonarola 乃大得势。Florence 城中人开门迎 Charles 第八入城，不意法国王面目可憎，身材短小，大为失望。若辈遂表示不愿屈服于法国王之意，并谓如法国人欲占据 Florence 城作久居计者，则若辈必尽力以反抗之。Savonarola 向法国王言曰："尔居 Florence，城中人实苦之，而尔亦徒耗光阴而已。上帝命尔改革教会者也，尔其进行尔之高尚使命矣。恐上帝一旦加怒于汝，必且另选他人以代尔实行其计划也。"法国军队因之驻于 Florence 城中者仅一周，即南下。

大分离后之教
皇

Chades 第八在意大利所遇之第二人，为教皇 Alexander 第六，其性情适与 Savonarola 相反。自教会分离与宗教大会以后，为教皇者，每从事于意大利中部领土之组织。当时之教皇几与普通意大利之国君无异。然教皇之政治计划，进步甚慢，盖因为教皇者每系老耄之人，时间甚促，实现为难；而且每专心于亲友之援引，反置领土之组织于不顾。自教皇有此种私心自用，荡矩逾闲之方法后，教会之信用，益形堕落。

　　教皇 Alexander 第六（一四九三年至一五〇三年）系出西班牙之 Borgia 族，其公然放荡，为意大利所罕见。彼竟公然为其子孙谋长久之计，抑若自忘其所处之地位为何。彼曾欲在。Florence 之东方，建设公国以予其子 Caesar Borgia。而 Caesar 之罪恶，则较其父尤巨。彼不但残杀其仇敌，并令人刺死其弟，投其尸于 Tibet。河中。时人均以教皇父子二人为精于用毒药以杀人之术者。Machiavelli 所著之《君主》中，极推崇 Caesar Borgia 之为人，以为彼之性质，实可以代表成功之君主云。

教皇 Alexander 与 CaesarBorgia

　　教皇闻法国王之入侵，惊惶殊甚，彼虽身为基督教之首领，竟与信奉回教之土耳其王商议抵抗法国王之法。然卒不能阻止法国王之入罗马城，不久法国王再南向 Naples 而进。

　　法国军队，所向披靡，虽 Naples 亦不久即入于其手。然法国王与其军队，渐形骄纵，妇人醇酒，相习成风，军队因之解体。同时法国王之敌，亦有联合来攻之举。Aragon 王 Ferdinand 既虑 Sieily 岛之沦亡，皇帝 Maximilian 第一亦雅不欲法国之征服意大利。Charles 第八渐陷入危险之境，至一四九五年，一败之后，即返法国，亦可谓见机者矣。

Charles 第八之返国

　　Charles 第八远征意大利之结果，骤视之似乎甚微，而其实则甚巨。第一，欧洲人恍然于意大利内部之瓦解。自此至十九世纪后半期，意大利之地，多为外国君主所领有，奥地利与西班牙之势力尤巨。第二，法国人颇羡慕意大利美术与文化之高尚。为贵族者类皆改其昔日之城堡为安乐之别墅。意大利之学问，不但传入法国，而且传入英国与德国。故意大利此后不但在政治上为外国之牺牲，即其学问复兴以来所占文化上之盟主地位，亦永远失去云。

Charles 第八之远征之结果

　　自法国王离开 Florence 后，Savonarola 仍继续其改

Savonarola 之改革

革之事业，冀将 Florence 城造成模范之邦，为意大利中兴之领袖。其始彼之计划，通行无阻，当一四九六年举行四旬斋前祭典（Carnival）时，不复如昔日 Lorenzo the Magnificent 时代之奢华而尽欢。次年并令城中人聚所有阻人入圣之"浮华"——淫书、图画、珠宝、玩物等——于城政府公署前旷地上焚毁之。

Savonarola 之被杀（一四九八年）

然 Savonarola 之仇敌甚多，虽同派中之托钵僧亦有恨之者。至于 Francis 派之托钵僧，则因 Savonarola 声望甚隆之故，颇怀猜忌之心，谓彼实非真先知者。其敌人中反对最力者，尤以教皇 Alexander 第六为首推，盖彼本不喜 Savonarola 改革之主张，且力劝 Florence 城中人仍与法国王联盟者。不久城中人亦渐不信任 Savonarola 之为人。一四九七年教皇下令逮捕之，定以异端并藐视教皇之罪。次年绞杀之，焚其尸身于一年前焚毁"浮华"之物之处。

Louis 十二之意大利政策

同年法国王 Charles 第八去世，无子，其远亲 Louis 十二入继大统，有再入侵意大利之举，其祖母系出 Milan 之 Visconti 族，故 Louis 十二不但要求 Naples，而且要求 Milan 为其领土。彼乃率兵入攻 Milan 城而陷之。并于一五〇〇年密与 Aragon 王 Ferdinand 缔结瓜分 Naples 之约。法国与西班牙联合出兵以征服 Naples，不久二国之意见相左，四年之后。法国王售 Naples 之权利于 Ferdinand。

第四节　十六世纪初年欧洲之政情

教皇 Julius 第二

一五〇三年教皇 Julius 第二就任，其性质与其前人实无大差别。好勇善战，曾亲身披甲胄率兵以赴前敌。Jdius 第二本 Genoa 人，故怀有仇恨 Genoa 之商业劲敌 Venice

之心。Venice 曾占据教皇领土北界之数城，益触教皇之怒，誓将 Venice 城变成渔村。Venice 之使臣答曰："至于尔，圣父，如尔再无理者，吾人将使尔变为村中之牧师。"

一五〇八年教皇有提倡组织 Cambray 同盟之举，以灭 Venice 为目的。德国、法国、西班牙及教皇商订瓜分 Venice 大陆领土之法。其时德国皇帝 Maximilian 第一，甚欲获得与奥地利毗邻之地，法国王 Louis 十二则思扩充其 Milan 公国之领土，至于教皇与 Ferdinand，则各欲得其应得之领土。

Cambray 同 盟
（一五〇八年）

四强合力征服 Venice，本属易如反掌之事，Venice 人惧，急与教皇言和，教皇许之。教皇虽与诸侯订有同盟之约，至是竟誓以扑灭外国之"蛮族"为己任。反与 Venice 同盟，并嗾使英国王 Henry 第八入攻法国。至于德国皇帝。教皇宣言彼实"与新生之婴孩无异，无能为患"。此次对于法国之"神圣同盟"，卒使法国损失 Milan 城，并于一五一二年逐法国人于意大利之外。然意大利内部之纷纠，并不因此而解除也。

教皇之反覆

教 皇 Julius 第 二 卒 于 一 五 一 三 年，Lorenzo the Magnificent 之子继其任，称 Leo 第十（一五一三年至一五二一年）。彼与其父同，极喜美术与文学，然绝无宗教上之感情。极欲继续用武，以备分封其侄之用。

教皇 Leo 第十

法国王 Louis 十二卒，Francls，第一（一五一五年至一五四七年）即位，抱有恢复 Milan 之志。新王即位时，年仅二十岁，为人和蔼可亲，行动任侠，故国人以"雅王"称之。彼与教皇 Leo 第十及英国王 Henry 第八同。提倡文化，不遗余力，故法国当时之文学，灿然可观。然彼实非政治家，不能有一定之政策，Voltaire 谓彼之"行事无不或作或辍也"。

法王 Francis 第
一

Francis 第一即位之始，即立功于国外。彼率兵越峻岭而入意大利，败瑞士人于 Marignano 地方。乃进占 Milan 城，

Francis 第一之
在意大利

遂与教皇订约。教皇允法国王可保留 Milan，法国王亦赞成教皇将 Florence 城复入附于 Medici 族之计划。不数年后 Florence 共和国一变而为 Tuscany 大公国。自是以后，Florence 之文化，不复如昔日之盛矣。

法王与皇帝之不和　　法国王 Francis 第一与皇帝 Charles 第五，本甚和好，然因种种关系，二人之间，尝起战争。法国在当日介于 Charles 第五领土之间，并无天然疆界。而且法国王与德国皇帝均要求 Burgundy 公国与 Burgundy 伯国（即 Franche-Comte）为己有。Charles 第五又以为根据彼之祖父 Maximilian 第一之权利，Milan 城应属于彼。三十年间两君间之战争，连年不息，实为他日法国与 Hapsburg 族二百年间战事之先声。

英王 Hemy 第八　　当德国与法国战争将起之际，均以获得英国王之援助为事。盖英国王之援助，在当时有举足轻霾之势，而英国王亦颇欲参与欧洲之事也。英国王 Henry 第八于一五〇九年继其父 Henry 第七之王位，年仅十八岁。彼与法国王 Francis 第一同面貌美而庄，和蔼可亲。彼曾杀死强迫国民"贷款"之官吏二人，因之颇得民心之向往，而且以有学问著于世。彼始聚 Glades 第五之姑 Aragon 之 Catherine 为后，并任 ThomasWolsey 为大臣，以备顾问。

Charles 第五赴德国　　一五二〇年 Charles 第五起程赴德国，在 Aix-la-Chapelle 地方行加冕礼。中途入英国，冀阻止英国与法国之联合，纳贿于 Wolsey，盖 Wolsey 至是已由教皇 Leo 第十任为阁员，又极得英国王之信任也。Charles 第五许 Wolsey 以年金。事竣后离英国而入 Netherlands 行加冕之礼，再入德国召集 Worms 公会，此实 Charles 第五入德国之第一次。此次公会中之重要事件为讨论大学教授。Martin Lurther 反对教会问题云。

第六卷
宗教改革及宗教战争

第二十四章　宗教改革以前之德国

第一节　导　言

　　十六世纪中欧洲史上最重要之事实，莫过于欧洲西北部之叛离中古教会而独立。西部欧洲人之叛离教会，前乎此者，凡有二次。第一次为十三世纪时法国南部异端 Albigense 派之叛乱；卒以残酷之方法平定之，而异端裁判所并因之而建设，以划除异端为事。第二次，则二百年后 Bohemia 人因受 Wycliffe 著作之影响，亦有不遵当时教会中通行习惯之举。然屡经流血之战争，仍不能不再服从当日之教会。

宗教改革前之两次革命

　　然教会之势力虽巨，教会之组织虽极其完备。而其无能统一西部欧洲一带地，则渐形显著。一五二〇年之秋，Martin Luthel 教授率 Wittenberg 大学之学生赴城外以火焚毁中古教会之一切法律。彼之出此，盖所以公然表示彼之目的在于反对当时之教会及其原理与习惯之大部分。彼并焚毁教皇对彼所颁之谕，以示其不服教皇之意。

Luther 之叛离教会

　　德国、瑞士、英国及其他诸国之领袖，亦有分途叛离教会之举；为君主者，每承认宗教改革家之主张，并利用之以建设国教。自此西部欧洲之宗教遂分为二大派。大部

新旧教派之起源

分人民仍尊崇罗马之教皇为宗教之首领，并继续维持罗马皇帝 Theodosius 以来之宗教制度。大抵除英国外，凡昔日罗马帝国旧壤中之诸国，仍奉罗马之正宗教会。至于德国之北部、瑞士之一部、英国、苏格兰及 Scandinavia 诸国，莫不先后叛离教皇，废弃罗马旧教教义与制度之大部分。新教徒，世称 Protestant，其宗教制度亦并不一致。唯其不服从罗马教皇，及其回返古初教会纯以《圣经》为根据，则莫不相同。

宗教改革为一般之革命　　叛离教会之举，实欧洲人风俗习惯上一般革命之开始。宗教改革不仅系一种信仰之变更而已。盖当时教会之势力实弥漫于当时人之职业及社会中。教会之握有教育权已数百年。凡家庭、公所及城市中，遇有要事，莫不随以宗教上之仪节。中古书籍类皆由旧教教士著作之；旧教教士并

宗教战事　　为当日政府中之重臣，为国君所倚重。总之除意大利外，唯教士为曾受教育之人。教士与教会地位之重要，古今无两。中古教会既非纯粹之宗教制度，故宗教改革不仅系一种宗教之变迁，实亦一种社会与政治之变化。因此种变化而发生之冲突，当然甚烈。其时间延长至二百余年之久，无论公、私、社会、个人、世俗、宗教之兴味，均受其影响。民族与民族争，国家与国家战。家庭之内亦复彼界此疆。战争也，扰乱也，愤怒也，蹂躏也，诡诈也，残忍也，皆当日西部欧洲诸国中之内情也。

以后数章之目的，在于说明宗教革命之由来，宗教革命之性质及其结果。欲明乎此，吾人不能不略述 Luther 时代之德国状况如何，以便明白当时德国人何以有赞助 Luther 攻击教会之举动。

第二节 当日德国之政治状况

皇帝 Charles 第五时代之德国，与十九世纪后半期之德国不同。当时之德国，法国人称之"诸德"（the Germanies）；盖国中小邦凡二三百，大小不同，性质亦异。有公国，有伯国，有大主教教区，有主教教区，有住持领土。又有城如 Nuremberg，Augsburg，Frankfrot 及 Cologne 等，无不独立如 Bavaria，Wurtemberg 及 Saxony 诸邦。此外并有骑士，其领土或仅有城堡一处及其附近之村落，然仍不失其为独立之国家也。

至于皇帝已无统驭诸侯之能力。彼之称号虽尊，地位虽贵，然既无金钱，又无军队。当 Luther 生时，皇帝 Frederick 第三因贫困之故，每乘牛车往来就食于寺院。其时德国之政权，实在于强大诸侯之手中。诸侯中之尤有力者为选侯七人，所谓选侯者，因若辈自十三世纪以来享有选举皇帝之权利者也。就中三人为大主教——领有莱茵河一带之领土，即 Mayence，Treves 及 Cologne 三地是也。在其南者为宫伯之领土（Palatinate）；在其东北者为 Brandenburg 及 Saxony 二选侯之领土；合 Bohemia 王而成七。此外其他诸侯领土之重要亦正不亚于於选侯。如吾人今日习闻之 Wurtemberg，Bavaria，Hesse 及 Baden 皆其著例。而且诸邦自十六世纪以来因兼并之故，其领土莫不大有增加也。

因十三世纪以后商业发达及钱币流通而发生之城市，在北部欧洲一带者，与在意大利者同，皆为当日文化之中心。Nuremberg 为德国城市之最美丽者，至今尚留存十六世纪时所产之建筑与美术品。城市中有直隶于皇帝者，故

十六世纪时之德国

七选侯及其他诸侯

城市

不受所在地诸侯之约束。此种城市世称"自由"城或"皇城"，其性质亦与独立国无异。

骑士　　　　　骑士之领土极小。骑士之流，曾为重要之武人阶级。然自火药发明战术变迁之后，个人英武遂无所用。领土过小，故每流为盗贼。若辈因羡慕市民之起居安适，每抱猜忌之心。又因诸侯存兼并其领土之心，故并抱痛恶诸侯之意。

无维持秩序之
中央政府　　　德国小邦林立，大小不同，则纷争之事，当然难免。在此种状况之下，诸邦之上，似有设立高等法院之必要以判定其是非，并应有充分之军力以实行法院之判决。然当时德国虽有帝国法院十处，而法院之行止追随皇帝之足迹。往来无定，诉讼甚难。而且即使经过审判，曲直分明，终以皇帝无兵，故无力执行法院之判决。其结果则诸侯间遇有争执之事，唯有自决之一法。故邻邦之战，若能遵守开战时之程序，法律上即不加禁止。例如诸侯或城市欲与他邦宣战时，必于三日以前与敌人声明，方可开始攻击。

帝国公会　　　至十五世纪末年，帝国公会（diet）因鉴于国内无有力之中央政府，秩序太紊，曾有设法补救之举。公会中提议设法院一所以解决诸邦君主间之纷争，设于一定便利之地。将帝国分成区或"环"（circle），各区中组织军队若干人以备维持法律及执行法院判决之用。然公会虽常常开会，讨论国是，而成功甚少。一四八七年诸城市始遣代表赴会，然骑士及小诸侯每不参与其间，初无服从公会议决案之意。至 Luther 时代，德国公会几乎每年开会一次矣。

第三节　当日德国之实情及宗教改革之原因

新旧教中之著作家对于此时之德国，其见解当然大不相同。信新教者每以此时之德国为暗淡无光。其意盖欲彰 Luther 之功，使其成为救国救民之人。至于信旧教之历史家则每专心致志以证明当日德国之状况实快乐而升平，希望极多，自 Iuther 攻击教会之后，德国方成四分五裂之象，景况极其荒凉云。

就事实而论，宗教改革以前五十年之德国生活及思想，处处有奇特与矛盾之现象，此期之中，德国颇有显著之进步，人民颇著求学之热诚。而且自印字机发明以来，人民之智识亦为之大扩。外人之游历其地者，鉴于富商景况之佳，及其建设学校与图书馆之热忱，与提倡美术文学之尽力，莫不赞叹不止焉。

然同时各阶级间——诸侯、市民、骑士、农民一之感情极恶。群以为商民之拥有巨资，均原于欺诈，厚利贷款，及锱铢必较之所致。国内乞丐成群，迷信甚深，粗犷之气，极其显著，改良政府与息争运动，每不成功。加以土耳其人有入侵之举，教皇下令凡基督教徒于日中钟鸣时，祈祷一次，以求上帝之救护。

然此种矛盾之现象，历史上不一而足，不足为异。即在今日，无论何国，莫不皆然，善也恶也，富也贫也，和也战也，知也愚也，乐也忧也，文也野也，莫不同时并现者也。

吾人研究当日德国教会及宗教状况之结果，可得四事，足以说明新教叛乱之来源及其性质。第一，当时忽起有一种崇奉宗教之热忱，与深信朝谒遗物及神迹之诚意。第二，

新旧教著作家之矛盾

德国状况之矛盾

四种重要之特点足以说明宗教革命之由来

当时又有一种研究《圣经》之趋向，注重罪人对于上帝之态度而不注重宗教之外表行为。第三，当时学者深信神学家实无端将宗教与论理学混而为一。第四，当时人均以为意大利之教士，包括教皇在内，每发明敛钱于德国之新法，视德国人为愚而易欺者。兹再分述此四端之内容如后。

第四节　第一，宗教之热诚

宗教热忱

当十五世纪末年十六世纪初年之时，德国人之遵守而且注意中古教会之礼节，可谓达于极点。抑若德国人已知与旧日宗教之别离，为时已近，故特举行最后之留别庆典者。然新礼拜堂之建筑，不可胜计，而以最美丽之德国美术品装饰之。教徒赴各处圣地朝谒者成群结队，数以千计。皇城之中时有迎神赛会之举，规模甚大。

古物之搜集

国内诸侯亦复争先恐后以搜集圣人遗物为事，以为可资救世之助。Saxony 选侯 Frederick the Wise 之收藏甚富，所有圣人遗物不下五千种。据其目录中所述者，有摩西之棒，圣母所纺之线等。Mayence 选侯之搜罗尤富，计有圣人尸身四十二具及 Damaseus 附近地上之土，盖其地相传为上帝造人之处也。

善行观念

其时教会中人以为祈祷、斋戒、圣餐礼、朝谒圣地及其他"善行"（good works）可以积久而成精神上之财富。故无善赘述之人，可用基督及圣人所创之善事以补其不足。

徒务外表之行动

基督教徒之间，以善行互相援助，深信宗教之人可外援助漠视宗教之人，此种观念，当然甚为优美。然当时教会中之有思想者，深知积善之理，易被世人所误会。而当时人亦颇徒务外表之行为，以求上帝之怜爱，如赴礼拜堂也，布施也，崇拜遗物也，朝谒圣地也等。欲以他人之"善行"为利己之用，其结果则不顾一己灵魂之修养，而唯他人之是赖，亦势所必至者矣。

第五节　第二，《圣经》之研究

然当时人虽类皆深信外表行动及礼节，而抱有修养精神之希望者亦正不一其人。自印字新法发明后，关于宗教之著作，卷数大增。皆主张徒具外行不事内省之无益，力劝有过之人应依赖上帝之爱情及宽恕。

精神修养之要求

而且主张凡基督教徒均应诵习《圣经》。当时德国除《新约全书》有种种节本外，并有各版之《圣经》。据吾人所知者而论，则 Luther 以前德国人之诵习《圣经》者已甚普通也。

《圣经》之诵习

故德国人对于 Luther 之翻译《圣经》，当然极其注意。讲道之事，在宗教改革以前，已甚普通。诸城中甚至聘请有名之讲道者举行定期之讲演。

讲道之风行

据上述诸事观之，吾人可以断言 Luther 未实行叛离旧教以前，已有人抱他日新教徒所主张之观念。他日新教徒之主张专信上帝以求救，怀疑礼节及"善行"，依赖《圣经》及特重讲道等——凡此种种主张，在新教改革以前之德国，已见端倪矣。

第六节　第三、古文学者之讥评

评比教士、修道士及神学家之最激烈者，莫过于古文学者。意大利之学问复兴，始于 Petrareh 及其图书馆，

德国之古文学者

吾人上已述及之。至于德国之古文学者，首推 Rudolph Agricola（一四四二年至一四八五年）其人。彼虽非德国之最早古文学者，然其风采之动人及其成就之宏大，颇似 Petmreh，能激起他人之研究。然 Agricola 及其通知，与意大利之古文学者不同，蘸彼不仅研究拉丁文与希腊文，而且极注意予当日之国语；主张译古代著作为德国文。而且德国之古文学者，亦远较意大利学者为沉潜而笃学也。

古文学者改革大学之希望　　古文学者之人数既增，自信之心既富，遂开始批评德国大学注重论理学及中古神学之太过，盖是时此类科目，已失其旧日精华而流为毫无实用之空论。为教授者多用残缺之拉丁文以授其学生，而且奉 Aristotle 如神圣，均为当日古文学者所不满。故若辈遂着手于新教科书之编订，并主张学校中应并研究希腊、罗马之诗人及闳辩家。古文学者中并有主张神学为一种修道士之学问，实足以使宗教之真理晦而不明，故应废止之。旧派之教授当然痛骂新学问，以为与异端无异。有时古文学者亦得讲授其所攻之科目于大学之中，然日久之后，世人渐知新旧两派学者实有不能共事之势。

古文学者之讽刺及《微人信札》　　最后，当 Luther 将公然反对教会之际，德国"诗人"（古文学者之自称）与"蛮人"（古文学者所予神学家与修道士之称）有冲突之事。其时有一著名学者名 Reuchlin，精究 Hebrew 文学，与 Cologne 大学中 Dominie 派之教授，大起争执。德国之古文学者群起援助 Reucblin，著极其诙谑之文章，以攻击旧派之学者。若辈著书札多种，伪为出诸 Cologne 大学某教授之学生及其同志之手笔，投诸某教授者。著者在书札中故意表示其愚鲁无知。书中自述其种种不德之丑行，请其师予以解决困难之方法。并以不甚通顺之拉丁文痛骂古文学者。总之当时德国古文学者之讥刺旧派学者，不留祭地，而旧派学者之反对 Luther 之改革及进步，亦极其显著也。

第七节　Erasmus 之主张

古文学者之领袖，实推 Rotterdam 之 Erasmus（一四六七年至一五三六年）。其文名之著，除他日之 Volraire 以外，殆无伦匹。欧洲学者，无论远近，莫不心仪其人。谈虽生于 Rotterdam，然非荷兰人，实一世界之公民；而英国、法国、德国三国人亦莫不以 Erasmus 为其国人。彼曾居于英国、法国、德国三国，每留其印象于三国人思想之上。彼与欧洲北部之古文学者同，极有意于宗教之改革，思提高世人宗教及教会之观念。彼亦深知主教牧师与修道士之腐败。而彼对于修道士之劣迹，尤为不满，盖彼年幼时曾被逼入寺而修道，故修道士之恶行，知之尤悉也。Erasmus 之声名至 Luther 将改革宗教之际而大著。故吾人读过彼之著作，即可断定宗教改革前彼与其同志对于教会及教士之意见如何。

Erasmus

Erasmus 于一四九八年至一五○六年间，居于英国，交游甚广。与著《乌托邦》（Utopia）之 Sir Thomas More 及牛津大学讲授 St.Paul 信札之教师 John colet 尤称奠逆。他日 Erasmus 之利用其古文知识以解释《新约全书》，殆受 Colet 热心研究 Paul 之影响。其时《新约全书》本只有拉丁文译本，日久之后，颇有谬误之处。Erasmus 以为欲提倡高尚之基督教，则当然以订正《新约全书》为澄本

Erasmus 日之
订正新约全书

清源之法。彼乃于一五一六年重印希腊文原本，并附以拉丁文新译，再加以精密之注释，昔日神学家之乖谬，为之一一指出。Erasmus 并主张无论何人，均应诵习《圣经》。彼在新订之《新约全书》序中，力言女子亦应与男子同，读《福音》及 Paul 之信札，并谓田中之农夫，店中之工匠与路上之行人，均应以《圣经》为消闲之品。

Erasmus 己宗教观念　　Erasmus 以为真正宗教之大敌有二：第一为异端——大部分意大利之古文学者因热心于古代文学之故，不免流为异端；第二，为普通多信外表行动为已足——如展谒圣人之墓，陈陈相因之祈祷等。彼以为教会实不尽职，以致基督之主张均埋没于神学家教条之下。彼谓："吾人宗教之精理为和平与调谐，此种精理之存在，端赖教条之简易与个人意见之自由。"

Erasmus 之攻击教会恶习　　Erasmus 著《愚之赞美》（The Praise of Folly）一书，详述修道士与神学家之弱点，及愚人朝谒圣地、崇拜遗物及购买赎罪券等之无谓。他日 Luther 攻击教会之缺点，在 Erasmus 书中无不早已道及之。书中文字，庄谐杂出，吾人披诵之余，即知 Luther 谓 Erasmus 为"游戏一切，甚至宗教与基督亦不能免其诙谐之人"之言，实不尽当。盖 Erasmus 之著作，寓庄于谐，吾人不可知。Erasmus 真能利用其才学识以提倡基督教之中兴，固不仅希望古学之复盛而已也。唯彼以为叛离教皇与教会，必滋纷扰，其结果必致得不偿失。故主张逐渐开通知识，以和平方法达其目的。彼以为迷信及专重宗教形式之习惯。至人类文明进步时。自然有消灭之一日。

Erasmus 主张和平改革　　Erasmus 及其同志均主张研究古文以提倡文化，为改革宗教之利器。然当 Erasmus 以为其和平改革之梦想不久

即能实现之日，正 Luther 开始叛离教会之时，Erasmus 遂
抱恨以终其身焉。

第八节　第四，德国人之不满于教士

德国人民之不满意于罗马教皇，以中古爱情诗人
Walther von der Vogelweide 之诗篇所表示者为最显著。彼于
Luther 出世前三百年已宣言教皇戏弄愚钝之德国人。"所
有若辈之财产，均将为吾所有，若辈之银源源流入吾之柜中；
若辈之牧师食鸡而饮酒，而愚钝之俗人则任其斋戒。"以
后德国之著作家，亦每表示同样之情绪。对于教会管理财
政之不满，在德国尤为显著。德国之高级教士如 Mayence，
Treves，Cologne 及 Saizhurg 等地之大主教，凡被选授职以
后，即须纳金币（guldens）一万枚于教皇；若辈收受领带
时，亦须纳以巨款。罗马教皇并享有任命教士之权利，而
每派意大利人充任之，仅抱享用敢人之心，初无实行职务
之意。而且有时以一人而兼教会中之数职，例如当十六世
纪初年，Mayence 之大主教同时兼任 Magdeburg 之大主教及
Hadberstadt 之主教。有时以一人而兼职至二十余处之多。

德国人不满教
皇之由来

　　吾人试读十六世纪初年之著作，即知当日德国人之
不满意于教会者，不一而足。上自君主，下至农夫，莫
不以为受教士之欺弄，痛骂教士之不德与无能。某著作
家曾谓青年之人，凡无人敢以一牛信托之者，即可以充
任牧师。至于托钵僧——如 Francis 派、Dominic 派及
Augustine 派——虽较教士为能负宗教上之职务，然亦为大
众所藐视。唯他日改革宗教之领袖，则实系 Augustine 派
之托钵僧也。

当时人抱有叛离教会或推翻教皇权力之心者为数甚少。德国人所希望者，金钱不再流入于罗马，教士须公平正直而已。然著作家中有 Ulrich von Hutten 其人者，当 Luther 开始攻击教会之日，正宣传其宗教革命之主张也。

Hutten

Hutten（一四八八年至一五二三年）为骑士之子，家甚贫，幼年时代即不愿居于城堡之中，决意入大学研究古代之文学。为增加学识起见，曾南游意大利，目睹教皇及意大利教士之腐败，甚为不满，以为若辈实为压制德国人民之人。当《微人信札》（Letters of Obscure Men）出世时，彼读之喜极，乃著信札以续之，以讥刺当日之神学家。不久彼并用德国文著书，以便国人之诵习。后之著作中，有攻击教皇之论文，谓彼目睹教皇 Leo 第十之如何使用德国人所纳之金钱。一部分给诸亲友，一部分维持宫廷，一部分则给予骄奢淫逸之近侍。

德国当日之状况，既如上述，故 Luther 一旦有攻击教会之举，即如春雷怒发，无远弗届。盖德国全国之人民，均抱有不满教会之心与改革教会之望。各阶级中人之希望虽各不相同，然其对于宗教改良之举，则初无异议也。

第二十五章　Martin Luther 与宗教改革

第一节　Martin Luther 之家世

Martin Luther 本农家子。其父甚贫，当开矿于 Harz　Luther 之家世
山附近时，其长子 Martin 生，时一四八三年也。他日
Martin 屡言其幼时之困苦迷信；如何其母采薪付诸背以归
以资炊饭之用，并与 Martin 讲昔日某女巫杀死村中牧师之
故事。Martin 之父意欲使其长子将来充任律师，故不久令
即就学。Martin 年十八岁入北部德国之 Erfurt 大学，凡研
究四年。遂与少年之古文学者相往还，《微人信札》著者
之一，亦在其中。Martin 曾研究古人之著作，对于论理学
及 Aristotle 尤其专心。

Martin 既毕业于大学，正拟转入法律学校，乃忽邀　Luther 之为僧
其友人为最后之欢聚，次日率其友赴一 Augustine 派之寺
中，乃向诸友说明出世之意，握手道别，遂为托钵僧，时
一五〇五年七月十七日也。是日也，为 Luther 实验宗教之
开端，其结果大有影响于世界上之宗教。

后来 Luther 尝言，假使修道士果能因出家而得上登天　Luther 不满意
堂者，则彼必居其一焉。彼因急于自救之故，或斋戒，或　寺院之生活
彻夜诵经，或长时祈祷，身体因之大伤，不久遂得夜不成

寐之疾。被渐丧气，终至失望。其时寺院中之规则，普通之修道士均甚满意，而 Luther 则以为未足。彼以为外表之行动虽无过失，然断不能澄清其思想与希望。彼之经验，卒使彼断定教会与寺院均不能使彼始终能爱护其所谓神圣与正直。故彼以为教会与寺院均不能救人，仍使人为有罪过者。

笃信入道之观念　　彼渐抱有基督教之新见解。寺中住持劝彼信托上帝之慈悲，不可以依赖一己之“善行”。彼始研究 St.Paul 及 Augustine 之著作，乃断定人类实不能有善行，唯有笃信上帝者，方能人道。彼得此种领悟，不胜大慰，然经数年之久，其观念始明。卒断定当日教会实违反笃信上帝方能人道之观念，盖教会口从事于提倡“善行”者也。彼年三十七岁，乃以推翻旧教之事为己任。

Luther 任大学教授　　少年修道士因修道而失望，固不仅 Martin 一人。然彼卒能战胜一切，能以一己所得者以慰其他怀疑之人。一五〇八年，Saxony 选侯 Frederick the Wise 新设 Wittenberg 大学，聘 Martin 为教授。Martin 任教授时之事迹，已不甚可考，唯彼不久即有关于 St.Paul 信札之讲演，并宣传其笃信人圣之原理。

Luther 游罗马　　是时 Luther 尚无攻击教会之意。当一五一一年被因事赴罗马，专诚朝谒诸神圣之地，并甚愿其父母之去世，以便以其诚笃之行出父母于“炼罪所”之外。然彼鉴于意大利教士之无行及教皇 Alexander 第六与 Julius 第二之腐败，不禁为之大惊。他日彼力言罗马教皇为宗教之敌，其观念之发生，殆始于此行。

Luther 之神学主张　　不久彼令其弟子互相辩论以维护其主张。例如当时毕业生某，因受 Luther 学说之影响，曾攻击昔日之神学。其言曰："如谓无论何人不谙 Aristotle 者不能成神学家，实谬论也；实则唯有不谙 Aristotle 者方能成神学家耳。"Luther 力劝其弟子应依赖《圣经》——Paul 之著作尤应加以研究——及神父著作，就中以 Augustine 为尤要。

第二节　Lutlaer 之赎罪券论文

一五一七年十月间 Dominic 派之修道士 Tetzel 始售"赎罪券"（indulgence）于 Wittenberg 附近之地方，并言赎罪券有种种功用。Luther 闻之，以为其言实与基督教之精义不合。彼乃从当时之习惯著赎罪券《论文》九十五条，榜诸礼拜堂门外，宣言无论何人如有意于讨论此事者，彼极愿与之细谈，盖彼以为当时人大都皆不谙赎罪券之性质者也。Luther 之榜其论文，初无攻击教会之意，更不料其足以惊动世人之耳目。其论文用拉丁文所著，只备当时学者之研究。不意当时之人无论贵贱智愚，莫不急欲讨论赎罪券之性质之究竟为何。故 Luther 之论文不久即译成德国文，遍传于全国。

赎罪券论文

吾人欲明了赎罪券之性质，须知当时牧师本有赦免悔过者罪过之权利。解除罪过之举，虽可使有罪过者不入地狱，然不能使其不受上帝或上帝代表之刑罚。教会中对于悔罪者本已定有"悔罪之苦行"，然至 Luther 时有罪过者虽经教士之解除，而终畏他日炼罪所之苦痛。盖炼罪所为锻炼灵魂上登天堂之处也。所谓赎罪券，乃一种赦罪令，由罗马教皇颁给之。悔过者得之，可免解除罪过后刑罚之一部或全部。故所谓赦罪，并不赦罪人之罪过，盖罪过必于颁给赎罪券以前解除方可者也。赦罪令只能解除或减轻

赎罪券之性质

刑罚而已。而无赎罪券者，则其罪过难已被赦，仍不能免炼罪所之苦痛也。

Luther 将生之前，教皇曾有颁发赎罪券于已死之人之举。凡死人之亲友代死人得一赎罪券者，则可以缩短死者未登天堂以前在炼罪所受苦之期限。在炼罪所中之人，其罪过当然在未死以前曾经解除者；否则，其灵魂早已消灭，虽有赎罪券，亦将无用矣。

Leo 第十发售赎罪券　罗马教皇 Leo 第十因欲敛钱于德国人以备继续 st.Peter 礼拜堂之建筑，乃大发赎罪券于已死及未死之人。人民之输款，其数多寡不等；商民须出巨资，极贫者可以一文不费。教皇之代表当然尽力于敛钱，设法使人民为一己或为其已死之亲友，各得一赎罪券。若辈因急于筹款，故极言赎罪券有种种功效，言之过当，适足启有思想者之怀疑。

Luther 论文之内容　批评当日赎罪券之流行观念者，Luther 并非第一人，然因其论文之措辞极其有力，加以德国人本抱有不满之心，故论文一出，全国响应。彼宣言赎罪券无关紧要，贫人不如以购赎罪券之金钱为维持生活之用之为愈。彼以为真悔过者，必不避刑，反能忍受者也。罪过之被赦，在于笃信上帝，不在于获得赎罪券。凡基督教徒果能真心悔过，定能免其罪过与刑罚。假使教皇深知其代表之误引人民，彼将愿 st.Peter 礼拜堂宁毁为灰烬，不愿以欺人所得之款建筑之。而且普通人或不免有不雅之质问。例如："假使教皇为金钱而救人之灵魂于炼罪所中，则为何不为慈善而救之？"或问："教皇之富有，既如 Croesus，为何不以一己之金钱，建筑 St.Peter 礼拜堂，反向穷人集款？"

第三节　Leipsic 之辩论

Luther 之论文，不久传入罗马城中，数月之后，教皇下令召 Luther 赴罗马自辩其异端之主张。Luther 虽尊重教皇，然不愿冒险应召而前往。教皇 Leo 第十因 Saxony 选侯之干涉，雅不愿伤其感情，遂亦置之，乃允 Luther 应与教皇使者在德国讨论之。

教皇下令召 Luther 赴罗马

Luther 之禁不作声者凡数阅月，然至一五一九年夏间 Leipsic 地方有举行辩论之事，彼乃复起。是时德国神学家名 Eck 者，素忠于教皇而且以能辩著于世，向 Luther 之同事 Carlstadt 挑战，请其与之辩论宗教上之问题。Luther 闻之，遂请准其参与辩论之会。

讨论之继续

讨论之事，转向教皇之权力问题。其时 Luther 正在研究教会史，遂宣言教皇之称雄，尚不到四百年。此言虽不正确，然实开他日新教徒攻击罗马旧教教会之根据。若辈以为中古教会及教皇机关，发达甚慢，基督门徒绝不知有所谓圣餐礼、赎罪券、炼罪所及罗马教皇也。

Leipsic 之辩论（一五一九年）

Eck 乃谓 Luther 之见解，与昔日 Wycliffe 及 Huss 之见解相似，为 Constance 宗教大会所禁止者。Luther 乃不得不谓 Constance 宗教大会，曾禁止几种纯粹之基督教义。此为 Luther 最显著之承认。Luthel 与其他德国人同，本畏闻 Huss 及 Bohemia 人之名者。并以 Constance 宗教大会为德国皇帝所召集，而且在德国境内举行，极引以为荣者。今彼竟承认即使宗教大会亦有错误之一日，不久即自知"吾人于无意之中，皆为 Huss 之同志；实则 Paul 及 St.Augustine 亦皆 Huss 之好同志也"。Luther。既与名满欧洲之阄辩家

Luther 承认宗教大会之谬误及 Huss 之正当

辩难，而且不能不承认宗教大会之谬误，乃晓然于一己固
不难为攻击教会之领袖，知宗教革命之不可再免矣。

第四节　Luther 与古文学者之关系

Luther 与古文学者为天然之同志　　Luther 既自承为革命者，其他改革家之与其同调者渐多。彼于 Leipsic 辩论以前，本已有热心之同志，在 wittenberg 及 Nuremberg 城中者尤多。Luther 与古文学者又似系天然之同志。古文学者或不谙 Luther 之宗教上主张，然若辈知彼已开始攻击旧派中之神学家，而神学家只知崇拜 Aristotle，本为古文学者所不喜。而且 Luther 与古文学者同，极了然于教会之流弊，彼虽为 Wittenberg 寺之住持，亦竟怀疑托钵僧之行为。故昔日保护 Reuchlin 之人，至是均群起以援助 Luther，每致书以奖励之。Luther 之著作亦由 Basel 地方之印刷 Erasmus 著作者代为出版，发行于意大利、西班牙、法国、英国诸国。

Erasmus 对于 Luther 之态度　　然当日之文学巨子 Erasmus 不愿参与其争执。彼谓彼未尝读过十二页以上之 Luther 著作。彼虽承认"就现状而论，罗马高级牧师之王政，为基督教国之疫病"，然彼以为直接攻击教皇，必无结果。彼以为 Luther 应稍加审慎，待人类开明之后，则其谬见定能自然消灭云。

Luther 与 Erasmus 之异点　　Erasmus 以为人类能进步者也；培养之，扩充其智识，则彼必能渐渐改良。至于 Luther 则以人类为完全腐败者，不能存一善心或行一善事者。其意志为恶性所役，其唯一希望在于自承绝对无改良一己之能力，并一心依赖上帝之仁慈。人类之得救，在于信仰，不在于行为。Erasmus 愿静待时机，以至人人均愿改革教会时为止。至于 Luther 则

以教会之为物，主张人类依赖善行，其结果适足以破坏灵魂而已。故此种机关，不能再容其存在。二人均知彼此之意见断难相容，其初尚互相尊重，后来则意见相左，争持甚烈，遂伤感情。Erasmus 宣言 Luther 既藐视善行，又以为人类无为善之能力，皆足使其同志有不顾行为之态度；Luther 之主张果行，则基督教徒均将变为鲁莽灭裂之人，途中遇 Luther 亦将不免冠示敬矣。

　　至于 Ulrich von Hutten 则以 Luther 为德国之爱国志士，能反抗罗马教皇之专制，阴谋及压迫。彼谓"吾人其起而维护吾人之自由，解放久为奴隶之母国矣。上帝必助吾辈，如上帝而助吾辈，又谁能反对吾辈耶"？Hutten 并激起其他骑士之感情，故骑士中颇有愿保护 Luther 以防教士之袭击，并请 Luther 藏身予其城堡中者。

ttutten 之力助 Luther

第五节　Luther 之攻击教会

　　Luther 既知同志之日多，其气益壮。彼本激烈成性者，至是渐肆，主张政府应惩办教士并强迫若辈之改良。"吾人以缢犯架惩贼，以刀惩盗，以火惩异端；为何不用各种武器以攻击地狱之主人、教皇阁员、教皇及居于罗马艺暴民耶？"彼曾函致其友曰："事已至此矣，吾之藐视罗马之愤怒，如吾藐视其恩惠；从此以后，吾将不再与罗马调和或往来矣。任彼惩我而焚我之著作可也。假使有火可取，吾将公然焚毁教皇法律之全部。"

Luther 持论之渐激

　　当一五二〇年 Luther 与 Hutten 二人均尽力于攻击教皇及其代表。二人均擅长德国文，而且同抱痛恨罗马之意。Hutten 与 Luther 异，无甚宗教上之热忱，然其形容

Iuther 与 Hutten 求援于国民
致德国贵族之通告

教皇之贪婪，痛快淋漓，不留余地。彼以为罗马教皇之朝廷无异一兽穴，凡德国之物，无不被窃而纳入其中。至于 Luther 之著作，之最有名者为《致德国贵族之通告》（Address to theGerman Nobility），其意略谓欲待教会之自行改革，已属无望，故德国之君主及骑士，亟应起而实行改革之举。

通告之内容　　　彼谓无论何人提出改革教会之议时，则教皇每有城墙三道以自卫。第一，为教会中人自成一级之主张，以为教士并在君主之上，虽恶劣之教士亦得不受君主之约束。第二，教皇自以为其地位在宗教大会之上，故虽教会之代表，亦无改革教会之权。第三，教皇独享解释《圣经》之权利，故教皇之主张，吾人不能根据《圣经》以反驳之。因之吾人所有惩办教皇之三棍，反均为教皇所窃以自卫。Luther以为如欲攻破教皇之卫城，必先反对教士神圣之说，盖教士除应尽义务外，绝无神圣之可言也。如教士而不尽其职守，则彼之地位，随时可以削夺之，如吾人之斥逐成衣匠或农夫然：而教士被逐之后，仅可仍为俗人。Luther 以为惩罚恶劣之教士，与惩罚俗人同为政府之权利，亦为政府之义务。第一层城墙既破，则其他诸层之城墙，自然易毁；盖教士地位之独尊，实中古教会之基础也。

通告中并主张　　　此文之后段，并列举教会中之流弊，并谓欲使德国能
社会改革　　收隆盛之效，非先革除流弊不可。Luther 自知彼之宗教见解，实包有一种社会革命在内。彼主张所有寺院，应废止之，仅留其十之一，并应允许凡不满意于寺院生活者得以自由离去。彼以为寺院非监狱，乃系灵魂有病者之医院及藏身之地。彼明言朝谒圣地及教会纪念日之流弊，以为足以障碍人民之日常工作。教士应许其婚娶与俗人同。大学亦应

改良，并应排斥"受人咒骂之异端"Aristotle 其人于大学之外。

吾人于此应注意者。Luther 之立论，不以宗教为主，而以秩序与隆盛状况为言。彼谓德国人之金钱之飞过 Alps 山以入意大利者，其轻如羽；然一旦金钱流返之问题一出，则其重如铅。Luther 之文笔，锋利无比，而其痛骂教士及教会，在当时德国人耳中闻之，正如军中之鼙鼓也。

Luther 在通告中不甚述及教会之原理。然三四月后，彼又发表其第二种著作曰《教会之巴比伦俘囚》，其目的在于推翻 Peter Lombard 及十三世纪神学家所主张之仪节。七种仪节之中，Luther 完全反对者凡四：即坚信礼、婚礼、授职礼及傅油礼是也。彼并完全订正圣餐礼之观念，彼反对教士有执行"变质"神迹之权。以为为教士者其重要职务，仅在于讲道而已。

Luthel 攻击教
会之仪节

第六节　教皇之下令及 Luther 之反抗

Luther 早知将来不免为教皇所屏。然至一五二〇年冬日，教皇方遣使者 Eck 携教皇之谕赴德国，力责 Luther 主张之非是，并许 Luther 于六十日内取消之。如其不然，则 Luther 与其同志均将屏诸教会之外，凡予若辈以藏身之地者，则停止其地所有教堂之职务。令教皇既称 Luther 为异端，在理则德国政府应将 Luther 缴出。不意当时竟无人抱逮捕 Luther 之意。

Luther 被屏于
教会之外

德国之诸侯，无论其赞成 Luther 与否，均愤教皇下令于若辈之举。而且若辈以为教皇独委 Luther 之私敌 Eck 负印行皇谕之责，未免不平。故当时虽与教皇交好之诸侯及

德国诸侯不愿
印颁教皇之谕

大学，亦极不愿代教皇印颁其皇谕。Erfurt 及 Leipsic 之学生追逐 Eck 以为彼实伪君子，为魔鬼之使者。有几处则对于教皇之谕，漠然置之。Saxony 之选侯甚不欲 Luther 有被压抱屈之事，故仍继续保护之。然皇帝 Charles 第五则甚愿以奥地利领土及 Netherlands 二地之主人资格，印行教皇之谕。焚 Imther 之著作于 Louvain，Mayence 及 Cologne 诸地。

Luther 反抗教皇及皇帝

Luther 尝谓"反对所有教士及君主，殊为难事。然欲逃避地狱及上帝之怒，舍此别无他法"。Luther 之与教会及皇帝宣战，可谓得未曾有。针锋相对，有同平等之人。欲并召集其学生聚而观其焚毁教皇之谕，教会法律及神学著作之一种。

Hutten 推翻教会之计划

至是 Luther 必欲破坏教会之心可谓热极。Hutten 亦壹意于鼓吹革命之实行。彼曾藏身于德国骑士领袖 Franz vonSickingen 之城堡中，以为 Franz 将来必能为真理及自由战争之领袖。Hutten 曾公然请德国皇帝下令废止教皇机关，籍没教会财产，罢斥教士百分之九十九。彼以为如此则德国方可脱离牧师及其腐败之拘束。籍没财产所得之资，足以增加国力而维持骑士所组织之军队为防国之用。

教皇代表眼中之德国舆论

其时德国舆论，颇有革命之趋向。教皇代表 Aleander 曾言曰："吾颇熟读德国民族史，吾知若辈过去之异端，宗教大会及教会分离；然情形之重大，实莫过于此时。以现在情形比较之，则 Henry 第四与 Gregory 第七之竞争，正如紫罗兰与玫瑰花耳。……此种疯犬本有知识与军器者；若辈自夸已不若其祖先之蠢如禽兽；若辈以为意大利已失其科学之专利而 Tiber 河已流入莱茵河。"据彼之计算，则"德国人十之九均口呼'Luther'，其他十之一则至少亦呼'罗马教皇朝廷其死矣'"。

Luther 之文章太不谨慎而且往往过于激烈。彼谓假使 Luther 对于激烈方法之态度
上帝有意惩罚顽梗刚愎之罗马人，则流血之举，亦在所难
免。然彼往往不赞成事先之改良。除信仰外，彼实不愿有
所更张。彼以为假使一种制度，既不误人，即可无害。总之，
彼之心本不狂。教皇本不用武力而得势，则将来亦可不用
武力而为上帝之言所倾覆。此殆 Luther 所抱之最深见解。
彼或始终不十分明了 Hutten 之观念与彼之观念如何不同，
盖 Hutten 壮时即去世也。至于 Franz yon Sickingen 之为人，
为 Luther 所不喜，故不久即痛骂鲁莽无行之骑士，谓因其
激烈之故，致失改革之信用云。

第七节 Cllarles 第五之态度

德国之反对改革者，当以少年皇帝为最力。Charles 第 Chmrles 第五不袁同情于改革家
五之第一次赴德国，在一五二〇年之冬日。既在 Aix-la-
Chapelle 加冕为"罗马人之王"后，随仿其祖父得教皇之
允许自称"被选之皇帝"。乃向 Worms 城而进，召集公会
以解决宗教上之难题。

Charles 第五年虽尚幼，而人极老成持重。深知为其领
土之中坚者，乃西班牙而非德国。彼与西班牙人之有知识
者同，颇知教会有改革之必要，然对于原理之变更，则绝
无同情。彼极愿如其祖先自生至死为一笃信基督之旧教徒。
而且彼亦知其领土复杂，非有一统之宗教不可。假使允许
德国人得脱离教皇而独立，则第二步不且宣布脱离皇帝而
独立耶？

Charles 第五既抵 Worms，因教皇代表 Aleander 之催 皇帝召 Luther 赴 Worms 大会
促，乃不得不注意处置 Luther 之方法。然皇帝虽信 Luther

为有罪，终不敢轻易着手于惩办之举。盖其时 Luther 已成为民族之英雄，而又得强有力之 Saxony 选侯之保护。其他诸侯虽无保护异端之意，然对于 Luther 之痛骂教会及教皇，殊引为快心之事。几经讨论，卒决定召 Luther 前赴 Worms 予以悔过自新之机会，以便证明究竟异端之书是否为彼所著，教皇所反对之原理，是否彼之主张。

皇帝乃具函于 Luther，称之为"可尊可敬"之人，令其前往 Worms，并给以护照一纸。Luthel 既得函，乃谓假使为取消主张而赴 Worms，则不如仍居于 Wittenberg 之为愈，盖在此地与在莱茵河上同，亦正可取消其谬误也。假使皇帝之意在于处彼以死刑，则彼固愿赴 Worms 一行，"盖有基督之援助，吾不必逃遁而中背吾言。吾之所谓取消，必将如此，'昔日吾谓教皇乃上帝之代表；今吾取消前言，而谓教皇乃基督之敌人，魔鬼之使者'"。

第八节　Worms 公会及其议决案

Luther 之应召赴会　　　Luther 乃与皇帝传令官同赴 Worms 公会。彼虽已被屏于教会之外，然沿途人民莫不争瞻其风采，有如战后之凯旋，Luther 亦沿途与观者说法。既抵 Worms，乃知公会中之情形，极其纷扰。教皇之代表，无日不受他人之侮辱，而 Hutten 与 Sickingen 并拟由附近 Ebernburg 城堡中发兵以袭击 Luther 之敌人。其时公会决定予 Luther 以辩护其信仰之机会。当彼赴会时，会中问彼如许拉丁文及德国文之著作是否彼之手笔，如果系彼之手笔，究竟愿意取消其著作中之主张否。Luther 对于第一问，答声甚低，谓确系彼之手笔。至于第二问，因一时难定，故青大会予以考虑之时间。

次日 Luther 乃以拉丁文说明其主张，并以德国文重述之。略谓彼之攻击，实不免过于激烈；然因有教皇命令之故，诚笃基督教徒之天良，每入于罗网之中，大受痛苦，而若辈之财产亦多被吞没，在德国尤其如此。关于此端，实无人可以反对。假使彼果取消反对教皇行动之言论，彼反将增加教皇专制之力量，并予以僭权之机会。唯假使有人能根据《圣经》以驳倒其主张者，则彼极愿取消其意见。然彼断不能承认教皇或宗教大会之判决，盖教皇与大会均曾有谬误之举动，而且曾自相矛盾也。最后并谓："吾必以上帝之言监视吾之天良。吾不能取消吾之主张，亦不愿取消吾之主张，盖违背良心之行为，不但危险，亦且可耻也。"

Luther 既公然反抗教会领袖及宗教大会，皇帝除屏斥 Luther 外，别无他法。彼所谓彼之叛乱合于《圣经》之言，公会中当然不能加以讨论。

公会乃派教皇代表 Aleander 起著名 Worms 议决案之稿。议决案宣布屏 Luther 于法律之外，其理由如下：彼扰乱大众承认仪节之数目及举行，反对关于婚礼之规则，藐视而且诽谤教皇，轻视教士而且激起俗人浸其手于教士之血中，反对自由意思，提倡放肆，藐视有司，主张禽兽之生活，为教会与国家之大患。无论何人，不得予彼以食，饮，或住，而且须逮捕之以交于皇帝。

《Worms 议决案》（一五二一年）

而且《议决案》并规定"无论何人不得买、卖、读、藏、抄、印，或主使他人抄印教皇所禁止之 Martin Luther 所著之任何书本，或无论彼以德国文或拉丁文所著之任何著作，盖此种著作为污秽、恶毒、可疑，而且系著名及倔强之异端之所印行者。无论何人不得用人类所能发明之方法赞成，宣布，辩护，或提倡彼之意见——虽彼或有善言在其著作之中以欺朴实之人"。

议决案之效力　　帝国承认负有实行教皇命令之责任，此为最后之一次。Hutten 大呼曰："吾为吾之母国羞。"其时德国人多不赞成议决案，故注意之者极寡。Chades 第五不久即离德国，嗣后在外者凡十年之久，专从事于西班牙政府之整顿及与他国战争二事。

第二十六章　德国之宗教改革
（一五二一年至一五五五年）

第一节　Luther 之翻译《圣经》

Luther 自 Worms 归，中途在 Eisenach 附近为人所挟而藏诸 Saxony 选侯之 Wartburg 城堡中。Luther 匿居于此，以暂避皇帝及公会实行议决案之危险。彼居此者凡数阅月，从事于翻译《圣经》为德国文。一五二二年三月间，彼离 Wartburg 城堡时，《新约全书》已译成矣。

Luther 翻译《圣经》

其时《圣经》之德文译本，虽不一而足，然译文恶劣，真意不明。Luther 之翻译《圣经》，原非易事。彼当谓"翻译一事，非尽人能为之术；盖翻译之人，必具正当、诚笃、真实、诚恳、郑重、基督教徒、学者、经验及曾受训练之心"。彼之研究希腊文，不过二三年，而 Hebrew 文字之知识尤浅。而且当日之德国文，尚无一定之形式可以应用。各地有各地之方言，往往两地互异，有同外国。

Luther 以为《圣经》亟应译成国语，以便常人研究之用。故彼往来询问老妪，童子及工人以种种问题，以求得其所需之文句。有时一字推敲，动需二三周之久。彼之译本，

Luther 译本之重要

如此精良，故为德国文字上之一大界标。近世德国文书籍之重要者，以此为第一，而为后世德国文之标准。

当日讨论时事之著作　当一五一八年以前，书籍或小册之以德国文编著者，为数极少。翻译《圣经》之事，不过当时启发常人知识之一种标帜。Luther 之同志及敌人，亦开始以德国文著书，以便读者。至是德国之学问，乃不仅以学者为限矣。

当时以德国文所著之小册书籍，讽刺文章及滑稽图画等，至今颇有存者。吾人披览之余，足见当时人讨论宗教及其他问题之精神，与今日大致相仿。例如教皇 Leo 第十与魔鬼之信札，Franz von Sickingen 与 St.Peter 在天堂门外之谈话等。在谈话中，Peter 谓彼向未闻有所谓"应束应纵"之言，彼并不愿与 Sickingen 谈论战略，唯请 St.George 来备应对。另有一篇讽刺文，述 St. Peter 假期中游行世界之事。中途为旅舍中之兵士所凌虐，乃急返天上，详陈德国状况之如何恶劣，儿童之教育如何腐败，其奴仆之如何不可恃。

第二节　改革家意见之分歧

改革教会意见之分歧　昔日德国人之高谈改革者虽不一其人。而力能实行者盖寡。改革家之间，难分畛域。大都皆以为教会应改良，然能见到各人目的之如何不同者，其数甚少。诸侯之援助 Luther，其希望在于监督教士，管理教产，并可停止金钱之流入罗马。骑士一级以 Sickingen 为领袖，则因诸侯之权力增加，心怀猜忌。故若辈所谓"公正"乃推翻诸侯，尊重骑士之谓。农夫一闻 Luther 之名莫不喜形于色，以为彼之主张足以证明若辈所负徭役租税之不公。高级教士，欲脱去教皇之管束，低级教士则希望其婚娶之承认。于此可见宗教上之利害，反附在他种利害之下。

当各级中人分途实现其改革观念时，Luther 大为失望，恕焉忧之。彼之主张为人所误解，为人所割裂，而且为人所侮弄。彼有时竟自疑笃信入道之原理，或系大谬。彼之惊震，第一次来自 Wittenburg。当 Lutter 尚居于 Wartburg 城堡中时，其大学中之同事名 Carlstadt 者，竟主张修道士与女尼均应离其寺庵婚嫁如常人。此种主张，极其重大，言其理由，可得二端。第一，离寺庵之僧尼，有背昔日之信誓；第二，寺庵解散，则有寺产处置之问题。然 Luther 所主持之寺中，修道士渐渐离去，学生与公民亦开始破毁教堂中之神像。又以圣餐礼供奉面包与葡萄酒，与崇拜偶像无异，不宜举行。Carlstadt 并断言所有学问，均属赘瘤，因《圣经》中明言上帝不与慧人相见，而表示其真理于婴孩也。彼遇《圣经》中有难解之文时，竟询诸商人以求其解。Wittenburg 大学并改为面包铺。学生纷纷回里，所有教授亦预备他迁。

Carlstadt 主张解散寺院

此种消息既传入 Luther 之耳，彼乃冒险回至 Wittenburg 着手讲道，力劝德国人应用温和方法及理想以达其目的。彼对于 Cadsmdt 之主张，亦有赞成者。如废止圣餐礼，即其一端。然彼虽主张凡赞成笃信入道之原理者，得以离寺而还俗，因若辈宣誓时，本误以善行为可以自救也；唯对于寺院之解散，则以为非是。凡留居寺院中者，不应再有行乞之举，应各自食其力。

Luther 说明其改革之计划

Luther 以为变更宗教习惯之责任，应由政府负之；不应人人得以自由去取。假使政府中人不愿负责，则吾人唯有静候时机，尽吾人之力以提倡之而已。"教人、告人、著

Luther 说明忍耐及温和

文、演讲，以说明人类仪节之无用。劝人毋再为教士、修道士、或女尼，并劝已为此种人者，应即改弦而更张之。毋再出资以得教皇之特权，蜡烛、钟、发愿牌及教堂，须言基督教徒之生活在于笃信与爱情。吾人如实行此种主张凡二年，尔即可知教皇、主教、住持、僧、尼及所有教皇政府中之戏法之在何处；均将如烟之消灭矣。"Luther 并谓上帝对于吾人之婚娶、为僧、斋戒、自承或供奉偶像等，均予吾人以自由抉择之余地。凡此种种，均非救生之要具。

和平改革之无望

然 Luther 之温和计划，难以实行。当时人热心太过，故对于所有旧教中之信仰，无不反对。若辈既藐视旧教，则对于旧教之符号与习惯，当然不能再容其存在。而且当时信教不笃之人，亦以破坏教堂中之图画，彩色玻璃及偶像以为快，盖此辈固好扰乱秩序者也。

第三节　骑士之激烈举动

Sickingen
攻击
Treves 大主教

Luther 不久即知和平革命，实无希望。彼之同志 Hutten 与 Franz von Sickingen 始有激烈之举动•，宗教改革之信用，未免大受其影响。一五二二年，Sickingen 有与其邻 Trevcs 大主教宣战之举，以开骑士攻击诸侯之端。彼宣言彼将解放 Treves 人民以脱去牧师之羁绊，引若辈以入于《福音》之自由。彼在其城堡中本已废止圣餐礼并予 Luther 之同志以藏身之所。然 Ftanz 以武办实行《福音》，除宗教外，别有用心。彼之崇拜 Luther 与彼之攻击 Treves 大主教，殆无密切之关系。

骑士同盟为诸侯所破

Treves 大主教善于用兵，并得其人民之援助。Franz 不得已退归，宫伯领土中之选侯及 Hesse 之伯爵围攻其城堡，不久陷之，Franz 被梁压而死。数月之后，Hutten 亦困顿而死于瑞士。Sickingen 所组织之骑士同盟，颇激起诸侯之恐惧，诸侯乃集兵攻破骑士城堡二十余处。Hutten 恢复骑士势力之计划，至是完全失败。据上所述者观之，可知 Hutten 辈之用意，与 Lutter 实不相同；唯若辈尝以改革宗教为言，故若辈之种种妄举，Lutter 不能不负其责任。信仰旧教者，至于乃有所借口，以为异端流行，秩序必乱；而且异端之为害，不仅及于宗教，亦及于政府，故非以火与剑铲平之不可。

第四节　教皇 Hadrian 第六与 Nuremberg 公会（一五二二年）

当 Luther 尚居于 Wartburg 城堡中时，教皇 Leo 第十卒。继之者为 Hadrian 第六，曾任神学教授而且曾为皇帝 Charles 第五之师傅。新教皇为人诚笃而朴实，以主张改革著于世。彼以为德国之叛乱，由于牧师及主教不德之所致，乃上帝示惩于吾人耳。教皇并于一五二二年遣教使赴德国 Nuremberg 公会中，公然承认教皇为最有罪过者。"吾人深知多年以来，罗马教皇机关之中有种种极其不德之行——精神事业上之流弊，教会法律之违背——总而言之，凡事皆适与正当者相反。无怪如病之自首而及于全身，自教皇而及于下级教士。吾辈为教士者，皆舍正路而不由，而吾辈中久已无一公正之人，真无一人。"

Hadrian 第六承认教皇之恶行

Hadrian 第六虽直认教士之无行，然不愿俯听德国人之诉苦，必俟若辈压抑 Luther 及其异端之主张而后可。教皇宣言 Luther 之为害于基督教国家，较土耳其人尤甚。世

Hadrian 第六痛责 Luther 主张之非是

界之上无物再较 Luther 之主张为愚而且丑。彼欲推翻宗教与道德之根据，彼与摩诃默同，然较为恶劣，盖彼主张僧尼皆可婚嫁者也。假使私心自用之徒，可以任意推翻数百年来圣贤所建设之制度，则人类中当无稳固之物矣。

Nurdmberg 公会之行动

公会中人既闻教皇开诚布公之言，异常满意，以为教皇必能实行内部之改革。然对于 Worms 公会之议决案，恐滋纷扰，故执意不愿实行。德国人亦以为若辈曾受教皇朝廷压迫之苦痛，故不愿加害于 Luther。如逮捕之，将与攻击《福音》自由与保护昔日旧制无异；或且引起国内之纷扰。故公会中人主张应召集基督教徒大会于德国，以俗人与教士合组之，令其开诚表示其意见，以真实为主，不以悦耳者为主。同时讲道者应纯以《福音》为根据。至于教皇所提禁止僧尼婚嫁之事，于政府绝无关系，无从干涉。Saxony 选侯曾谓修道士之奔入寺中，彼实未尝注意及之，今若辈又有逃出寺院之举，彼亦无理由可以注意及之。唯 Luther 之著作，以后不得再行出版，而学者对于错谬之讲道者，应加以训诫。至于 Luther 本身，应任其自在。上述办法，足见当日德国人之一般态度如何。唯公会中对于 Luther 并不十分尊重之也。

第五节　Regensburg 之议决案

教皇 Clement 第七

教皇 Hadrian 第六，因改革无成，精疲力竭，故不久去世。继之者为 Medici 族之 Clement 第七，其才力虽不如 Leo 第十之大，而其俗心则远较 Leo 第十为淡。一五二四年又有召集公会之事，然公会之政策，仍与上次无异。虽不赞成 Luther 之主张，然亦并不极力阻止其事业之进行。

教皇所遣之教使，至是知召集公会合力解决德国叛乱之无望，乃另召一部分赞助教皇之诸侯于 Regensburg 地方以讨论之。此次与会者有奥地利公 Ferdinand，Bavaria 之二公，Salzburg 与 Trent 之二大主教，Bamberg，Speyer，Strusburg 及其他诸地之主教。教皇有种种之让步以诱若辈合力反对 Luther 之异端。让步中之最重要者，为教皇之改革命令，规定唯有曾经公认之人，方准讲道。其主张并须以四大神父——Ambrose，Jerome，Augustine，Gregorp the Great——之著作为根据。教士须受极严密之训练；以后不得再有财政上之压迫及执行教务时之需索。赎罪券之流弊，设法革除，纪念日之数目，亦应减少。

旧教徒之结合

此次 Regensburg 会议之结果，极其重要，盖德国内部宗教之分为二派，实始于此。奥地利，Bavaria 及南部之教士领土，至是显然与教皇合力以反对 Luther，至今尚为信奉旧教之国家。至于北部诸地之诸侯，渐与罗马旧教脱离关系。而且因教使长于外交，故德国旧教之改良，亦遂开始。流弊之革除者，不一而足，故改革教会而不变更教义之主张，可谓已达其目的。不久颁发德国文《圣经》备旧教徒诵习之用。而关于旧教之著作，亦复常有增加，以证明旧教教义之真确及其制度与礼节之正当。

德国宗教之分裂及旧教改良之开始

第六节　农民之叛乱及其平定

至一五二五年德国之旧党中人，本畏 Luther 者，又得一种可怖之证据。其时德国农民以"上帝公平"之名义，起而复仇，并恢复其权利。此次内乱，Luther 虽不负责任，然农民不满之心，实由彼激起之。彼谓德国有阻止取赎小

Luther 之论调激起民之叛

农民之要求

押品之习惯，故"无论何人有金币（Gulden）一百枚者，每年即可吞咽农民一人"。彼又谓德国之封建诸侯实与绞刑吏无异，只知吸收穷人之膏血者也。"此种人在昔日吾人称之为流氓，然今日吾人则称之为'信基督教而且可敬之诸侯'。"贤明之君主，实属罕有："若辈每系世界上之大愚或最恶劣之无赖。"然 Luther 虽痛骂当日之诸侯，而其宗教运动之进行，则端赖若辈之援助。而彼亦尝谓教皇之势力既破，诸侯之势力大增，盖彼之功云。

　　农民之要求中，亦颇有合理者。其要求之表示为十二条（Twelve Articles）。就中说明地主所勒索之大部分租税，《圣经》中并无规定之明文，而且既同是基督教徒，地主亦不应以佃奴相待。若辈甚愿输纳旧日相沿之租税，唯地主要求农民负担额外之徭役时，则应有相当之报酬。若辈并主张各地人民得自由任免其地之牧师。

工人之要求

　　其时城市中之工人，亦有与农民联合者，其要求较为激烈。例如 Heilbronn 城中市民之要求，颂足表示当日市民不满精神之一班。其重要条文，为教会财产除维持民选教士外，均应籍没备公益之用。教士与贵族之特权，均应剥夺之，以免其压迫贫苦之人。

Luther 主张用武力平乱

　　此外尤有较为激烈者，主张杀尽"无神"之教士与贵族。城堡寺院之为农民所毁者数以百计，而贵族中亦有被若辈所惨杀者。Luther 本农家子，本与农民表同情，故尽力劝农民毋得暴动。然农民多不听，彼乃大恨，力加攻击。宣言农民实犯有大罪，其身体与灵魂虽死亦不足以蔽其辜。若辈既不忠于长上，又复无端劫掠城堡与寺院；而且借口《福音》以掩饰其罪过。故彼力主政府应以武力平定其叛乱。"此种苦人，不必怜恤者也；刺之，杀之，缢之，可也！"

德国之君主颇能依 Luther 之言以行，而贵族之复仇，亦极其残酷。一五二五年夏间，农民之领袖多失败而被杀，相传农民之因此而死者达万人之多。君主或诸侯之实行改革者，为数甚少，农民之荡产及失望，可想而知。德国人民至是乃断定所谓《新福音》，并不为若辈设法者，且称 Luther。为"谎言博士"（Dr.Lugner）。昔日地主之暴敛横征，依然如旧，而此后数百年间，德国农民之状况，较旧日尤为不堪。

平定叛乱之惨

第七节　Speyer 公会及新教徒名称之由来

自农民叛乱后，德国君主中有阻止宗教变更之计划。德国中北两部之君主组织 Dessau 同盟以铲除"受人诅咒之 Luther 派"。同盟中有 Saxony 公 George，Brandenburg 及 Mayence 之二选侯，与 Brunswiek 之二亲王。其时有皇帝预备入德国以铲除异端之谣言，赞成 Luther 之诸侯乃亦有联合之举。就中最重要之分子为 Saxony 新选侯 John Frederiek 及 Hesse 伯爵 Philip 二人。此二人将来为德国保护新教之最力者。

德国诸侯组织新旧教同盟

其时德国皇帝又有与法国王 Francis 第一及教皇战争之举，故无暇顾及德国之内政，遂不能不放弃其实行 Worms 大会议决案之意。德国国内既无人可以决定全国之宗教问题，故一五二二六年 Speyer 公会决议未开宗教大会之先，德国之诸侯，骑士及城市之直隶于皇帝者，应各自定其领土中应奉之宗教。各地诸侯之"生活，政治及行动，应随各人之意以合于上帝与皇帝"。故当时德国各邦之政

Speyer 公会予各邦君主以决定国教之权（一五二六年）

府，有决定其属民宗教之权利。

当时人均仍抱宗教统一之望　然当时人皆希望将来国内之宗教，仍能归于一统之域。Luther 以为将来基督教徒必皆能信奉《新福音》。彼仍愿主教之存在，即教皇亦可任其继续为教会之首领。至于反对新教者，则以为异端教徒必有消灭之一日，而宗教必能恢复其统一之局。然两方之希望，均不正确，而 Speyer 公会之议决案，竟成为永久之规模，德国宗教至今分裂。

Charles 第五之干涉　其时反对旧教之新派，开始发现。其时瑞士之改革家名 Zwingli 者，同志甚多，而所谓再浸礼派者（Anabaptists）则甚至主张废止旧教。德国皇帝是时亦有暇赴德国，于一五二九年再召集公会于 Speyer 决定实行反对异端之计划。无论何人，不得反对圣餐礼，并不得阻止他人参与圣餐礼。

英文新教徒名称之由来　此种议决之结果，无异强迫新教诸侯恢复旧教中最特异之仪节。公会中信新教者居其少数，故若辈唯有提出抗议（protest）之一法，签名者有 Saxony 之 John Frederick 与 Hesse 之 Philip 及皇城十四处。抗议中声明多数人断无取消上次 Speyer 公会议决案之权，盖此次议决之案系全体同意者，且全体担保遵守者。故若辈求援于皇帝及将来之宗教大会，以反抗多数之压制。凡此次签名于抗议上者，世称之为抗议者（Protestant）。日后"抗议者"三字，遂为反对罗马旧教教义者之通称。

第八节　Augstmrg 公会及新教徒之信条

Augsburg 公会之筹备　自 Worms 公会以后，皇帝多居于西班牙，从事于法国之战争。先是皇帝 Charles 第五与法国王 Francis 第一均要求 Milan 与 Burgundy 公国为已有，有时教皇亦参与其间。然一五三〇年，皇帝因战事暂平，乃赴德国开公会于 Augsburg 以解决宗教问题。彼令新教徒将若辈之信仰著文以陈述之，以备为公会讨论之根据。新教徒乃托 Luther 之友人并其同事 Melanchthon 负起草之责，盖彼本以学问渊博主张温和著于世者也。

Melamchthon 所著之宣言，世称 Augsburg 信条 Confession），为新教改革史上之极重要资料。Melanchthon 之意见和平，持论公允，故宣言中力言新旧教之异同，相去并不甚远。彼以为新旧两派之基督教观念，根本相同。唯新教徒对于旧教中之习惯，实有不能赞同者，如教士之不得婚娶，斋期之遵守等。至于教会之组织，信条中并不提及之。

Augsburg 信条

同时皇帝并令热心旧教者为文以辩驳新教徒之见解。旧教徒之条陈中，承认 Melanchthon 之主张亦颇有纯正者；唯对于新教徒改革之主张，则一概反对。Charles 第五宣言旧教徒之条陈为"合于基督教而且公允"，令新教徒承认之。并禁止新教徒嗣后不得再与旧教徒为难，所有寺院及教会财产均应恢复原状。皇帝并允于一年之内请教皇召集宗教大会，以为或可以解决所有宗教上之困难及实现教会自动之改革。

Charles 第五之和平计划

第九节　Augsburg 和约

Augsburg 公会后二三十年间，德国新教之发达情形，不能细述。宗教改革之性质及德国君主与人民见解之不同，上文亦已略述其梗概。皇帝自离 Augsburg 后，十年之间，从事于南部欧洲方面之战事，又因欲得新教徒之援助，故

Augsburg 和约以前新教之进步

对于新教徒之行动，不敢加以限制。同时德国诸侯之信奉 Luther 主张者，常有增加。最后 Charles 第五与新教诸侯有战争之举，然其原因关于政治上者居多。盖其时 Saxony 公 Maurice 意欲援助皇帝以反对新教徒，则彼可以借口夺得信奉新教之 John Frederick 之选侯领土。然战事并不甚烈。Charles 第五调西班牙军队入德国，俘 John Frederick 与 Hesse 之 Philip 二人，拘之数年。

Augsburg 知约　然此次战争，并不能阻止新教之发达。Maurice 既得 Saxon，选侯之领土，乃忽与新教徒合。法国王亦愿援助新教徒以反抗德国之皇帝，Charles 第五不得已与新教徒言和。三年之后，于一五五五年批准《Augsburg 和约》。其条文极其重要。德国之诸侯，及直隶于皇帝之城市与骑士，得各自由选择其信奉之宗教。然假使教会诸侯——如大主教、主教、或住持——改信新教时，则须将其财产缴还教会。至于人民则必遵其地之宗教，否则须他徒也。

政府决定国民宗教之原理　此次宗教和约，并未建设信教自由之原理；所谓自由，亦仅以各地之诸侯为限。至于诸侯至是并握有宗教上之权力。故其权力大增。君主监督宗教之事，在当日本属自然，亦属势所难免。盖教会与政府数百年来，关系本极密切。当时尚无人梦想个人可以有信教之自由也。

Augsburg 和约之缺点　Augsburg 和约之最大缺点有二，实为他日之祸源。第一，参与和议者仅有一部分之新教徒。其他如法国改革家 Calvin 及瑞士改革家 Zwingli 二人所创之新教，为旧教及 Luther 派所反对，故并不包括在内。德国人或仍奉旧教，或改信 Luther 派之新教，舍此别无宗教之自由。第二，教会诸侯改信新教必缴还其财产于教会之规定，势难实行，盖无人执行也。

第二十七章　瑞士及英国之宗教改革

第一节　瑞士联邦之由来

Luther 死后百年间，西部欧洲诸国之历史，除意大利与西班牙二国以外，皆系新教与旧教竞争之事迹。其在瑞士、英国、法国、荷兰诸国中莫不因宗教改革而产出极大之变化。吾人欲明了诸国他日之发达，不能不先述其宗教改革之内容。

其他诸国之宗教改革

兹先述立国于 Alps 山中之瑞士。当中古时代，瑞士为神圣罗马帝国之一部分，与德国南部合而为一。当十三世纪时，沿 Lucerne 湖边之"森林"州（Forest Cantons）凡三，组织同盟以抵抗 Hapsburg 族之侵犯，此实他日瑞士联邦之起点。　三一五年第一次大败 Hapsburg 族于 Morgarten 地方，乃有重组同盟之举。不久 Luceme 及 Zurich 与 Berne 二皇城亦加入同盟。屡经战争，瑞士竟能抵抗 Hapsburg 之武力征服。至一四七六年 Charles the Bold 有征服瑞士之举。于 Granson 及 Murten 二地为瑞士人所败。

瑞士联邦之由来

四邻诸地渐加入瑞士同盟，甚至 Alps 山南意大利方面之地，亦有人附者。日久之后，瑞士同盟与帝国渐形分离，

瑞士之独立及其人种之混杂

世人亦渐视瑞士为帝国之"亲戚"；至一四九九年，同盟诸州竟不再受皇帝之管辖，而成为独立之邦。最初之同盟虽纯属德国种人，然领土扩张之后，遂有法国人及意大利人，至今国内法律尚以三国文字公布之。故所谓瑞士人，并非纯粹之民族，而且独立后数百年间，其组织亦颇不完备也。

第二节　Zwingli 之改革宗教

Zwingli 为瑞士宗教改革之领袖

　　瑞士之宗教改革家，以 Zwingli（一四八四年至一五三一年）为领袖。年少 Luther 一岁，亦系农家子出身。唯其父景况极佳，故 Zwingli 得求学于 Basel 及 Vienua 诸地。彼之不满意于旧教，原于古文及希腊本《新约全书》之研究，不若 Luther 之原于修道士之生活。Zwingli 曾为牧师，居于 Zurich 湖附近之 Einsiedeln 寺。此寺以寺中 St.Meinrad 像极著灵验之故，故为信徒朝谒之中心。Zwingli 常谓"吾在此地讲道，始于一五一六年，其时尚无一人曾闻 Lutller 之名者"。

Zwingli 痛骂教会之流弊及瑞士兵备人雇佣之恶习

　　三年之后，彼被聘为 Zurich 大礼拜堂之讲道者，改革事业，于是乎始。其时有一 Dominie 派之托钵僧宣传赎罪券原理于瑞士。卒因 Zwingli 之反对，被逐出境。彼予是开始痛骂教会中之流弊及瑞士备人雇佣之军队，以为瑞士兵士专备他国之雇用，实为瑞士之耻。罗马教皇对于瑞士军队之援助已不可小，故常以年金及教会中之优缺，以予瑞士人之有势力者，以翼其助己。故 Zwingli 之改革主张，自始即合宗教与政治而为一，其目的在于调和各州之感情，及阻止瑞士人为他人牺牲之恶习。一五二一年，教皇又有征兵于瑞士之举，Zwingli 乃竭力攻击教皇及其特派员。彼谓"若辈之冠红冠，衣红衣，何等适当乎！吾人如摇若辈之身，则金钱堕出矣。吾人如绞若辈之身，则尔子，尔兄弟，尔父，尔良友之血流出矣"。

此种论调，不久即激起世人之批评，而旧日森林诸州皆主张禁止之，然 Zurich 之城议会独竭力援助 Zwingli。Zwingli 乃亦攻击教会中斋戒及教士不娶诸习惯。至一五二三年，彼将其主张著六十七条之论文以陈述之。主张基督为唯一之高级教士，《福音》之成立，并不因教会之承认。彼反对炼罪所之存在，及 Luther 所攻击之种种习惯，其时无人出与 Zwingli 辩难，敬 Zurich 之城议会遂批准其主张，脱离罗马旧教而自立。次年并废止圣餐礼，迎神赛会，及圣人肖像等；神龛大开，遗物则埋而掩之。 Zurich 城之改革

其他诸城亦有随 Zurich 之后者；唯滨 Lucerne 湖之诸州，诚恐失其旧日之势力，故有力维旧教之决心。瑞士国内第一次之新旧教争战为一五三一年 Kappel 之役，Zwingli 阵亡。诸州间之宗教，始终不能一致，故至今瑞士国中尚仍新旧教并行之局也。 其他诸城之闻风兴起

Zwingli 改革宗教之影响于欧洲诸国者，当推其所主张之圣餐礼观念。彼不但反对变质之原理，而且不信基督之降临，以为面包与酒不过一种符号而已。英国，德国中之信奉 Zwingli 主张者，亦遂在新教徒中自树一帜，统一新教之困难，益为之增加矣。 Zwingli 之影响

第三节　Calvin 之改革宗教

Calvin（一五〇九年至一五六四年）之宗教主张，较 Zwingli 尤为重要，其影响之及于英国、美国两国者亦较为远大。其改革事业，以瑞士边境之 Geneva 城为中心。英 Calvin 与长老会派

国、美国之长老会派（Presbyterian Church）及其主义，即系 Calvin 所创。彼本法国北部人，生于一五〇九年；故彼实属于新教徒之第二世。彼在幼年时代即受 Luther 派新教之影响。法国王 Francis 第一有虐杀新教徒之举，Calvin 遁走，暂居于 Basel 城。

基督教原理

当彼居于 Basel 城时，其著名之《基督教原理》（TheInstitutes of Christianity）一书第一次出版，风行之广，为新教神学著作中第一。以新教眼光说明基督教之原理，实以此书为嚆矢。此书与 Peter Lombard 之意见相同，简单明了，诵读讨论，均甚便利。书中原理以《圣经》不灭为根据，而反对教会与教皇永远存在之说。Calvin 之论理力极巨，而文笔亦极其透辟。其法国文原本，实为善用法国文以著理论文章之第一模范。

Calvin 在 Geneva 城之改革

Calvin 之被召赴 Geneva 城，约在一五四〇年；城中人付以改革城中政治之责任，盖该城是时已脱离 Savoy 公而独立也。彼乃编订宪法，建设政府，将政治与宗教合而为一。他日法国与苏格兰两地之新教徒，皆属 Calvin 派，而非 Luther 派。

第四节　英国之古文学者

英国之叛离教会

英国之叛离中古教会，进行甚慢。虽 Luther 焚毁教会法律以后，英国已有新教主义之标帜，然至三十余年之后，至一五五八年女王 Flizaheth 即位时，英国宗教改革之态度方著。就表面上视之，抑若英国之宗教革命，原于英国王 Henry 第八因教皇不允其离婚，迁怒于教皇之故。实则全体国民一旦有永久变更其宗教信仰之举，断非一人之好恶，

所能为力。盖英国与德国同，在宗教改革以前，已有种种
之变化为宗教革命之备。

英国学者之受意大利新学问之影响，实始于十五世纪　John Colet
之后半期。Colet 曾竭力在牛津大学中提倡希腊文之研究。
彼与 Luther 同，独喜 St.Paul。于德国宗教改革以前，即
有笃信人道之主张。

此期中英国最有名之著作家为 Sir Thomas More。其所著　More 及其乌托
之小书，名《乌托邦》者，约出版于一五一五年，为改良世　邦
界之梦想之最著者。乌托邦中之状况，极其快乐，政府精良，
弊窦尽去。邦中人民与英国人不同，只为自卫而战，或为解
放他人而战，断不因侵略他人而战。在乌托邦中无论何人，
只需不扰乱他人，则断无因宗教意见而被人虐杀之虞。

一五〇〇年间，Erasmus 赴英国，对于英国之社会，　Erasmus 之 英
极为满意；吾人可以断定彼之见解，殆可以代表当日英国　国同志
大部分之知识阶级中人。Erasmus 所著《愚之赞美》一书，
即在 More 家中脱稿者。Erasmus 在英国之研究大著成功，
所交之友人又复性情相近，故以为无游学于意大利之必要。
当时英国人盖已有见到教会中之流弊，及赞成革除流弊之
新制者矣。

第五节　Henry 第八之离婚事件与 Wolsey

英国王 Henry 第八之大臣 Cardinal Wolsey，竭力劝国　Wolsey 之和平
王毋穷兵于欧洲大陆之上。Wolsey 之意，以为英国而欲　政策及其均势
日臻强盛之域，不在武事，而在和平，此种见解，殊为卓　之观念
越。彼以为欲求和平，必先维持欧洲大陆均势（balance of
power）之局，以免一人独霸之危险。例如当法国王 Francis

第一胜利时，彼主张英国当援助皇帝 Charles 第五，当 Francis 第一于一五二五年大败于 Fayia 时，则英国王当援助法国王。此种均势观念，为他日欧洲诸国外交政策之根据。然 Wolsey 不幸无实现其开明理想之机会。彼之失败及英国新教之发达，均与 Henry 第八之离婚事件有密切之关系。

Henry 第八之离婚案　Henry 第八初娶 Charles 第五之姑 Aragon 之 Catherine 为后。所生子女皆夭殇，存者仅一女 Mary 而已。Henry 第八深虑女子不能即王位，故得子之心甚切。而且 Catherine 年较英国王为长，故不能得王之欢心。

Catherine 曾嫁 Henry 第八之兄，结婚后其夫即死去。据教会之规则，凡教徒不得娶已故兄弟之妻为妻。Henry 第八至是乃借口于此，以为若再保留 Catherine 为后，则将得罪于上帝，故有要求离婚之举。其理由谓彼之婚姻，本不合法者。不久英国王又遇年仅十六之美女名 Anne Boleyn 者，嬖之，与后离婚之意，抑不可遏。

教皇之反对离婚及 Wolsey 之失势　不料英国王与 Catherine 之结婚，曾得教皇之"法外施恩"而承认者，故教皇 Clement 第七即不虑有伤皇帝之感情，亦无法可以取消其婚约。Wolsey 既无法得教皇之许允，遂开罪于英国王，王怒甚，于一五二九年免其职并没收其财产。Wolsey 本拥有巨资，富敌王室，至是一贫如洗。不久其敌人并借词控以犯大逆不道之罪，被逮赴伦敦，中途卒，幸免身首异处之惨。

第六节　Henry 第八之叛离教皇

Henry 第八迫英国教士承认其为国教之主　英国王乃进而严谴英国全国之教士；宣言据英国旧日法律之规定，凡教皇代表不得英国王允许者，不得入国；

今英国教士竟有服从教使 Wolsey 之事，违背国法，显而易见。然当日 Wolsey 之被派为教使，英国王本曾赞成。今日之言，可谓奇异之至。全国教士乃群集于 Canterbury，愿输巨款于王以赎其罪。王不允，谓非承认彼为英国教会之最高元首不可。教士不得已遵命而行；而且并议决以后不得国王之允许者不开宗教大会，不定规则。教士既俯首听命，英国王将来实行离婚时，遂不致再有人批评矣。

彼乃尽力嗾使国会声言行将断绝教皇自新任主教方面得来之收入。以为果能如此，则教皇 Clement 第七必将屈服于英国王。然此计不果行，英国王迫不及待，遂不待离婚而与 Anne Boleyn 私通。一五三三年国会通过上诉议案，规定凡上诉之讼案，均应在国内判决之，不得诉诸国外。王后 Catherine 至是遂无上诉于教皇之机会。不久英国王召集教会法院，宣布国王之前婚为无效，王后竟无如之何。国会亦宣言国王与 Catherine 之结婚为非法，与 Anne Boleyn 之结婚为合法。一五三三年，Anne Boleyn 生女名 Elizabeth，国会并议决国王去世，则以 Elizabeth 入承大统。

> 国会禁止国人不得上诉于教皇

一五三四年英国国会通过《独尊议案》（*Act of Supremacy*）予国王以任命国内教士之权，而享昔日教皇所得之收入。宣言国王为"世上英国教会之唯一最高元首"，并享有一切宗教元首应享之权利。二年之后，凡英国之官吏——无论在教会中或在政府中者——均须宣誓不再服从罗马之教皇。不遵者以叛逆论罪。其时国中官吏颇有不愿遵行者，因之遂有极可怖之虐杀发生。

> 独尊议案

吾人于此宜注意者，即 Henry 第八并非真正之新教徒是也。彼虽因教皇 Clement 第七不允其离婚之故，有叛离罗马教皇之举，并强迫教士及国会承认其为宗教之首领。

> Henry 第八并非新教徒

昔日英国君主亦尝有与教皇冲突之举，然从未有激烈如此者。英国王不久并没收寺院财产，以为寺院之为物，适足以堕落人类之道德，较无用尤恶。然此种行动，虽甚重要，而英国王始终不信新教领袖之主张。彼与当时人同，亦抱有怀疑新教之心，急于说明旧教之原理以免他人之反对。

英文《圣经》　英国王曾颁发布告说明浸礼，忏悔礼及圣餐礼诸仪节之性质。并下翻译《圣经》之令。一五三九年新译之《圣经》出版，下令各区均须各备一册藏诸各区教堂之中，以备教徒随时参考之用。

Henry 第八急自证明实为旧教徒　英国王自没收寺院财产及金银珠宝之后，急欲证明其为纯正旧教徒。彼曾亲身审判信奉 Zwingli 主张之新教徒。并引据《圣经》以证明基督之血与肉，果然存在于仪节之中，乃定以死刑，用火焚而杀之。一五三九年，国会又通过法案曰六条者（Six Articles），宣言基督之血与肉果然存在于行圣餐礼时所用之面包与酒中；凡胆敢公然怀疑者，则以火焚之。至于其他五条即——俗人行圣餐礼时，仅食面包已足；教士不得婚娶；不娶之志愿永远遵守；私行圣餐礼之合法；自承之合法等——凡违背者，初次处以监禁及籍没财产之刑，第二次则缢杀之。此案通过以后，主教之被逐者二人，人民之因此丧命者亦不一而足也。

第七节　Henry 第八之解散寺院及其三娶

Henry 第八之专制及 More 之被杀　Henry 第八残忍而专制。sir Thomas More 本系王之老友，竟因反对其离婚而杀之。修道士之不愿宣言国王第一次婚姻为非法及反对国王为教会元首者亦多被杀戮。其他因饿病而死于狱中者，亦复甚多。当时英国人之心理，大抵皆如下述某修道士之言："吾认吾之不服从国王，并非由于吾心之反叛或存心之不良，实由于心畏上帝，故不敢唐突耳；因为吾人之圣母，即教会所规定者，实与国王与国会所规定者相反者也。"

Henry 第八需款甚殷，英国之寺院颇有财产甚富者，而修道士对于他人之诬捏，又无力以自白。英国王遣大臣四处调查寺院之内容。其结果则寺院中之腐败情形，当然不难征集而得，就中亦有真确者。修道士之懒惰无行，当然不一其人。然修道士之在当日，实系和善之地主，行旅之居停，苦人之良友。英国王既着手于劫掠小寺院，国内乃有解散各区教堂之谣传，教士闻之惧，乃叛。英国王更有所借口，实行攻击较大之寺院。住持与方丈之参与叛乱者多被缢死，并没收其财产。其他住持，莫不惊惶失措，自承寺中之修道士，罪过甚大，请许其缴出寺院于国王。王使者乃没收之，尽售其所有，甚至钟与屋顶之铅板，亦复搜卖一空。至今游英国者尚得目睹昔日寺院之遗址也。至于寺院土地，多归国王。王或售之以裕国库，或分给诸宠臣。

寺院之解散

与解散寺院同时并进者，为破坏教堂中之神座及肖像，盖皆以金银珠宝装饰者也。Canterbury 之 St.Thomas 神座被毁，其遗骨亦被焚。Wales 有木像一，英国王因某托钵僧主张宗教之事，应服从教皇，不能服从英国王，遂以木像为燃料焚某僧而杀之。此种举动，颇与德国、瑞士、荷兰诸地之攻击神像相仿。然英国王与其廷臣之行为，虽以破除迷信为理由，而其目的殆在于谋利。

神座及肖像之
破坏

英国王之家庭变故，并不因娶 Anne Boleyn 而终止。英国王不久即厌恶其新娶之后，三年之后，竟诬以有种种

Henry 第八之
三娶

丑行而杀之。后死之次日，王又娶 Jane Seymour 为后。不久生一子，即他日之 Edward 第六也。后生子后不数日而死，此后英国王并先后再娶三次，均无出，故无争夺王位之人，兹不细述。Henry 第八既有二女一子，乃令国会议定承继王位之次序，先传其子，若其子无后，则依次以其二姊入承大统云。一五四七年 Henry 第八卒，遗其新旧教问题于其子若女。

第八节　Edwarci 第六与英国新教之成立

Edward 第六在位时代新教习惯之传入

当英国叛离中古教会之时，内国人民虽尚多奉旧教者，然在 Henry 第八时代，新教徒之人数实常有增加。Edward 第六以冲龄即位，在位仅六年——彼于一五五三年卒，年仅十六岁——政府中人多赞成新教，并由欧洲大陆请新教徒多人来英国以教其国人。英国王并下令销毁国内之神像，甚至大礼拜堂中之彩色玻璃，亦复破毁殆尽。国内主教由王任命之，不再遵昔日选举之形式。教会中之要职，亦以新教徒充任之。国会将所有圣餐礼之基金，缴诸政府，并议决以后教士得自由婚娶。

祈祷书及三十九条

国会议决编订祈祷书，其内容与今日英国国教所用者相仿。政府并编订教条四十二条为国人信仰之标准。此种教条，至女王 Elizabeth 时代校订之，减为极著名之三十九条，至今为英国国教教义之根据。

旧教之失信

教会中职务之变更，在大部分英国人之眼中观之，当然为之大惊，盖若辈本习惯旧日之宗教仪节者也。又鉴于朝廷官吏每假新教之名，以行其贪婪之实，乃以为政府之意，实在于劫掠教会以自肥。吾人对于当时人之渎神，观之 Edward 第六所下之命令，即可见一斑，盖王曾下令禁止"教堂中不得有争闹及枪伤之举动"，并不得"牵马与驴以过教堂，视上帝之居如马厩或普通之旅店"。故当时赞成宗教变更者固不乏人，而 Edward 第六死后英国忽有恢复旧教之趋向，亦正势所必至者矣。

第九节　女王 Mary 之恢复旧教

一五五三年 Edward 第六卒，其姊 Mary（一五五三年至一五五八年）即位。Mary 自幼即信奉旧教，未尝稍变。即位之后，即壹意以恢复旧教为事。彼之举动，本有根据，盖当时多数国人之心中尚存有旧教之成见，其不信旧教者亦以 Edward 第六时代官吏措施之不当，不表同情于新教。　Mary 之反动

自女王 Mary 嫁西班牙王 Philip 第二之后，恢复旧教之势益迫。然 Philip 第二对待国内之异教，虽异常严酷，而其势力之达于英国者始终甚微。彼虽因娶英国女王为后，得自称英国王，然英国人始终不以政权予之，亦不允其入继其后之王位。　Mary 与 Philip 第二之结婚

Mary 不久有恢复英国与罗马教会和好之举。一五五四年，教皇之教使宣言英国之"屈膝国会"（KneelingParliament）已复合于旧教之教会。　屈膝国会

Mary 在位之最后四年，有虐杀教徒之举，其残酷为英国史上所罕见。国人之因反对旧教而死者，达二百七十七人之多。就中多系工匠与农夫。其最著者则为 Latimer 与 Ridley 二主教，均在 Oxford 地方焚死。Latimer 将死之际，曾向 Ridley 高声言曰："吾人应自得其乐以戏弄世人；自今日始，吾人点一永远不熄之烛于英国矣！"　新教徒之虐杀

恢复旧教之失
败

　　Mary 之意，以为烧死异端，所以恫吓新教徒，使之不
敢再宣传其主义。然其目的竟不得达。虐杀之结果，不但
不能提倡旧教之精神，而且因新教徒视死如归之故，反使
怀疑未定之人，转信新教。

第二十八章　罗马旧教之改良与 Philip 第二

第一节　Trent 宗教大会
（一五四五年至一五六三年）

当 Luther 改革宗教之前，教会中人曾有种种改良教会而不变教义与组织之计划，吾人前已述及之。即在新教革命以前，教会改良，亦颇著进步。新教革命以后，旧教教会之改良事业，益为之促进，当盖时西部欧洲大部分尚信奉旧教者也。旧教教士至是已知不能端赖当时人民之信仰，以谋自存之道。不能不尽力以辩护旧教之教义及其仪节。如教士而欲遏止蒸蒸日上之异端，必先洁身自好，痛改前非，然后教士与教会之威信可以保存，人民信仰之心可以复固。

旧教中人有鉴于此，故有召集 Trent 宗教大会之举，其目的在于研究革除流弊之方法，及解决数百年来神学家持论不同之教义。宗教新团体，亦常常发生以训练牧师而宣传教义。凡仍信旧教诸国，每用严厉方法以阻遏异端之发生与新教之传入。教会中之官吏，自教皇而下，均以较贤之人充任之。例如教皇阁员，以意大利之思想界领袖充之，与昔日之仅为古文学家或朝贵者异。旧日教会习惯之

旧教之改良

Trent 大会之召集

不满人意者亦永远禁止之。此种改革之结果，使中古教会顿改旧观。吾人于叙述十六世纪后半期 Netherlands 与法国两地新旧教纷争之先，应略述 Trent 宗教大会之事业及耶稣社（Society of Jesus）中人之运动。

Charles 第五深信宗教大会足以解决困难

　　皇帝 Charles 第五对于新旧教之教义本均不甚明了，屡欲调和其异同，使新教徒复合于罗马之旧教。彼以为假使合新旧教徒之代表开一宗教大会，互相讨论，其结果或能意见消融，言归于好。然罗马教皇鉴于昔日 Basel 大会之行动，不愿开大会于德国之境中。同时德国之新教徒亦以为若开宗教大会于意大利，则在教皇卵翼之下，必不利于新教徒，故不能服从其议决之结果。经过多年之延宕，至一五四五年 Luthet 将死之际，方召集宗教大会于德国意大利两国交界处之 Trent 城。

大会维持旧教之原理

　　其时德国之新教徒方将与皇帝开战。而且知宗教大会之行动，于己必无利益，故不与会。教皇代表及德国旧教徒遂得为所欲为。大会中最先讨论新教徒所反对之旧教教义，不久即宣言凡主张笃信上帝即可得救而不须善行者，即系极恶之人。而且大会并宣言无论何人如谓旧教仪节非基督所创；"或谓仪节之数较七为多，或较七为少，即浸礼、坚信礼、忏悔礼、傅油礼、授职礼及婚礼；或谓各种仪节之中有非真正者；则必永受咒咀"。至于《圣经》则以古代之拉丁文译本（Vulgate）为标准。关于原理之正确与否，无论何人不得提出疑问，不得出版与教会主张不同之《圣经》解释。

禁书书目

　　此次大会并提议教皇官吏，应编订旧教徒不应诵习及有害于教会之书目。大会既闭会，教皇遂颁发禁书书目曰 Index。嗣后屡有增订。此举实为大会中最著行动之一。以为如此,则不道德与异端之观念,不致因印字机发明之故传布甚广也。

大会深知与新教徒不能调和,乃遂着手于改革新教徒所不满之流弊。议决凡主教应各驻于教区之中,应常常讲道,并应严密监察区内教士之是否尽职。此外并设法改良教育;令教堂,寺院及学校中均应诵习《圣经》。 改革计划

宗教大会开会凡一年有余,因事故中辍。数年之内,绝少进行。至一五六二年,大会复开,进行殊力。再明定其他种种之教义,并完全排斥异端之主张。革除流弊之命令多种,至是亦均予批准。大会会议之结果,订编成一厚册曰《Trent 宗教大会之法律及议案》(The Canons and Decrees of the Council of Trent),实奠罗马旧教教会法律与原理之新基,为历史上极重要之材料。盖一部罗马旧教教义之完全正确说明书也。然其内容之关于旧教教会之组织及其信仰者,大致与本书第十六章中所述者相同。 大会事业之重要

第二节 耶稣社之运动

当 Trent 宗教大会最后会议时,欧洲有一种新兴宗教之组织,其领袖极力反对教皇权利之减削。此种宗教组织为何,即西班牙人 Ignatius Loyola(一四九一年至一五五六年)所创之耶稣社是也。Loyola 年幼时曾入行伍,于一五二一年在战场上为炮弹所伤。卧病不起时,尝读《圣人传》以消遣,遂抱与若辈争胜之志。病既愈,乃专心服务于上帝,身披乞丐之衣,赴 Jerusalem 行朝谒之礼。既至其地,忽悟欲有成就,非受教育不为功。急返西班牙;与儿童共习拉丁文法之纲要,彼年虽已三十有三岁,亦不 Loyola 始创耶稣社

以为耻也。二年之后，入西班牙某大学，不久又赴巴黎研究神学。

彼在巴黎，尽力运动其同学与之同赴圣地，如被阻不得行则专心为教皇服务，至一五三四年，得同志七人。行抵 Venice，适其地有与土耳其人战争之事。Loyola 辈遂改变其远游东方传道之计划，并得教皇之允许讲道于附近诸城市，说明《圣经》中之真理以慰藉医院中之病人。人问若辈何所属，若辈必答曰："属于耶稣社。"

耶稣社组织及训练之严密　　一五三八年 Loyola 召其门徒赴罗马，规定耶稣社之原理。教皇将其所定原理纳诸谕中而颁行之，并承认其组织。社中设大将一，由全社中人选举之，任期终身。Loyola 本兵士，故以军法部勒其社中人，特重服从主义。彼宣言服从为所有德性与快乐之母。所有社中人应服从教皇，视为上帝之代表。若教皇命其远行；则无论远近，均须遵命。而且社中人均应服从社中之长官视若上帝之传令者。社中人不得自有主张，须有同手杖，专备扶持他人之用。他日耶稣社中人之得势，盖皆原于该社组织之完备与训练之有方。

耶稣社之目的及方法　　耶稣社之目的在于提倡笃信宗教与敬爱上帝，而尤重模仿先哲之行谊。凡社中人须绝对以清贫与笃信为主。其谦恭之德，应现于辞色以感动他人发服务于上帝之心。该社所用之方法，极其重要。社中人大部分皆系牧师，往来于四方以讲道，听人忏悔及提倡信教。然社中人同时亦系教师。若辈深知吸收青年之重要，故欧洲旧教国中之学校教师，类皆耶稣社中人。教授有方，极著成效，有时新教徒亦有遣其子弟前往就学者。

人数之增加及该社之事业　　耶稣社中之人数，最初本规定以六十人为限，然不久人数骤增，故撤其限制。Loyola 未死以前，社中人数已达千人以上。彼死后未几，其人数竟三倍之。嗣后二百余年间，人数常有增加。Loyola 本有传道之意者，社中人承其意而行，不但传道于欧洲一带，其足迹并遍于世界。Francis Xavier 本系 Loyola 之最初同志，东游传道于印度、香料群岛及日本。至于美洲之 Florida, Brazil，墨西哥及秘鲁诸地，亦莫不有若辈之踪迹。其时欧洲之新教徒，尚未尝出国门一步也。欧洲人当开辟北美洲时，对于其地之状况，本甚茫然，迨耶稣社中人前往传道时，方明了美洲土人之内情，其功固甚大也。

若辈既以扶助教皇为宗旨，故自始即有反对新教之举。分遣社中人前赴德国，Netherlands，及英国诸地。其势力在德国南部与奥地利尤巨，极为其地君主所信任。若辈不但阻止新教之传播，而且恢复一部分叛离教皇诸地之信仰。

反对新教之力

新教徒不久即知耶稣社实为新教之劲敌。痛恨太过，每忘却耶稣社之高尚目的，诬以种种之恶行。新教徒以为耶稣社中人之谦和，实假意如此借以掩饰其阴谋诡计者。又以为社中人之随遇而安，无事不作，可以证明若辈只求达其目的，不问其方法之为何。又以为若辈借口于"为增加上帝之光荣起见"实行其极诈伪，极不道德之计划。又以为社中人之绝对服从，实无异为其长官之傀儡。一旦长官命其作恶，若辈亦将唯命是从。

耶稣社中人之恶行

然平心而论，耶稣社中人亦实良莠不齐，不尽皆洁身自好者。日久之后，耶稣社渐形衰落，正与昔日其他宗教团体同。至十八世纪时，欧洲人颇以社中从事于大规模之商业为非是者，加以其他种种之原因，该社之信用大落，虽旧教徒亦存怀疑之心。葡萄牙王先逐耶稣社中人于国外，其次法国亦于一七六四年下驱逐之令。教皇知该社之不可

耶稣社之衰替及其复兴

再用，一七七三年下令废止之。然至一八一四年耶稣社又有恢复之事，至今社中人又以千计矣。

第三节　西班牙王 Philip 第二反对新教之热心

Philip 第二为新教之劲敌

当十六世纪后半期，欧洲各国君主之力助教皇与耶稣社以阻止新教者，当推皇帝 Charles 第五之子，西班牙王 Philip 第二其人。彼与耶稣社中人同，极为新教徒所痛恨。盖彼实当日新教徒之最大劲敌也。彼极注意德国、法国之内情，而以提倡旧教为目的。曾尽力以推翻英国信奉新教之女王 Elizabeth，最后并遣其强盛之海军赴英国以冀实现其计划。而且彼用极残酷之方法以逼其领土 Netherlands 之复信旧教。

Hapsburg 族领土之分裂

皇帝 Charles 第五罹痛风之疾，精力骤衰，乃于一五五五年与一五五六年间，退位休养。皇弟 Ferdinand 曾因其后而获得 Bohemia 与匈牙利二王国之领土，至是皇帝以 Hapsburg 族之所有德国领土传之。而以西班牙及其美洲之领土，Milan Sicilies 二王国及 Netherlands 诸地，传其子 Philip 第二。

Philip 第二反对新教之狂热

Charles 第五本壹意以维持国内宗教统一为事者。彼曾力行异端裁判所之制于西班牙及 Netherlands，对于帝国中之信奉新教，极为失望。然彼并非狂妄者。彼与当日各国君主同，虽不甚具信教之热诚而不能不参与宗教上之争执。彼深信欲维持其广大与复杂之领土，非统一宗教不为功。至于其子 Philip 第二，则与乃父异。一生政策，纯以维持旧教为宗旨。甚至国破身亡，亦所不惜。同时西班牙又为当日欧洲最强盛之国家，盖不但美洲金银源源而来，即其军队之精良，亦为当日欧洲诸国之冠。

第四节　Philip 第二对待 Netllerlands 之苛虐

Philip 第二之患难，为其领土 Netherlands。此地凡 Netherlands
包十七省，Charles 第五传自其祖母 Burgundy 之 Mary 者
也。为今日荷兰、比利时两国所在地。各省本各有政府
者，唯 Charles 第五合其地以受帝国之保护。北部人民，
多属德国种，坚苦耐劳，筑堤以御海水之汛滥，故低地之
因之开辟者甚多。臣城如 Harlem，Leyden，Amsterdam 与
Rotterdam 等，林立其间。至于南部则有 Ghent，Bruges，
Brussels 与 Antwerp 等大城，为数百年来之工商业中心。

Charles 第五本生长于 Netherlands 地方，故其统治 Philip 第二对
Netherlands 之政策，虽甚严刻，而其地人民爱戴之忱，并 待 Netherlands
不因之而减杀，盖若辈每引 Charles 第五之功业以为荣也。 之苛虐
至于 Netherlands 人民之对于 Philip 第二，其态度大不相同。
盖当 Charles 第五在 Brussels 地方介绍其子于人民之时，
Philip 第二颇露傲慢之态，大失人民之所望。Netherlands
之人民均以彼为西班牙人，而非其国人，他日 Philip 第二
返西班牙后，遂以外国视其西北部欧洲之领土。彼每不能
允许 Netherlands 人民合法之要求，以得其欢心。一切举动，
反皆足以增加若辈之痛恨，而激起若辈之怀疑。西班牙军
队之在其地者，多强占民舍为兵士居住之用。西班牙王并
以不谙 Netherlands 语言之 Parma 女公为其地之摄政者。
而其地之政权，则不付诸贵族之手而付诸骤起之新贵。

尤其不堪者，则 Philip 第二有力加整顿异端裁判所之 异端裁判瑚
议以铲除异端是也。Netherlands 之有异端裁判所已非一
日。Charles 第五曾下严令禁止人民信奉 Luther，Zwingli

及 Calvin 诸人之新教。据一五五〇年所定之法律，凡异端之不肯悔过者，则活焚之。即使自承为异端而愿改过者，亦复男子斩首，女人则受火焚之刑，并均没收其财产。统计当 Charles 第五在位时代，Netherlands 人之被杀者，至少当有五万人。此种严酷之法律，虽不能阻止新教之发达，而 Philip 第二即位后一月之内，即重申所有 Charles 第五所颁之命令。

Netherlands 人之抗议　　Netherlands 人民受 Philip 第二之压迫者，前后凡十年；人民之领袖，屡提抗议，而西班牙王始终充耳而不闻，其目的似必破坏其地而后已。至一五六六年，Netherlands 之贵族约五百人，联成团体合力以抵抗西班牙之专制与异端裁判所。不久平民亦纷纷加入。若辈在当日虽尚无叛乱之意，然有举行示威运动之计划。以请求 Parma 女公暂不实行国王之命令。相传女公之近臣，劝女公毋以此辈"乞丐"（beggars）为虑。日后叛党遂以"乞丐"自称。

新教徒之运动　　新教徒之气，至是渐壮，四出讲道，听者甚众。新教徒中之受刺激者多入教堂之中，撕其肖像，破其彩色玻璃之窗，毁其神坛。Parma 女公正将平定暴动之时，Philip 第二忽进一步而激起 Netherlands 之叛。被遣 Alva 公率兵入驻其地，Alva 公本以性情残忍著于当时者也。

第五节　Netherlands 之叛乱及荷兰之独立

Alva 公之入境　　Alva 公率兵入驻之消息，既达于 Netherlands，Netherlands 人颇有惧而遁走者。他日为革命领袖之 Orange 亲王 William 逃入德国。Flanders 之织工，多渡北海而遁入英国，不久英国遂以纺织之出产著名于世。

Alva 公率西班牙之精兵一万人，以赴 Netherlands，装备极其完美。彼以为平乱最良最捷之方法，莫过于杀尽批评"君主中之最优者"之人。故彼特设法院专门审判犯叛逆之嫌疑者，此即世上所传之血议会（The Council of Blood）是也，其目的在于杀人而不在于司法。Alva 公之在 Netherlands 者自一五六七年至一五七三年，先后凡六年，实为 Netherlands 之恐怖时代。他日彼曾以杀死一万八千人自夸，然就事实而论，死者之数恐尚不及三分之一也。

Alva 公之苛虐

其时 Netherlands 之领袖，为 Orange 亲王 Nassau 伯 William（一五三三年至一五八四年）其人。彼系荷兰民族之英雄，其一生事业与美国之 Washington 相仿。彼能为他人所不能为，以救其同胞于专制压迫之下。在西班牙人眼中视之，彼不过一落泊无聊之贵族，冀拥少数之农民及渔夫以与世界上最富强之国君宣战而已。

Orange 之 William

william 曾侍 Charles 第五，假使西班牙政府无专横虐待之举，则彼亦未尝不愿誓忠于 Philip 第二。然鉴于 Alva 公之政策，乃知诉苦于西班牙王之无益。遂于一五六八年召集军队以与西班牙战。

William 之兴兵

Netherlands 人民之援助 William 者，以北方诸省为最力，而荷兰一省实为首领。荷兰人大抵皆信奉新教，纯属德国人种；至于南部诸省，则仍信罗马旧教，其人种与法国北部同。

Netherlands 南北两部之不同

William 之军队，当然不能敌西班牙之精兵。彼至是亦与 Washington 同，每战必败，然始终不降。荷兰人最初之胜利，实其"海上乞丐"（sea beggars）之功，若辈本海盗。每掠西班牙之船只以售诸信奉新教之英国人。最后此辈占据 Brille 城为其陆上之根据地，荷兰人之气为之一

William 当选为北省之统治者

壮。北部荷兰与 Zealand 二省中之城市，虽尚未叛离西班牙，竟敢于一五七二年选举 William 为其统治者。此二省因此遂为他日荷兰国发祥之中心。

南北两部之合力反抗西班牙　　Alva 公遣兵征服叛乱之城市，其残酷犹昔；甚至女子儿童亦复加以屠戮。不意此种残忍行为，不但不能平北部之乱，即南部之旧教徒，亦于一五七六年实行反抗。Alva 公曾下令凡人民买卖所得者，须纳十分之一于政府。南省诸商民遂有罢市之举。

"西班牙之怒"　　Alva 公实行专制政策者凡有六年，乃被召回国。继其任者不久死，大局益不可收拾。西班牙兵士之在 Netherlands 者，既无人统率，遂行同匪盗。Antwerp 城本极繁盛，至是为兵士所劫掠，半成灰烬。此次军队之变乱，即史上所传之"西班牙之怒"（the Spanish fury）是也。再加以官吏之暴敛横征，Netherlands 人皆有朝不保夕之势。其结果乃有一五七六年各省代表开会于 Ghent 之举，以商议推翻西班牙专制之方法。

Utrecht 同盟　　然此种联合之性质，系暂而不久者。Philip 第二改遣性较和平之人入治其地，南部诸省乃复生信任之心。故北部诸省只得单独进行。William the Silent 主持其间，极不愿再承认 Philip 第二为其君主。至一五七九年，北部七省——荷兰，Zealand，Utrecht，Gelderland，Uveryssel，Groningen 与 Friesland——组织坚固之 Utreeht 同盟。编订同盟政府大纲为其组织之根据。二年以后（即一五八一年）乃宣布脱离西班牙而独立。

William 之被刺　　Philip 第二深知 WiHiam 实为此次叛乱之中坚，若无彼之参与，则叛乱或不难平定。西班牙王乃下令凡能设法排除 William 者，则赐以巨金，封以贵爵。William 本已被选为联省之世袭元首者，卒于一五八四年在 Delft 地方之住室中被刺而死。彼于临终之际，祷告上帝怜恤其灵魂及"可怜之国民"云。

荷兰人本切望英国女王 Elizabeth 与法国之援助者，然皆袖手旁观，不稍援手。最后英国女王乃决遣兵援助之。英国人虽未尝十分尽力，然 Philip 第二以英国女王之政策，直与西班牙为难，故决意出兵以征服英国。不意西班牙之海军为英国人所歼灭，西班牙平定荷兰乱事之实力，因之大灭。加以西班牙至是亦复国库空虚，濒于破产。唯西班牙虽明知已无恢复荷兰之望，直至一六四八年方承认联省之独立也。

荷兰独立成功之原因

第六节　法国新教之起源

十六世纪后半期之法国史，实国内新旧教徒清血竞争之记载。然无论新教徒或旧教徒，其目的殆皆含有政治上之性质者，有时甚至宗教上之争点，完全为各派领袖之野心所淹没。

法国宗教纷争之性质

—

法国新教主义之发生，其起源颇与英国同。凡受意大利人之影响，喜习希腊文者，每以新眼光研究《新约全书》之原本。法国古文学者之最似 Erasmus 者为 Lefevre 其人（一四五〇年至一五三七年）彼译《圣经》为法国文，并于未知 Luther 以前，即提倡笃信人道之理。彼与其同志颇得 Navarre 王后，Francis 第一之妹 Magaret 之欢心，受其保护，故得安然无事。日后巴黎之著名神学学校曰 The Sorbonne 者，激起法国王以反对新观念。法国王 Francis 第一与当时诸国君主同，虽无宗教上之兴味。然一旦闻新教徒有渎神之事，遂下

法国新教之起源

Francis 第一世代之虐杀新教徒

令禁止新教书籍之流行。一五三五年新教徒之被焚者数人，Calvin 亦被逼而遁往 Basel 城，著《基督教原理》一书，书中即以致 Francis 第一之函冠于篇首，盖请求法国王保护新教者也。法国王日后对于新教徒，益形压制。一五四五年竟下令杀死 Waldensian 派之农民三千人。

Henry 第二世代之虐杀新教徒

Francis 第二

　　Francis 第一死，其子 Henry 第二（一五四七年至一五五九年）即位，壹意以扑灭新教徒为事，故新教徒之被焚者数以百计。唯 Henry 第二因德国新教徒允以与法国毗连之三主教教区——Metz，Verdun 及 Toul——与法国，故竟有援助德国新教徒以反抗 Charles 第五之举。

Mary 与 Cuise 族

　　Henry 第二因与人比武而死，遗其国于其三子，先后继统，实为法国史上空前扰乱之秋。其长子 Francis 第二（一五五九年至一五六〇年）即位时，年十六岁。彼因娶苏格兰王 James 第五之女 Mary Stuart 为后，有名于世，即他日著名之苏格兰女王也。后母为法国二著名贵族——为 Guise 公，一为 Lorraine 之教皇阁员——之妹。Francis 第二年少无知。故 Guise 公一族，乘机起窃国柄以图私利。Guise 公握军权。而教皇阁员则秉国政。法国王在位仅一年而死，Guise 公族人当然不愿放弃其权力。嗣后四十年间法国内部之纷乱，盖皆若辈假维持神圣旧教之名，实行其阴谋之所致也。

第七节　法国新旧教徒之纷争

母后 Catherine

　　法国新王 Charles 第九（一五六〇年至一五七四年）即位时，年仅十岁。母后 Catherine 系出 Florence 之 Melici 族，要求摄政，其时争夺政权之事，本已纷扰不堪，加以又有王族中之 Bourbon 一支参加其间，益形纷纠，Navarre 王即居其一。Bourbon 系乃与新教徒曰 Huguenot 者联合。所谓 Huguenot，盖法国 Calvin 派新教徒之称，而此名之由来，则不可考。

Huguenot 教徒之重要者多贵族中人，极欲占据政治上之地位，Coligny 实为领袖。因此政治与宗教之动机遂合而为一。根本上大足为新教进步之害。唯当时新教徒势力极盛，几乎取得政治大权。Catherine 最初本以调和新旧两派为宗旨，故于一五六二年下信教自由之令，停止昔日反对新教之一切法律，允诺辈得于日间集合城外行崇拜之举。然在旧教徒服中观之，此种自由，断难容忍。不久 Guise 公有野蛮之举动，遂激起法国之内乱。

新教徒之政治上野心及母后之调和政策

当彼于某礼拜日道经 Vassy 镇，见有 Huguenot 教徒约千人群集于仓屋举行礼拜。公之扈从竟驱散之，秩序大乱，颇有被伤而死者。此种杀戮新教徒之消息既扬于外，新教徒大愤，内乱遂起，至 Valois 朝绝祚时方止。法国之宗教战争，与当时各国同，亦属异常残酷。三十年间，焚火劫掠及其他种恶行，不胜枚举。新旧教两派之领袖及二法国王莫不被刺而死。而法国内乱之激烈，与十四、十五两世纪时代百年战争中无异。

Vassy 杀戮及宗教战争之开始

至一五七〇年两方有缔结和约之举。Huguenot 教徒得享信教之自由，并得城市数处包有 La Rochelle 以防旧教徒之攻击。其时法国王与母后均与新教徒之领袖 Coligny 交好，Coligny 遂得据要津有同国务总理。彼之意极欲国内之新旧教徒均能合力以与 Philip 第二战。以为果能如此，则法国人合力同心，不分宗教之派别，以夺得 Burgundy 伯国及东北一带之要塞之属于西班牙者。同时并可为荷兰

Coligny 之得势及其与西班牙宣战之计划

新教徒之声援。

St. Barthoomew
节日之杀戮

Guise 公一派之旧教徒竟用极其残忍之方法以破坏其计划。若辈进言于 Catherine 请毋受 Coligny 之欺，并令人暗刺之，不中，Coligny 仅受微伤。母后深虑法国王之仍信 Coligny，并恐其知母后之参与其事，乃向王伪言 Huguenot 教徒有阴谋反叛之举。王信之，旧教徒遂有杀尽新教徒之计划。定于一五七二年八月二十三日之晚，St.Bartholomew 节日，俟新教徒群集巴黎观 Navarre 王 Henry 与法国王之妹行婚礼时，再发令以杀之。

神圣同盟

是晚号令既发，巴黎新教徒之被杀者不下二千人。消息既传，四方影响。新教徒之被杀者至少又达万人。罗马教皇与 Philip 第二均以法国能忠于教会，表示满意。法国内乱因之复起。旧教徒以 Guise 族之 Henry（一五八五年至一五八九年）为首领，组织神圣同盟（Holy League）以维持旧教铲除异端为宗旨。

王位继承问题

Chades 第九卒，Henry 第二之最幼子 Henry 第三（一五七四年至一五八九年）即位，无嗣，王位承继问题起。其时 Navarre 王 Henry 为王族中最近之男亲，然因其信奉新教，故为神圣同盟中人所反对。且旧教领袖 Guise 族之 Henry 亦抱有入承大统之志也。

三 Henry 之战

法国王 Henry 第三优柔寡断，依回于两党之间，最后乃有三 Henry 之战（一五八五年至一五八九年）。战争之结果，极足以代表当日流行之方法。法国王 Henry 第三使人刺死 Guise 族之 Henry。神圣同盟中人亦刺杀 Henry 第三。唯新教徒之领袖 Navarre 王 Henry 独存于世。一五八九年即位为法国王，称 Henry 第四，为法国之名王（一五八九年至一六一〇年）。

第八节　Henry 第四时代之法国

新王即位，仇敌甚多，内乱频仍，大伤元气。不久彼知欲国内之升平无事，非奉多数人民所奉之宗教不可。故彼于一五九三年改信旧教。然彼同时亦未尝忘情于其旧友，故于一五九八年颁 Names 之令。

令中允许 Calvin 派之新教徒，得自由在曾经信奉新教之市村，举行崇拜新教之仪节，唯巴黎与其他一部分之城市，则禁止之。新教徒与旧教徒得享同等之政治权利，并得充任官吏。国内重要城市之足以自守者，仍留诸新教徒之手，就中尤以 La Rochelle，Montauban 与 Nimes 诸城为险要。此举实为 Henry 第四之大错。此后三十年内，新教徒因占有险要之区，故激起名相 Richelieu 之猜疑，而有摧残新教徒之举；其意以为新教徒负固国中，有同封建时代之诸侯，故非设法制服之不可也。

Henry 第四即位后，即任命具有才能而且信奉 Calvin 派新教之 Sully 为相。Sully 乃着手于恢复君主之政权。设法减轻国家之债务。修筑大道，开凿运河，提倡农商诸业，裁汰政府冗员。假使其进行无中辍之虞，则法国或早已达于强盛之域。然因宗教狂热之故，其改革事业，骤然中止。

一六一〇年 Henry 第四忽被刺而死，盖是时正彼年富力强，为国宣劳之日也。王后摄政，Sully 与之不相得，乃辞职以隐，著《札记》行世以终其身。不久又有名相 Richelieu 起握政权，自一六二四年至一六四二年间，彼实无异法国之君主，国王 Louis 十三（一六一〇年至一六四三年）尸位而已。Richelieu 之政策，俟叙述三十年战争时再详。

Henry 第四改奉旧教

Hantes 之令

Sully 当国世代

Henry 第四之被刺

第九节　Elizabeth 时代之英国

Elizabeth 在位
时代之英国

　　十六世纪中法国有新旧教徒之纷争，而当时之英国，独能幸免。女王 Elizabeth（一五五八年至一六〇三年）在位时代，励精图治，不但国内有升平无事之象，即 Philip 第二之阴谋侵略，亦无实现之机。而且女王有干涉 Netherlands 之举，故大有功于 Netherlands 之独立。

新教之恢复

　　女王 Mary 卒，其妹 Elizabeth 即位，英国政府，复为新教徒所占据。当时多数之英国人，当然希望女王能秉承其父之政策以行。盖若辈虽不愿再认教皇为宗教之元首，然对于圣餐礼及其他旧日之仪节则崇奉如昔也。然 Elizabeth 深知旧教之不能复存，而新教之必将得势，故再引用昔日 Edward 第六所颁之《祈祷书》，稍加改正；并令国民均须遵奉国家所定之宗教仪式。唯女王不愿应用长老会派之组织，仍保存旧日大主教、主教、助祭等之制度。教会官吏以新教徒代之。Elizabeth 之第一次国会，虽不予女王以国教领袖之名，然所予女王之权力，则与教主无异。

苏格兰之长老
会派

　　Elizabeth 之宗教困难，实始于英格兰。当 Elizabeth 即位未久，苏格兰之贵族因欲获得主教之领土与收入，故有废止旧日宗教之举，其时有 John Knox 者，引入 Calvin 所创长老会派之新教及其组织，至今犹存。

Mary Stuart 为
旧教徒希望之
中心

　　一五六一年，苏格兰女王 Mary Stuart 因其夫 Francis 第二去世，乃返国，在 Leirh 地方登陆。时年仅十九岁，貌极美丽，因信奉旧教并受法国习惯之熏陶，故国人视之，有同异族。其祖母为英国王 Henry 第八之妹，故要求如 Elizabeth 无子，彼应入继英国之王位。因之西部欧洲旧教徒中如 Philip 第二及 Guise 公之族人，莫不以苏格兰女王为其希望之中心，冀英国与苏格兰之复信旧教。

Mary 虽无推翻 Joen Knox 事业之举，然其措施不当，大失新旧教徒之欢心。Mary 再嫁于 Darnley，嗣知其为人无赖，颇藐视之。不久女王又与放荡之某贵族名 Bothwell 者私通。Darnley 卧病于 Edinburgh 之陋室中，忽于夜间被炸而死。时人均疑此举为 Bothwell 与女王所为。女王杀夫之责任，其轻重固无人可以断定。然彼不久即改嫁 Bothwell，国人乃大愤，加以谋杀丈夫之罪。Mary 知民心已失，乃退位，传其统于其子 James 第六，而自遁入英国以求援于 Elizabeth。英国女王行事本甚精密者，故一面反对苏格兰人民之废立其国君，一面则监视 Mary 使不得遁。

Mary 行动之可疑及其遁入英国

第十节　英国旧教之消灭

女王 Elizabeth 在位日久，渐知以和平方法对待旧教徒之非是。一五六九年，英国北部之旧教徒有叛乱之举，女王乃知国内旧教徒实尚抱有信奉旧教之决心，以拥戴 Mary 之子为主。不久罗马教皇又有屏英国女王于教会之外之举，同时并解除英国人民忠顺予女王之义务。幸而英国旧教徒不能得 Alva 公或法国王之援助。盖是时荷兰独立之争战方始，西班牙人无暇兼顾，而法国王 Charles 第九正当信任 Collgny 之日，亦复倾心于新教徒也。然英国北部之叛乱虽平，而旧教徒之阴谋不已，隐望西班牙王之援助。若辈竟函致 Alva 公请其率西班牙兵六千人赴英国以废 Elizabeth 而拥立 Mary Stuart 以代之。Alva 公犹豫不决。盖彼以为不如杀死 Elizabeth，或生擒之之为愈。不意旧教徒之阴谋被破，其计卒不得行。

英国北部人民之叛乱及旧教徒废王之阴谋

英国海商劫夺　　　Philip 第二既不能伤害英国，而英国之海商则每足为
西班牙商船　　西班牙之患。其时西班牙与英国虽无战事，然英国商人每
　　劫掠西班牙之商船，其行动远达西印度。其意以为劫夺西
　　班牙商船，非盗贼行为可比，盖遵上帝之意以行者也。英
　　国人 sir Francis Drake 甚至入太平洋，以肆劫掠，满载赃
　　物于其船名 Pelican 者。最后并获得"大船一，内藏珍宝
　　甚多，银币十三箱，黄金重八十磅，生银二十六吨"。乃
　　环航地球，既归国，以珍宝呈诸英国女王，西班牙王虽力争，
　　英国人竟不之顾也。

英国与爱尔兰　　　然其时英国之旧教徒，尚希望爱尔兰之援助。爱尔兰
之关系　　与英国之关系，始终互相仇视，实为欧洲史上最不快之一
　　页。爱尔兰至是已与 Gregory the Great 时代之爱尔兰异，
　　文化早衰。人民分族而居，尝起内乱。英国人又屡有入侵
　　之举，思以武力征服之。自英国王 Henry 第二以后，英国
　　人曾得根据地于爱尔兰。Henry 第八在位时，爱尔兰曾有
　　叛乱之举，叛乱既平，英国王遂自称爱尔兰王。Mary 在位
　　时代，曾殖民于 Kings 与 Queens 诸州，以冀调和英国人
　　与爱尔兰之感情。然其结果反引起英国人与爱尔兰人之纷
　　争，卒致杀尽其地之爱尔兰人而后已。

　　　Elizabeth 深恐爱尔兰或成为旧教徒运动之根据，故对
　　于爱尔兰极为注意。不久英国之旧教徒果遣兵入爱尔兰以
　　其地为人攻英国之根据。Elizabeth 虽能阻止新教徒之计
　　划，然扰乱之结果，反使爱尔兰之困苦，大为增加。相传
　　一五八二年时，爱尔兰人之饿死者，不下三万人也。

英国旧教徒之　　　西班牙军队之在 Netherlands 南部者颇为得手，故
被虐　　Philip 第二征服英国之希望颇大。西班牙于一五八〇年遣
　　二耶稣社中人入英国以坚英国旧教徒信仰之心，并有力劝

英国旧教徒援助外国人以反攻其女王之举。英国国会至是不能再忍，于是议决凡人民行圣餐礼或不遵国教之仪节者，则处以罚金或监禁之刑。西班牙派来之耶稣社中人，其一被杀，其一遁归。

一五八二年英国人受 Philip 第二之唆使，有暗杀女王之举。据当日西班牙政府之计划，如英国女王被刺而死者，则法国 Guise 公应遣兵入英国以恢复旧教。然 Guise 公医国内方有三 Henry 之战，无暇他顾，Philip 第二不得已乃单独出兵以征英国。

暗刺女王之计划

Mary Stuart 于 Philip 第二入征英国以前，已被杀而死。先是彼曾参与谋刺 Elizabeth 之计划。国会中人乃知 Mary 不死，Elizabeth 之生命必尚在危险之中；若杀死 Mary，则西班牙王必不急求 Elizabeth 之去位。盖女王一旦去位，则继其后者必系 Mary 之子 James 第六其人，而彼固信新教者也。Elizabeth 不为已于一五八七年下令处 Mary 以刑死而杀之。

Mary Stuart 之被杀

然 Philip 第二并不因 Mary Stuart 之死而中止其入侵英国之计划。一五八八年彼遣其极其完备之海军曰"无敌舰队"（Invincibte Armada）者，向北驶入 Flanders 以便运 Parma 公之精兵以赴英国。英国之军舰数与西班牙相等而船只较小，然英国之军官如 Drake 与 Hawkius 辈均系训练有素之人。若辈曾往来于南美洲北岸一带地，深知大炮之使用，使西班牙之军舰，无短兵相接之机会。西班牙海军既北上，英国人故意纵其驶入英国海峡，不意大风渐起，白浪滔天。英国军舰紧随其后，而两国舰队均被风吹过 Flanders 之海岸。西班牙之军舰本有一百二十艘，其回国者仅五十四艘，其余或为英国军舰所击沉，或为风浪所覆灭。西班牙人侵英国之患乃绝。

西班牙海军之歼灭

第十一节 十六世纪后半期历史之回顾

Philip 第二在位初年就教徒之希望　　吾人试回顾 Philip 第二时代之历史，即知此期实旧教会史上之最有关系者。当彼即位之始，德国、瑞士与 Netherlands 大部分均改信新教。然英国当 Mary 在位时代，几有恢复旧教之趋向，而法国之君主则无宽容 Calvin 派新教之意。加以新兴之耶稣社四出运动，极有功于旧教之维持。西班牙之富强为当日欧洲诸国之冠，而 Philip 第二则不惜倾国以摧残国内与西部欧洲之异端。

Philiip 第二政策之结果　　当 Philip 第二去世时，一切形势，莫不大变。英国已成为永远之新教国；西班牙之无敌舰队，一蹶不振。Philip 第二恢复英国旧教之计划，无复实现之希望。其在法国，则国内可怖之宗教战争方终，新王即位，不但予新教徒以信教之自由，加且任新教徒为相。西班牙干涉法国内政之机，乃告终止。西部欧洲方面，有一新教之国发生于 Philip 第二领土之中，即荷兰是也。壤地虽偏小，而其在欧洲政局上之重要，实不亚于西班牙。

西班牙之衰替　　至于西班牙本国，则因 Philip 第二措置不当之故，国势大衰。Philip 第二之内政外交诸政策，无不大伤国家之元气，盖西班牙之强盛，本系非常之现象，而非其国家果有自强之基也。Philip 第二死后不久，西班牙又有驱逐回教徒于国外之举，国内工业大衰。其留存国内者仅傲惰之农民而已，耕种无方，土地益形荒芜。以工作为耻，而不以贫穷为耻。曾有人告西班牙之王曰："金银不足贵，血汗最可贵；血汗之为物，永可流通，永不低落。"然西班牙半岛中血汗一物，实为难得。故 Philip 第二死后，西班牙遂一蹶不振而为欧洲之第二等国家。

第二十九章　三十年战争

第一节　战争之第一步——Bohemia
之叛乱及其失败

　　因宗教上异同而发生之最后战争，为十七世纪初半期德国方面之战争。此次大战，世称三十年之战争（The Thirty Years' War，一六一八年至一六四八年），然其实战争并不止一次；而且战场虽在德国之境内，然瑞典、法国与西班牙莫不参与其间，其关系之重要正不亚于德国。

三十年战争性
质

　　当德国皇帝 Chatles 第五将退位之际，德国诸侯之信奉 Luther 派新教者，强迫皇帝承认其宗教及主有教产之权利。然 Augsburg 和约之缺点有二：第一，唯信 Luthm 派之新教徒，方得和约之承认。至于 Calvin 派之教徒，人数虽常有增加，亦不受和约之承认。第二，虽有和约之规定，而新教诸侯强夺教会财产之事，仍进行不已。

Augsburg 和约
之缺点

　　当皇帝 Ferdinand 第一及其继起者在位时代，国内升平无事，然新教主义，发达甚速，蔓延于 Bavaria，奥地利领土，及 Bohemia 诸地。故德国 Hapsburg 族之领土，颇有大部分改信新教之势。然旧教徒中，有耶稣社中人之传

新教之传布

道，其势力亦正不弱。若辈不但四出传道，与建设学校而已，而且得一部分德国诸侯之信任。故当十七世纪之初年，新旧教之争端，颇有重启之机会。

新旧教同盟之组织　　德国之 Donauworth 城，本信 Luther 派之新教者，而城中尚存有寺院一处。一六〇七年寺中修道士有游行市上之举，新教徒群起袭击之。Bavaria 公 Maximilian 本笃信旧教者，而该城又在其境内，故遂乘机加罪于该城之人思有以惩之。乃遣兵入其城，逐其牧师，恢复昔日之旧教。宫伯领土中之选侯 Frederick 闻之，乃组织新教同盟。同盟中之会员，并不包所有新教之诸侯，如 Saxony 之选侯因 Frederick 为 Calvin 派中人，即不愿加入。次年 Bavaria 公 Maximilian 亦组织旧教同盟以抵制之。

Bohemia 之叛乱（一六一八年）　　上述诸节，实为三十年战争之开端，而战事则实始于 Bohemia。此地因 Ferdinaud 第一婚姻之关系，已入附于 Hapsburg 族。其地之新教徒，势力甚盛。故能迫皇帝予以种种之特权。然政府中仍不能遵守其规约，于一六一八年毁其地之新教教堂二处，Prague 地方遂有叛乱之举。皇帝代表三人为新教徒所获，投之于皇宫之窗外。Bohemia 人既有反抗政府之举，乃进而谋其地之独立。宣言不再认 Hapsburg 族之统治，另选宫伯领土中之选侯 Frederick 为其新王。Bohemia 人以为选举 Frederick 为王，盖有二利。第一，彼为新教同盟之领袖；第二，彼为英国王 James 第一之婿，可望英国之援助。

叛乱之失败　　Bohemia 之叛乱，实为德国与新教之大不幸。其时德国新帝 Ferdinand 第二（一六一九年至一六三七年）**白山之役**　为笃信旧教之人而且极具才力者，竟求援于旧教同盟。不意 Bohemia 之新王 Frederick，实无挽回危局之能力。

Bohemia 人对于新王夫妻，大为失望，又不能得邻邦
Saxony 之援助。一六二〇年白山一战之后，Bohemia 之
"冬王"即仓皇遁走。皇帝与 Bavaria 公尽力于摧残境
内之新教徒。皇帝并不商诸公会而以宫伯领土之东部予
Maximilian，并以"选侯"之称号给之。

第二节　战争之第二步——丹麦王之援助新教徒及其失败

新教徒之形势，至是颇为险恶，而英国王 Janes 第一以为彼之力量定足以恢复欧洲之和平；并可以力劝皇帝与 Bavaria 之 Maximilian 交还宫伯之领土于"冬王"，故不愿出兵干涉。即法国亦似应有出兵干涉之举，盖其时 Richelieu 当国，虽不喜新教徒，而对于 Hapsburg 族则本极为反对者。然当时彼适尽力于推翻国内之 Huguenot 教徒，故无暇他顾。英国法国不能援助新教徒

然其时德国忽有意外之事发生。其时丹麦王 Cbristian 第四于一六二五年率兵侵入德国之北部以援助新教徒为目的。德国旧教同盟遣兵御之。此外 Wallenstein 并另募新军以备战，其军费则以战利品及沿途劫掠所得者充之。皇帝本贫困者，故对此 Bohemia 贵族之投效，甚为嘉许。不意丹麦王在德国北部，连战皆败。德国军队遂长驱入其国境，丹麦王不得已于一六二九年退归。丹麦王之南下及其失败

皇帝因军队获胜，气为之一壮，乃于一六二九年下交还教产令（Edict Of Restirution）。命国内之新教徒凡自 Augsburg 和约后自旧教教会夺来之财产，一律交还。所谓教会财产包有大主教教区二处（Magdeburg 与 Bremen），交还教产令Wallenstein 之免职

主教教区九处，寺院约一百二十处，及其他教会之基金。
且谓唯 Luther 派之新教徒得以自由崇奉，其他各派，一律
禁止。是时 Wallenstein 正欲执行皇帝之命令，而战局之
形势忽变。盖其时旧教同盟中人鉴于 Wallenstein 之势力
过巨，颇怀猜忌之心，乃群以 Wallenstein 勒索及虐待人
民之劣迹，诉诸皇帝。皇帝乃免其司令之职，其军队之大
部分遂散。旧教徒之兵力方衰，而强有力之新敌又起。盖
瑞典王 GustavusAdolphus 又有南下援助德国新教徒之举
也。

第三节　战争之第三步——瑞典王之援助新教徒及其失败

瑞典王国　　　　挪威、瑞典与丹麦诸国，当 Charlemagne 时代为日耳
曼民族所建设；然自十七世纪以后方参与西部欧洲之政治。
自一三九七年 Calmar 同盟缔结以来，挪威、瑞典与丹麦
三国合而为一。当德国改革宗教之时，瑞典退出同盟而独
立，故同盟遂破。瑞典之贵族名 Gustavus Vasa 者（一五二三
年至一五六〇年）实为独立运动之领袖，故于一五二三年，
被选为瑞典之王。同年传人新教。Vasa 乃籍没教会之财产，
压服国内之诸侯，瑞典国势，蒸蒸日上。继其后者，又征
服 Baltic 海东岸之地，露西亚入海之道因之阻隔。

瑞典王南下之　　　Gustavus Adolphus（一五九四年至一六三二年）之入
原因　　　侵德国，其原因有二：第一，彼为当日极诚笃极热心之新
教徒，为时人所注目。彼实悯德国新教徒之困苦，思有以
维持其安宁。第二，被抱有扩充领土之心，欲以 Baltic 海
为瑞士之湖。故彼之入侵德国，不但存援救新教徒之心，

亦且抱获得领土之望。

德国信奉新教之北部诸侯最初对于 Gustavus Adolphus 并不欢迎；然自 Tilly 率旧教同盟之军队攻破 Magdeburg 以后，新教徒方被其激起。Magdeburg 本为北部德国之重镇，既为旧教徒所攻陷，居民被杀而死者凡二万人，城亦被毁。Tilly 残忍之名虽与 Wallenstein 相等，然该城之被毁，或非彼之责任。自一六三一年 Gustavus Adolphus 战败 Tilly 于 Leipsic 后，新教诸侯方表示欢迎之意。Gustavus Adolphus 乃西向而进，驻军于莱茵河上。

Magdeburg 之陷落

次年春间彼乃入 Bavaria 境，又大败 Tilly 之军队，进逼 Munich 城，陷之。彼是时正可长驱直入 Vienna，然皇帝忽召回 Wallenstein，令其招募新军，而以军权予之。一六三二年十一月 Gustavus Adolphus 遇 Wallenstein 于 Lutzen 地方，两军相战甚烈，瑞典卒获胜。然 Gustavus Adolphus 因深入敌中，为敌人所杀，新教徒骤失其领袖。

Wallenstein 之再起及瑞典王之阵亡

然瑞典人仍不退出德国之境外，继续从事于战争。唯是时所谓战争，已流为一种军官盗劫之举动。兵士到处杀人，残忍无比。Wallenstein 有阴与 Richelieu 及新徒诸侯信札往还之迹，旧教徒疑甚；皇帝亦有所闻。Wallenstein 之兵士多纷纷散去，而彼卒于一六三四年被人暗杀而死。同年皇帝军队大败新教徒于 Nordlingen 地方。不久 Saxony 选侯退出瑞典同盟向皇帝求和。德国诸侯亦颇有厌乱者，战争至此，颇有终了之势。

Wallenstein 之被刺

第四节　战争之第四步——法国之
干涉及其结果

Richelieu 重启战端

是时法国宰相 Richelieu 忽又遣兵入德国以与皇帝战。盖法国自皇帝 Charles 第五时代以来，四面均为 Hapsburg 族之领土所包围。境界除大西洋岸一面外，其他各方之界线，均无天然形势，难以自守。故法国之宗旨，在于弱敌以自强，而且欲得 Boussillon 之地以 Pyrenees 山为法国与西班牙之界线。同时法国并欲获得 Bmgurdy 伯国即 Franche-Comte 及沿边要塞以扩充其势力于莱茵河之上。

Richelieu 阻止西班牙侵略意大利之举动

Richelieu 对于三十年战争并不取袖手旁观之态度。彼曾力促瑞典王之干涉，并以军饷供给之。而且彼曾阻止西班牙之扩充其势力于意大利之北部。一六二四年西班牙之军队侵入信奉新教之 Adda 河流域，其目的显在于征服其地为己有。Richelieu 以为西班牙之举动，与法国之利害极有关系，盖一旦西班牙征服其地，则德国与意大利两地之 Hapsburg 族领土，有打成一片之观也。法国乃遣军队人意大利逐其地之西班牙人。Richelieu 本非有所爱于其地之 Calvin 派新教徒，盖纯为法国利害起见者也。数年之后，法国与西班牙又有争夺 Mantna 公国之举，Richelieu 亲率军队以败西班牙人。三十年战争将终之时，皇帝颇占优势，故 Richelieu 不得不出兵以挫败之。

Richelieu 之干涉及战祸之延长

Richelieu 于一六三五年五月向西班牙宣战。其时彼已与 Hapsburg 族之敌人，缔结同盟。瑞典允俟法国愿和后再与德国皇帝言和。荷兰亦与法国同盟，德国诸侯之一部分亦然。故战端重启之后法国、瑞典、西班牙及德国之军队，再肆蹂躏德国者前后凡十年。军粮极缺，故军队不得不频频调动以免饥饿。瑞典军屡战屡胜，皇帝 Ferdinand 第三（一六三七年至一六五七年）乃遣一 Domimc 派之修道士向 Richelieu 劝其毋再援助德国与瑞典之异端以攻击纯正之奥地利。

然是时 Richelieu 已死，时一六四二年十二月也，其外交可谓大告成功，想彼临终时亦必引以为快也。法国得 Ronssillon，Artois，Lorraine 及 Alsace 诸地。法国王 Louis 十四（一六四三年至一七一五年）即位初年，名将甚多，武功甚盛，Turenne 及 Conde 尤著。吾人于此，即知法国不久将继西班牙而称霸于西部欧洲矣。

法国继西班牙
而称霸

第五节　Westphalia 条约及战争之结果

三十年战争参与者既如此之多，而各人所抱之目的又如此之杂，故缔结和约，因之不免需时。当一六四四年时，法国已与帝国决定讲和于 Munster，皇帝与瑞典构媾于 Osnabruek，皆 Westphalia 境中之城市也。各国代表之往来磋商和约者竟至四年之久，至一六四八年方订定签字。约中之条文为欧洲国际法之根据，至法国革命时方止。

战争之终止
（一六四八
年）

据约中所定，凡德国之新教徒，无论其为 Luther 派或 Calvin 派均受 Augsburg 和约之承认，得以自由崇奉。凡新教诸侯，可以不理昔日交还教产令。凡一六二四年时若辈所占有之教产，仍得保留之。各邦诸侯仍得自定其境内所奉之宗教。德国各邦得互结条约，与外国亦然，帝国至是可谓瓦解：盖此种规定与承认各邦之独立无异也。Pomerania 之一部分及 Oder，Elbe 与 Weser 三河口之地，

条约之规定

均割与瑞典。唯三地仍属于帝国。不过瑞典此后在德国公会中得三表决权耳。

至于法国，则得 Metz，Verdun 及 Toul 三主教教域，此三地在百年前法国王 Henry 第二曾欲得而甘心者也。皇帝亦以其在 Alsace 之权利让与法国，唯 Strasburg 城则仍属帝国。最后荷兰与瑞士之独立，亦得各国之承认。

战争之恶果　　德国人民因三十年战争所受之苦痛，笔难尽述。昔日繁盛之区，多变为荒凉之域。村落之成墟者数以千计；有数处人民之数较战前减少至二分之一，亦有减至三分之一者，亦有不及三分之一者。Augsburg 城本有八万人，至是收留一万六千人。德国人民亦因各国兵士之蹂躏及凌虐，故返诸野蛮之域。自此与十八世纪末年，德国之元气大伤，故对于欧洲之文化绝无贡献。唯有一事焉，实为德国之希望所系。其事唯何？即 Brandenburg 之选侯自 Westphalia 和约后，为皇帝治下最有势力之诸侯是也。他日既为普鲁士之王，建设强国于欧洲，有战败 Hapsburg 族而建设德意志帝国之先声。

第六节　科学时代之开始

新科学　　吾人处今日之世，对于三十年战争渐形忘却，对于 Tilly，Wallenstein 及 Gustavus Adolphds 诸人亦渐无关心之人。抑若战争之为事，唯有破坏而无建设，所得实不偿其所失。然当三十年战争进行之日，亦正有人专心于科学之研究，其影响之远大，自非战争所可忧。此辈科学家之研究方法与古代绝异，若辈以为古人之著作——就中以，Aristotle 之著作尤著——在各大学中所通行者，均系未经

证明之言论。若辈以为欲谋科学之进步，当自脱去古人之
陈规，自行实验与研究始。

波兰之天文家 Copernicus 于一五四三年，著书说明昔
日太阳与恒星环绕地球而行之说之非是。彼以为太阳实为
中心，地球与行星均环绕之而行。又以为恒星之似环绕地
球而行者，盖地球私转故耳。Copernicus 之著书虽某教皇
阁员之提倡，而且以其书达其景仰教皇之忱者，然新旧教
之神学家，群以其学说为违反《圣经》上之主张，故竭力
反对之。吾人至今已知 Copernicus 之学说并不谬误，而神
学家之攻击，实属无知。所谓地球，不啻沧海之一粟。就
吾人所知者而论，则宇宙全体，并无中心。

Copernicus 之发现

意大利科学家 Galileo（一五六四年至一六四二年）用
其所发明之望远镜，竟能于一六一〇年发现太阳面上之黑
点，乃证明太阳之为物并非完全不变如 Aristotle 所言者，
并以为太阳亦有私转之迹者也。Galileo 并在 Pisa 之斜塔
上投物于地，以证明 Aristotle 主张凡物重百磅者则其坠地
速率较重一磅者加百倍之言之谬误。此外 Galileo 对于器
械学上，亦复多有发明。彼之著作有用拉丁文者，亦有用
意大利文者，因之颇为崇拜 Aristotle 者所不喜。盖若辈以
为此种新思想若仅限于熟谙拉丁文之学者，则 Galileo 之
罪尚为可恕，今竟以意大利文播之于大众，则其危险极大，
不且怀疑当日神学家与大学之主张耶？ Galileo 最后被召
至异端裁判所，其主张颇有为教会中人所禁止者。

Galileo

当三十年战争开始之时，法国少年名 Descartes 者，
适毕业于耶稣社中人所设之学校，为增加世界知识起见，
乃有从军之举。然彼之思想甚富，当彼于某年冬日在停战
期中独坐深思，忽悟吾人之轻信一切，绝无理由。彼以为

Descartes

彼所信者多传自古人，乃疑古人主张何以无误？彼乃专心致志另寻新理，一意于重建哲学之根基。第一，彼先断定至少有一事为真。彼"思"故彼必存在。此语遂为彼之名言，彼曾以拉丁文表之，Cogito ergo sum "吾思，故吾在"。彼又断定世间果有上帝，上帝果予吾人以善心，吾人若善用之，则吾人必不致受欺。总之 Descartes 主张凡"清明"之思想必系"真"思想。

Descartes 之著作　Descartes 不但建近世哲学之基，而且有功于科学与数学。彼对于英国人 Harvey 之发明血液循环之理，大为感动，以为即此已足征科学之成功。彼著书曰《方法论》（An Essay on Method）用法国文著之，以备不谙拉丁文者之研究。彼谓一己之脑筋以求真理者，其结果必能较专恃拉丁文者为佳。彼并著有《代数》及《解析几何》诸书，而解析几何一种学问，实彼所发明者也。

Francis Bacon 之 New Atlantis　英国人 Francis Bacon 本精于法律而为官吏者，有暇每专心于研究增加人类智识之方法，彼亦并用拉丁文与英国文以著书。近世反对"师说"与信赖"实验"者彼实为其第一人。尝谓"吾辈乃古人"非生在古代之人之为古人，盖其时世界尚幼，而人类尚愚也。年老时彼并著未完之小书曰 New Atlantis 者。书中描写数欧洲人所到之理想国。国中最要之机关为 Solomon 室，为一极大之科学实验室，以发明新理改良人类状况为目的。此室实为他日英国王家学院（Royal Academy）之模范。英国之王家院建于 Bacon 死后约五十年，至今尚存也。

科学社之创设　科学社之组织，始于意大利。不久英国、法国、德国、均有同样科学院之建设。此实历史上空前之机关。其目的与古代希腊学校及中古大学不同，不在于传授古人之知识，而在于新知识之发明。

　　吾人已知当十三十四两世纪时，曾有指南针、纸、镜、火药等之发明，至十五世纪又有印字机之发明，然至十七世纪时，人类之进步方甚迅速。发明之时代，实始于此，至今未已。自显微镜与望远镜发明以来，古代希腊人与罗马人所不知者，吾人无不知之。不久因科学进步而产出改革之精神，中古时代可谓告终，而近世时代乃于是乎开始矣。

图书在版编目（CIP）数据

中古欧洲史 / 何炳松著 . -- 北京：北京联合出版
公司 , 2015.4（2025.1 重印）
ISBN 978-7-5502-4991-2

Ⅰ . ①中… Ⅱ . ①何… Ⅲ . ①欧洲－中世纪史 Ⅳ .
① K503

中国版本图书馆 CIP 数据核字 (2015) 第 068630 号

中古欧洲史

作　　者：何炳松
选题策划：北京三联弘源文化传播有限公司
责任编辑：王　巍

北京联合出版公司出版
（北京市西城区德外大街 83 号楼 9 层　100088）
天津海德伟业印务有限公司印制　　新华书店经销
字数 306 千字　710 毫米 × 1000 毫米　1/16　22.25 印张
2015 年 4 月第 1 版　2025 年 1 月第 3 次印刷
ISBN 978-7-5502-4991-2
定价：98.00 元

版权所有，侵权必究
未经书面许可，不得以任何方式转载、复制、翻印本书部分或全部内容。
本书若有质量问题，请与本社图书销售中心联系调换。电话：010-84318689